랄프 왈도 에머슨

Ralph Waldo Emerson(1803~1882)

19세기 미국 문학과 철학을 대표하는 사상가이자 에세이스트, 시인이다. 초월주의(Transcendentalism) 사조를 정립하고 확산하는 데 핵심적인 역할을 하였다. 에머슨은 인간의 자율성과 독창성을 강조하며, 자연과 인간 정신 간의 깊은 연결을 탐구함으로써 독보적인 족적을 남겼다. 개인주의, 자아실현, 독립적인 사고와 같은 주제를 탐구하며 독자들에게 심오한 통찰을 제공하는 그의 글은 단순한 문학 작품을 넘어 철학적 사유와 시적 상상력을 결합한 고유한 스타일로 평가받으며, 이후 미국의 사상적 독립과 문학적 전통 형성에도 중대한 영향을 미쳤다.

에머슨의 자기 확신에 관하여

ESSAYS, FIRST SERIES
© Ralph Waldo Emerson, 1841
All rights reserved.
Korean Translation Copyright © 2025 by READY TO DIVE
이 책은 저작권법에 의하여 한국 내에서 보호를 받는 저작물이므로
무단전재와 무단복제를 금합니다.

Essays, First Series
by Ralph Waldo Emerson

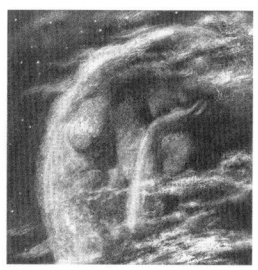

에머슨의 자기 확신에 관하여

랄프 왈도 에머슨 지음
솜희 옮김

Reda

목차

1장 **자기 신뢰**

14	부러움은 무지에서 나온다
17	당신 자신을 믿으라
20	본성의 법칙에 따르라
23	삶은 존재 자체로 의미가 있다
26	누구에게도 순응하지 말라
29	위대한 존재는 오해를 받는 법이다
32	자신만의 법칙에 따라 행동하라
35	더는 사과하지 말라
37	모두의 삶은 결국 같다
39	무의식을 신뢰하라
43	진실하게 살면 진실을 볼 것이다
47	지금 현재만이 가치 있다
51	우리는 혼자가 되어야 한다
55	나는 나 자신이 되어야 한다
58	자기 신뢰의 네 가지 실천
71	물 자체는 나아가지 않는다
74	홀로 설 때 비로소 강해진다

2장 **보상**

80	선한 자들은 불행한가
83	양극성의 법칙
86	빛이 있는 곳에 어둠이 있다
90	신이 던진 주사위
93	빛과 그림자는 분리할 수 없다
96	신이 만든 모든 것에는 틈이 존재한다
102	대접하는 만큼 대접받을 것이다
106	모든 것에는 대가가 따른다
108	사랑하라, 그러면 사랑받을 것이니
112	가장 강한 힘은 약점에서 비롯된다
115	신에게 빚을 지게 하라
118	무엇도 나를 해칠 수 없다
122	죽은 상황을 벗어나라
125	시간이 모든 것을 말해줄 것이니

3장 **정신의 법칙**

130	철저히 자신에게 속한 것만 말할 것
134	우리는 불행해지려고 애쓰고 있다

137	자연의 단순함을 배울 것
141	자연스러운 것이 가장 강하다
144	자신의 본성을 내보이라
148	이해한다는 것은 속박이다
151	인간은 자신이 만든 것을 본다
156	당신의 가치를 스스로 정하라
160	위대한 사람은 자신이 위대하다는 사실을 모른다
165	남들이 알기를 원하지 않는 일은 하지 마라
171	생각이 곧 행위이다

4장 **사랑**

180	사랑의 속성에 관하여
184	누군가를 사랑한다는 일
187	잊을 수 없는 순간
190	사랑의 고통에 비할 만한 쾌락은 없다
194	가질 수 없기에 아름다운 것
197	사랑의 확장
200	인생의 가장 아름다운 한 장면
203	로미오와 줄리엣의 목적
206	비록 우리의 사랑이 찰나일지라도

5장 **우정**

212	순수한 선의의 즐거움
216	내 인생의 가장 큰 선물, 나의 벗
219	믿기 힘들 정도로 완벽한 그 이름
223	모든 관계는 동등해야 한다
226	우정은 우리가 아는 가장 단단한 것
229	우정의 두 가지 요소
233	우정의 완성이란
236	친구를 통해 얻는 유일한 기쁨
239	친구의 모든 것을 찬양하라
243	책을 다루듯 친구를 대하라

6장 **신중함**

252	감각의 덕목
255	거짓된 신중함
257	신중함이란 세계의 법칙을 존중하는 것이다
262	신중한 사람이 되고 싶다면
265	작은 것을 경멸한 자는 조금씩 멸망할 것이다
268	가난한 리처드의 연감

271	솔직하라, 신뢰하라, 진실할 것이니
273	두려움은 나쁜 조언자일 뿐이다
276	오래된 신발이 편한 법

7장 **초영혼**

280	최고의 법칙
284	영원한 한 시간, 한 시간의 영원
287	도덕과 정신의 성장 법칙
291	지혜의 빛
295	영혼을 가진 자는 진리를 알아본다
298	세속적인 호기심에 관하여
303	영혼의 판별자
306	진정한 천재성이란
310	누구도 함부로 대하지 못하게 하는 법
313	영혼은 스스로를 믿는다

8장 **원**

322	우주의 법칙

326	인간의 삶은 스스로 진화하는 원
330	생각은 어떻게 발전하는가
334	침묵은 어떤 대화보다 낫다
338	누군가의 정의는 누군가의 불의가 된다
345	모든 것은 새로워진다
349	새로운 길을 개척하는 용기가 곧 품격이다

9장 지성

354	진리에 관하여
357	자연스러운 행동이 언제나 최선이다
362	우리는 모두 현명하다
366	천재성에 관하여
368	천재적인 생각은 어디서 오는가
372	지적 의무의 원칙
376	모든 것을 내려놓고 받아들일 것
379	자신에게 의미가 없는 것을 거부하라

| 일러두기 |

* 독자의 이해를 돕기 위해 문단을 나누고 소제목을 추가하였습니다.
* '원주' 표기가 없는 모든 각주는 옮긴이의 것입니다.
* 성경 내용의 번역은 대한성서공회의 개역개정판을 참고하였습니다.
* 책 제목은 『』으로, 단편과 시 등은 「」로 표시하였습니다.

"타인의 그림자에 살지 마라.
당신 스스로가 빛이 되어라."

Essays, First Series
by Ralph Waldo Emerson

1장

자기 신뢰
SELF-RELIANCE

"자기 자신을 밖에서 찾지 말라."

세네카Seneca

부러움은 무지에서 나온다

언젠가 한 유명 화가의 관습을 뛰어넘는 독창적인 시 몇 편을 읽은 적이 있다. 시의 주제가 무엇이든 우리 영혼은 언제나 그러한 시구에서 깨달음을 얻는다. 시는 언제나 품고 있는 것 이상의 감상을 불러일으킨다. 자신의 생각을 믿는다는 것, 자기 마음속에서 진실인 것이 모든 사람에게 진실이라고 믿는 것, 그것은 탁월한 재능이다.

내면의 확신을 소리 내어 말하라. 그러면 그것이 보편적 의미를 띠게 될 것이다. 가장 내밀한 것은 머지않아 가장 눈에 띄는 쪽에 있게 되고, 최초의 생각은 최후의 심판에 울리는 나팔 소리가 되어 우리에게 돌아올 것이다. 각자에게 마음의 소리처럼 익숙한, 우리가 추앙하는 모세Moses와 플라톤Plato과 밀턴Milton의 가치는 그들이 책이나 전통을 무시하고, 다른 사람들의 생각이 아닌 자신의 생각을 썼다는 데 있다.

인간은 시인과 현자가 보여주는 천상의 빛을 살피는 것 이상으로, 자기 머릿속을 스치는 어렴풋한 빛을 감지하고 관찰하는 법을 배워야 한다. 그러나 우리는 오히려 그것이 자신의 생각이라는 이유로 무시하고 만다. 우리는 모든 천재적인 작품 속에서 외면했던 자신의 생각을 발견한다. 그리고 그것은 어떤 멀찌막한 위엄과 함께 우리에게 돌아온다. 위대한 예술 작품이 주는 이보다 더 중요한 교훈은 없다. 자신감을 가지고 단호하게, 내면에서 자연스럽게 떠오르는 생각에 따라야 한다는 것. 특히 모두가 아니라고 외칠수록 그래야 한다. 그렇지 않으면 훗날 탁월한 분별력을 가진 누군가가 나타나 정확히 우리가 늘 생각하고 느껴왔던 바를 말할 것이고, 우리는 부끄럽게도 자신의 의견을 다른 사람의 입에서 듣게 될 것이다.

누구에게나 확신을 갖게 되는 배움의 순간이 찾아온다. 질투는 무지이며, 모방은 자살과 같고, 어쨌든 자기에게 주어진 몫을 받아들여야 한다는 배움, 드넓은 우주에 온갖 좋은 것들이 가득 차 있을지라도 자신에게 주어진 땅을 일구는 노력을 통해서만이 결국 영양가 있는 알곡을 얻게 된다는 배움이다. 우리 안에 깃든 힘은 사실상 새로운 것이다. 자신이 무엇을 할 수 있는지 아는 사람은 자신뿐이지만, 시도하기 전까지는 자신도 모른다.

어떤 얼굴, 어떤 특징, 어떤 사실은 우리에게 인상을 남기는 반면에 다른 것은 그렇지 못한데, 이에는 그럴 만한 이유가 있다. 이런 기억은 미리 정해진 조화 속에 새겨지기 때문이다. 빛이 떨어지는 곳에 닿는 우리 시선은 그 특정한 빛의 존재를 증명할 수 있다. 그러나 우리는 자신을 반만 드러내고 각자를 대표하는 신성한 생각을 부끄럽게 여긴다.

그 생각이 충실히 전달된다면 틀림없다고 믿고 타당한 성과를 낼 수 있지만, 신은 겁쟁이를 통해 자신의 뜻을 드러내지 않을 것이다. 인간은 온 마음을 담아 최선을 다할 때 편하고 즐거우며, 그렇게 하지 않은 채 한 말과 행동으로는 안식을 얻을 수 없다. 그것은 마치 실현될 수 없는 구원과 같다. 결국 그의 천재성은 사라지고 어떤 영감도 떠오르지 않으며 창조도, 희망도 존재하지 않는다.

당신 자신을 믿으라

 당신 자신을 믿으라. 그 단단한 확신은 모든 인간의 마음에 울림을 주기 마련이다. 신이 당신을 위해 계획한 자리와 당신이 속한 사회, 경험들 사이의 관련성을 받아들이라. 위대한 사람들은 언제나 그래왔다. 그리고 어린아이처럼 그 시대의 정신에 자신을 내맡긴 채, 마음속 절대적 자신감을 드러내고 주체적으로 노력했다.

 이제 우리는 한 명의 다 자란 성인으로서 고결한 정신으로 그 초월적 운명을 받아들여야 한다. 그래서 한 귀퉁이에서 보호받고 있는 미성년자나 병약한 자가 아니라, 혁명을 앞두고 도망치는 겁쟁이가 아니라, 안내자, 구원자, 후원자가 되어 전능한 신의 의지에 복종하며 혼돈과 어둠에 맞서 전진해야 한다.

 어린이와 갓난아기, 심지어 짐승의 얼굴과 행동에 드러나는 이러한 자연의 계시는 얼마나 아름다운가! 우리의 목적에 반하는 산술적 계산에 의해 생긴 그 분열되고 저항하는 마음이나 감정의 불신, 이런 것들이 그들에게는 없다. 그들의 마음은 온전하며 그들의 눈은 아직 정복되지 않았으므로 우리는 그들을 바라볼 때 당혹스럽다. 어린아이는 누구의 비위도 맞추지 않는다. 모두가 그에게 맞춘다. 그래서 보통 네 명이나 다섯 명의 어른이 한 아이 곁에서 떠들며 놀아주기 마련이다. 그렇게 신은 어린이와 청소년, 성인을 다름 아닌 그 자체의 활기와 매력으로 무장시켰고, 그것을 추앙받고 고결하게 했으며, 그것이 오롯이 드러날 때 그 권리가 무시될 수 없게 만들었다.

아이들이 당신과 나에게 말하지 않는다고 힘이 없다고 생각하지 말라. 들어보라! 옆방에서 들리는 그들의 목소리는 아주 명확하고 단호하다. 아이들은 자신의 또래에게 말하는 방법을 알고 있는 것 같다. 수줍은 성격이든 대담한 성격이든, 아이들은 우리 연장자를 아주 쓸모없는 존재로 만드는 방법을 알게 될 것이다.

소년들은 저녁 끼니를 걱정하지 않고, 누군가의 비위를 맞추기 위해 행동하거나 말하는 것을 무시한다. 이런 무심한 태도는 인간의 건전한 본성을 보여준다. 소년들은 극장의 관객과 같다. 책임질 필요 없는 독립된 위치에 앉아, 무대 위에서 벌어지는 사건들과 오가는 사람들을 바라보며, 그들 특유의 재빠르고 간결한 방식으로 '좋다', '나쁘다', '재미있다', '바보 같다', '설득력 있다', '짜증 난다' 등의 평가를 내린다. 그는 결코 결과나 이익을 신경 쓰지 않으며, 독립적이고 진실하게 판단한다. 따라서 환심을 사야 하는 사람은 당신이다. 그들이 당신의 환심을 살 이유는 없다. 그러나 어른은 마치 자의식의 감옥에 갇힌 듯이 행동한다. 어른은 말이나 행동이 눈에 띄게 되는 순간 책임을 져야 하는 처지가 되어 수백 명으로부터 호의나 증오의 시선을 받게 되고, 이제 그들의 감정을 신경 써야만 한다.

아! 다시 무심해질 수 있다면 얼마나 좋겠는가! 모든 맹세를 피하고 한번 살펴본 뒤 다시 무심해질 수 있으며, 어느 쪽에도 치우치지 않고 매수되지 않으며 두려움 없이 순수하게 관찰할 수 있는 사람은 결코 얕잡아볼 수 없다. 그런 사람은 당면한 모든 문제에 대해 당당히 의견을 밝힐 것이다. 그 의견이 개인적인 생각이 아니라 필연적인 사실로 받아들여진다면, 화살처럼 사람들의 귀에 꽂혀 두려움을 자아낼 것이다.

본성의 법칙에 따르라

우리는 홀로 있을 때 이런 목소리를 듣지만, 이것은 세상 밖으로 나가면서 점점 희미해지다가 들리지 않게 된다. 사회 곳곳에서는 그 구성원들의 인간다움을 방해하려는 음모가 진행 중이다. 사회는 주식회사와 다를 바 없다. 그 구성원들은 주주들에게 더 많은 빵을 보장해주기 위해 빵을 먹는 사람의 자유와 문화를 내주는 데 동의한다. 이런 상황에서는 대부분의 요구에 순응하는 것이 미덕이다. 따라서 자기 신뢰는 혐오의 대상이 된다. 그러므로 진짜 현실과 창조자가 아닌, 명성과 관습을 귀하게 여긴다.

인간이라면 순응주의자가 되어서는 안 된다. 불멸의 영광을 모으려는 자는 '선善'이라는 단어에 방해받아선 안 되며, 반드시 그것이 진정한 선인지 탐색해야 한다. 결국 성스러운 것은 자기 정신의 온전함뿐이다. 자신을 해방하라. 그러면 세상의 지지를 얻게 될 것이다. 나는 어릴 때 존경하던 조언자에게 했던 말을 기억한다. 그는 교회의 오래된 교리를 찬미하며 나를 끈질기게 설득하곤 했다. 나는 이렇게 물었다. "제가 온전히 제 안의 진실에 따라 산다면 전통의 신성함이 무슨 상관이겠습니까?" 그가 답했다. "그런 충동들은 천국에서 오는 것이 아니라 지옥에서 비롯된 것일 수 있다네." 나는 다시 이렇게 대꾸했다. "저는 그렇게 생각하지 않지만, 제가 악마의 자식이라면 악마의 방식대로 살 것입니다."

내게는 본성의 법칙을 따르는 것만이 신성하다. 선과 악은 이것저것으로 매우 쉽게 바뀌는 이름일 뿐이다. 오로지 자신의 법칙을 따르는 것만이 옳고, 그 법칙을 거스르는 일만이 잘못일 것이다. 인간이란 모든 반대 속에서도 마치 자신을 제외한 모든 것이 덧없는 허명일 뿐이라는 듯이 처신해야 한다.

나는 우리가 계급과 호칭에, 거대한 공동체와 죽은 제도에 얼마나 쉽게 굴복하는지를 생각하면 부끄럽다. 번듯하고 말깨나 한다는 사람들은 모두 지나치게 나를 흔든다. 나는 올곧고 당찬 태도로 어떻게든 거슬리는 진실에 대해 말해야 한다. 사악함과 허영심이 자비를 가장한다면 이를 모르는 척해야 하는가?

만약 어떤 편견으로 똘똘 뭉친 자가 바베이도스의 최

근 소식을 들려주며[1] 자비로운 척 노예제도를 폐지해야 한다고 주장한다면, 이렇게 대꾸하면 어떨까? "집에 가서 당신 자식을 챙기시오. 당신이 고용한 나무꾼을 친절하고 겸손하게 대하시오. 일상에서 당신이 말한 그 품위를 지키시오. 천 마일 떨어진 곳에 있는 흑인들에 대한 연민을 내세워, 당신의 냉혹하고 무정한 야망을 숨기려 하지 마시오. 먼 곳을 향한 당신의 사랑은 가족에게는 악의가 되오." 이런 대꾸는 험하고 무례하지만, 가식적인 친절보다는 진실이 더 훌륭한 법이다.

---

[1] 대서양 노예무역의 주요 거점이자 영국 식민지였던 바베이도스에서는 이 책의 출간 7년 전인 1834년에 노예제도가 폐지되었다.

삶은 존재 자체로 의미가 있다

 당신의 선은 그에 걸맞은 위력을 갖추어야 한다. 그렇지 않으면 그것은 선이 아니다. 증오의 교리는 사랑의 교리가 지나치게 감상적일 때 그에 대항하여 전달될 필요가 있다. 내 안에서 천성이 드러나려고 할 때, 나는 아버지와 어머니, 아내와 형제를 피한다. 그럴 때는 문틀 위쪽에 '종작없는 생각 중'이라고 써 붙여놓는다. 그 생각이 결국 그 이상으로 더 발전하길 바라지만, 그에 대한 설명을 하느라 하루 종일 시간을 낭비할 수는 없다.

 내가 사람들을 찾거나 피할 때 그 이유를 설명할 것이라 기대하지 말라. 또한 요즘 착한 사람들이 그러하듯, 내게 가난한 사람 모두를 구제해야 할 의무가 있다고 말하지 말라. 그들이 내가 아는 사람들인가? 그대 어리석은 자선가여, 나는 내가 속하지 않고 나에게도 속하지 않은 사람들에게는 1달러, 10센트, 아니 1센트를 주는 것조차 아깝다.

 내가 헌신과 충실을 바치는, 모든 영적 친밀감으로 연결된 부류의 사람들이 있다. 나는 그들을 위해서라면 감옥에라도 갈 것이다. 그러나 당신이 따르는 유행 같은 잡스러운 자선 행위들, 바보들의 대학에서 이루어지는 교육, 헛된 목적을 위한 건물들의 건립, 얼치기들에게 주는 구호금, 수많은 자선 단체에 기부하는 일 등에는 관심이 없다. 솔직히 부끄럽게도 마지못해 돈을 기부할 때도 있는데, 그것은 언젠가 곧 용기를 발휘해 기부를 거절하게 될 부정不正한 돈이다.

일반적으로 대중이 말하는 덕은 원칙이라기보다는 예외에 가깝다. 인간이 있고 그가 행하는 덕이 있다. 인간은 용기나 자비로운 마음에서 비롯된 '선한 행위'를 하는데, 사회 안에서 매일의 의무를 다하지 않는 데 대한 속죄의 의미로 벌금을 내는 격이다. 그것은 이 세상을 사는 데 대한 사과나 정상 참작의 여지를 만들려는 행위로, 마치 몸이 아픈 환자나 정신병자가 비싼 입원비를 내는 것과 마찬가지이다. 그들의 덕행은 속죄를 위한 것이다.

나는 속죄하길 바라는 것이 아니라 살기를 바란다. 내 삶은 존재 그 자체로 의미가 있으며, 구경거리를 제공할 필요가 없다. 나는 내 삶이 빛나고 불안정하기보다, 덜 고상할지언정 참되고 변함없기를 바란다. 특별한 영양

관리나 치료가 필요 없이 건강하고 유쾌하길 바란다. 나는 당신에게 인간이라는 본질적 근거를 요구하며, 행동에 대한 호소는 거부한다. 사람들이 훌륭하다고 생각하는 행동을 내가 하든 안 하든 나한테는 다르지 않다. 나의 타고난 권리에 대가를 지불하는 데 동의할 수 없는 것이다. 내가 가진 재능이 작고 보잘것없을지라도 나는 실제로 존재하며, 나 자신의 확신이나 동시대인의 확신을 얻기 위해 어떤 부차적 증거도 필요하지 않다.

나는 다른 사람들이 아닌, 내가 중요하다고 생각하는 일을 해야 한다. 이 원칙은 일상생활에서도 지적 생활에서도 적용이 똑같이 어려우며, 위대함과 비천함을 완벽하게 구분하는 기준이 될 수 있다. 이 원칙을 따르기란 생각보다 어렵다. 언제나 당신의 의무를 당신보다 더 잘 알고 있다고 생각하는 사람들을 만나게 되기 때문이다. 세상의 기준에 따라 사는 것은 쉽다. 자기 자신의 뜻에 따라 고독하게 사는 것도 쉽다. 그러나 위대한 사람은 군중 속에서도 완벽하게 차분한 마음으로 온전히 독립성을 유지하는 사람이다.

누구에게도 순응하지 말라

당신에게 쓸모없어진 관습에 순응하며 살아가는 데 반대하는 이유는 그것이 쓸데없이 힘을 분산시키는 일이기 때문이다. 이는 당신의 시간을 소모하고 당신의 개성을 흐린다. 당신이 죽은 교회를 옹호한다면, 죽은 성서 협회에 기부한다면, 정부 여당이든 야당이든 거대 정당에 투표한다면, 게으른 가정부처럼 식탁을 차린다면, 이런 모든 행위들이 가림막이 되어 나는 당신이 정확히 어떤 사람인지 파악하기 어려울 것이다. 그리고 물론 당신은 너무 많은 힘을 소모해 삶을 제대로 유지할 수 없을 것이다.

그러나 당신이 자신의 일을 한다면, 나는 당신의 참모습을 알게 될 것이다. 당신의 일을 하라. 그러면 당신은 강해질 것이다. 인간은 이 순응의 게임이 마치 눈을 가리고 하는 술래잡기와 같다는 것을 알아야 한다. 내가 당신의 위치를 안다면, 당신이 어떤 주장을 할지도 예상할 수 있다.

나는 한 설교자가 성경 말씀을 내세워 그가 속한 교회

의 제도에 관한 편의성을 단언하는 것을 들은 적이 있다. 그가 새로운 말이나 자발적인 말을 할 수 있을 리가 없다는 사실을 내가 진작에 몰랐겠는가? 제도의 근거를 검토하는 시늉만 할 것이라는 사실을 몰랐겠는가? 그가 자연인으로서가 아닌, 교구 목사로서 허락된 한쪽 면만 보겠다고 다짐했다는 것을 몰랐겠는가?

그는 고용된 대리인이며 그곳의 분위기는 가장 공허한 가식이다. 아마도 대부분의 사람은 저마다의 손수건으로 눈을 가린 채 이런 의견 공동체를 따랐을 것이다. 이런 순응은 몇몇 구체적인 사항만이 아니라 전체를 거짓으로 만든다. 그들의 진실은 진실이라고 할 수 없다. 그들이 말하는 둘은 실제로 둘이 아니며, 그들이 말하는 넷도 실제로 넷이 아니다. 따라서 우리는 그들이 말하는 모든 말에 화가 나고 그들을 어디서부터 바로잡아야 할지 몰라 답답함을 느낀다.

그사이 자연은 서둘러 우리에게 우리가 고수하는 집단의 죄수복을 입힌다. 우리는 하나같이 똑같은 모습을 하고, 점점 가장 온순한 바보의 표정을 띠게 된다. 역사 속에서도 반복적으로 등장하는, 특히 굴욕적인 상황이 있다. 바로, 우리가 관심 없는 대화 중 답하기 곤란한 순간 사람들 앞에서 억지로 미소를 지을 때 보이는 '아부하는 멍청한 얼굴'이다. 자발적으로 움직이는 것이 아니라 강제적인 의도에 의해 움직이는 근육은 얼굴 윤곽을 조여 가장 불쾌한 감각을 유발한다.

위대한 존재는 오해를 받는 법이다

세상은 순응하지 않는 당신에게 불만이라는 채찍을 휘두른다. 따라서 사람은 떫은 표정을 판별할 줄 알아야 한다. 공공장소나 친구의 집에 있다 보면 주변에서 당신의 얼굴을 곁눈질할 때가 있다. 만약 이런 혐오감이 당신 자신이 품고 있는 경멸과 저항감과 같은 것에서 비롯됐다면, 당신은 슬픈 얼굴을 하고 집으로 돌아갈 것이다. 그러나 다수의 얼굴에 비친 떫은 표정은 다정한 표정이 그러하듯 대단한 이유가 있는 것이 아니며, 바람이 부는 방향에 따라, 신문 내용에 따라 바뀐다.

그런데 대중의 불만은 입법 기관이나 학계의 불만보다 더 거세다. 세상을 아는 강단 있는 사람이라면 교양 있는 계층의 분노를 견디는 것쯤은 별로 어렵지 않다. 그들의 분노는 점잖고 조심스러운데, 이는 자신들이 쉽게 비난받는 위치에 있다는 사실을 알고 소심하게 행동하기 때문이다. 그러나 그들의 심약한 분노에 대중의 분개가 더해질 때, 무지하고 가난한 자들이 자극을 받았을 때, 사회 밑바닥에 있는 무지한 폭력이 으르렁대며 날뛸

때에는 경우가 달라진다. 그러한 문제를 마치 신과 같이 초월적 태도로 가볍게 해결하려면 관대함과 종교적 관습이 필요하다.

막상 자기를 신뢰하려고 할 때, 우리는 과거 행동이나 말에 대한 존중, 즉 일관성에서 벗어날까 두려워한다. 타인에게는 우리의 과거 행위 말고는 우리의 행동 방식을 추측할 근거가 없으며, 우리는 그들을 실망하게 하고 싶지 않기 때문이다.

하지만 왜 계속 뒤를 돌아봐야 하는가? 여기저기 사람들 앞에서 말한 내용과 모순된 행동을 보이기 싫다는 이유로 기억이라는 시체를 계속 끌고 다녀야 하는 것인가? 가령 스스로 모순된 모습을 보여야 한다고 해보자. 그게 뭐가 대수란 말인가? 지혜의 원칙은 오직 기억에만 의존하는 것이 아니라, 과거를 수많은 현재의 시점에서 판단하고 언제나 새로운 하루를 살아가는 것이다.

순전히 기억에 관련된 행위에서도 기억에만 의존하지 말아야 한다. 당신이 철학적으로 신성神性의 인격을 부정했는데 영혼이 신성한 움직임을 보인다면, 그 움직임이 신에게 색과 형태를 부여할지라도 온 마음과 생명을 바쳐 그것을 따라야 한다. 자신의 이론을 과감히 버리라. 마치 요셉Joseph이 탕녀의 손에 외투를 남겨두고 달아난 것처럼.[2]

미련한 일관성은 소인배의 근심거리이며, 편협한 정치인이나 철학자, 혹은 성직자가 받드는 것이다. 위대한 영혼은 일관성과 아무런 관계가 없다. 그는 차라리 벽에 드리운 자신의 그림자를 염려하는 편이 낫다. 지금은 지금 생각하는 바를 단호하게 말하고, 내일은 내일 생각하는 바를 단호히 말하라. 그것이 비록 오늘 말한 모든 것과 모순을 이룬다고 해도.

아! 분명 오해를 받을 것이다. 하지만 그것이 대수란 말인가? 피타고라스Pythagoras도 오해를 받았다. 소크라테스Socrates, 예수, 루터Luther, 코페르니쿠스Copernicus, 갈릴레오Galileo, 뉴턴Newton 등과 같이 육체를 입은 순결하고 현명한 정신은 모두 오해받았다. 위대한 존재는 오해를 받는 법이다.

---

2   『창세기Genesis』 39장 12절에 나오는 이야기로, 요셉은 이집트에서 노예 생활을 할 때 주인 보디발Potiphar의 아내가 자신의 외투를 붙잡고 유혹하자 외투를 버리고 도망쳤다.

자신만의 법칙에 따라 행동하라

어떤 인간도 자신의 본성을 거스를 수 없다. 안데스산맥과 히말라야산맥의 굴곡이 지구의 전체 곡선에 거의 영향을 미치지 않는 것처럼, 인간이 드러내는 모든 의지는 그 존재의 법칙인 나름의 곡선을 따르기 마련이다.

그를 어떻게 측정하고 시험하든 상관없다. 한 사람의 성격이란 바로 읽거나 거꾸로 읽거나, 혹은 가로질러 읽어도 결국 같은 글자가 되는 아크로스틱acrostic 시詩나 알렉산드리아풍의 시와 같다. 나는 숲속에서 신이 허락하신 회개하며 만족하는 삶을 살며, 앞날을 내다보거나 지난날을 돌아보지 않고 하루하루를 정직하게 기록하련다. 그러면 비록 내가 의도하거나 이해하지 못하더라도 결국 균형을 이루리라 확신한다.

내 책에서는 소나무 향기가 나고 벌레의 울음소리가 들리리라. 나의 창문 위에 둥지를 짓는 제비는 부리에 물고 있는 실이나 지푸라기를 나의 작업에도 엮어 넣을 것이다. 우리는 우리로서 받아들여진다. 성격은 우리의 의지 이상의 가르침을 준다. 사람들은 자신의 명백한 행위만이 선과 악을 전달한다고 생각하며, 선과 악이 매 순간 뿜어져 나오는 것을 보지 못한다.

각각의 순간에 정직하고 자연스럽게 행동한다면 어떤 다양한 행동들도 서로 일치하는 면이 있을 것이다. 하나의 의지에서 비롯된 행위들은 아무리 다른 듯 보여도 조화를 이룬다. 이런 다양성은 근시안적인 사고로는 제대로 알 수 없다. 그 다양성을 묶어주는 하나의 경향성이 존재한다. 훌륭한 배는 돛으로 바람을 받아 무수히 방향을 바꾸면서도 항로를 지킨다. 충분한 거리에서 그 항로를 지켜보면 평균적으로 바르게 나아가고 있음을 알 수 있다. 진정한 행동은 스스로 해명되고 다른 진정한 행동들도 해명할 것이다.

당신의 순응은 아무것도 설명하지 못한다. 단독으로 행동하라. 그러면 앞서 단독으로 행한 것이 현재의 당신을 정당화할 것이다. 위대함은 미래에 호소한다. 내가 오늘 옳은 일을 하며 세간의 시선을 무시할 수 있는 굳건한 신념을 지녔다면, 지금의 나를 방어할 수 있을 만큼 이전에 옳은 일을 해온 것이 틀림없으리라.

언제나 겉모습을 경멸하라. 그러면 그것에 얽매이지

않을 것이다. 성격의 특성은 서서히 축적된다. 과거에 행한 덕이 현재를 건강하게 만들 것이다. 무엇이 의회와 전쟁터에서 영웅들의 위대함을 만들어내고 그토록 상상력을 가득 채우는가? 우리는 그 뒤에 줄줄이 이어지는 위대한 승리의 날들이 있었음을 안다. 그것들이 하나의 빛이 되어 전진하는 영웅을 비춘다. 그는 마치 천사들이 호위하는 듯한 자태를 드러낸다. 그것이 바로 채텀Chatham의 목소리에 천둥소리를, 워싱턴Washington 자세에 위엄을, 애덤스Adams의 눈에 미국을 깃들게 하는 것이다.[3]

명예는 덧없이 사라지지 않기에 고색창연한 유물이 된다. 그것이 영원한 고대의 미덕이다. 그것은 오늘날의 것이 아니므로, 오늘날을 사는 우리는 그것을 숭배한다. 우리가 그것을 사모하며 경의를 표하는 이유는, 그것이 억지로 사랑과 경의를 유도하지 않으며 자립적이고 자발적으로 존재하기 때문이다. 이는 젊은이들에게서도 나타난다고 해도 오래되고 순수한 혈통과 같은 본성이다.

---

3   채텀은 미국 식민지의 권리 보호에 우호적이었던 영국의 정치가로 탁월한 웅변가였으며, 워싱턴과 애덤스는 각각 미국의 초대 대통령, 제2대 대통령이다.

더는 사과하지 말라

 나는 오늘날 순응과 일관성이란 말을 더는 듣지 않기를 바란다. 이제 이 단어들이 아무도 쓰지 않는 우스꽝스러운 단어가 되게 하자. 징을 울리는 대신 스파르타 파이프를 불어 저녁 식사를 알리자.

 더는 몸을 숙여 사과하지 말자. 위대한 사람이 우리 집에서 함께 식사를 하더라도, 내가 그의 비위를 맞추는 것이 아니라 그가 나를 기쁘게 하기를 바란다. 나는 인간적인 모습으로, 친절하지만 솔직하게 행동할 것이다. 시대에 나긋나긋한 평범함과 비루한 만족감을 모욕하고 비난하자. 관습과 거래와 사무 앞에 모든 역사의 결말인 사실을 던지자. 인간이 활동하는 곳마다 책임감 있는 위대한 사상가와 행동가가 있다는 사실, 진실한 사람은 다른 시간이나 장소에 속하지 않으며 현장의 중심에 있다는 그 사실을. 그가 있는 곳이 자연이다.

 그는 당신과 모든 사람들 그리고 모든 사건들을 판단한다. 대개 사회의 사람들은 모두 무언가, 혹은 다른 누군가의 어떤 점을 떠올리게 한다. 그러나 인간의 성격,

즉 실재實在는 다른 것을 떠올리게 하지 않는다. 그것은 창조물 전체를 대신한다. 인간은 그 자체로 완전해서 모든 상황과 무관해야 한다. 진실한 사람은 모두 그 자체로 하나의 이유이고, 나라이며, 시대이다. 자신의 계획을 위해 무한한 공간과 수많은 수치와 시간이 필요하다. 그래서 그 자손은 그의 발자취를 줄지어 따라가는 추종자처럼 보인다.

카이사르Caesar라는 한 인물이 태어나고 이후 오랜 세월 동안 로마 제국이 이어졌다. 그리스도가 탄생한 이래 수많은 사람들이 그의 정신을 따르고 그에 굳게 결합하여, 그는 미덕과 인간의 가능성과 동일시된다. 하나의 제도는 한 인간의 길게 늘어진 그림자이다. 성 안토니우스 St.Antony는 수도원 운동을 남겼고, 루터는 종교 개혁을, 폭스Fox는 퀘이커 신앙을, 웨슬리Wesley는 감리교를, 클락슨 Clarkson은 노예제도 폐지를 남긴 것이다. 밀턴이 '로마의 정점'이라고 불렀던 스키피오Scipio 장군이 보여주듯, 역사는 그 자체로 아주 쉽게 굳세고 성실한 인물들의 전기로 녹아든다.

모두의 삶은 결국 같다

인간에게 자신의 가치를 알게 하고 모든 것을 그의 발아래 두자. 자신을 위한 세상에서 고아나, 사생아, 이방인이라도 된 듯 눈치 보며 몰래 돌아다니게 하지 말라. 탑과 위인들의 조각상을 만든 힘에 상응하는 가치를 자기 안에서 찾지 못한 범인凡人은 그것들을 보며 초라함을 느낀다. 궁전, 조각상, 혹은 비싼 책은 그에게 화려한 마차와 마찬가지로 이질적이고 허용되지 않는 분위기를 풍기며 "댁이 누구신데?"라고 묻는 것만 같다. 그러나 그것들은 모두 그의 것으로, 마치 그가 눈길을 주길 바라는 구혼자, 그의 해결을 기다리는 청원자나 마찬가지이다.

그림은 나의 평가를 기다린다. 그림이 내게 명령하는 것이 아니라, 내가 그것을 칭찬할지를 결정하는 것이다. 대중들에게 잘 알려진 술주정뱅이 이야기가 하나 있다. 길에서 만취한 상태로 발견된 그를 사람들이 공작의 집으로 옮겨 몸을 씻기고 옷을 입혀 침대에 눕혔다. 깨어난 그는 공작처럼 극진한 대우를 받으며 그동안 자신이 미쳤었다는 사실을 깨닫는다. 이 이야기가 인기 있는 이유는, 그것이 인간사의 진실을 상징적으로 잘 보여주기 때문이다. 인간은 세상에서 일종의 술주정뱅이로 살아가지만, 때때로 정신을 차리고 자신이 진정으로 고귀한 존재임을 깨닫는다는 진실 말이다.

우리의 독서는 구걸하고 아첨하는 행위와 같다. 역사에서 우리의 상상력은 우리를 기만한다. 왕국과 영토, 권력과 재산은 작은 집에서 일상을 영위하는 평민, 존과 에드워드와 비교하면 겉만 번지르르한 단어에 불과하다. 모두의 삶은 같다. 결국 삶 전체를 비교하면 동등하다. 알프레드Alfred, 스칸데르베르Scanderbeg, 구스타부스Gustavus[4]와 같은 인물들을 그토록 존경하는 이유가 무엇일까? 그들이 도덕적이었다고 가정해보자. 그렇다 해도 그들이 그 덕성을 모두 발휘했는가? 오늘날 당신의 개인적인 행위도 그들의 공적이고 유명한 발걸음만큼 위대하다. 평범한 사람들이 자기 고유의 시각으로 행동하기 시작할 때, 왕의 명예가 그들에게 옮겨갈 것이다.

---

4 각각 바이킹 침략을 방어한 9세기 잉글랜드 왕, 오스만 제국에 저항한 15세기 알바니아 영웅, 스웨덴을 유럽 강국으로 성장시킨 17세기 스웨덴 왕이다.

무의식을 신뢰하라

세계는 국민들의 이목을 끄는 왕이 지시하는 대로 움직여왔다. 이 왕이라는 거대한 상징을 통해 사람들은 인간으로서 마땅히 지켜야 할 상호 존중을 배웠다. 사람들은 기꺼이 충성스럽게, 왕 또는 대지주가 그들 사이에서 자신만의 법칙을 따라 행동하고, 사람과 사물에 대한 자신만의 기준을 세워 그들의 기준을 무시하고, 돈이 아닌 명예로 은혜를 갚고, 자신의 존재 자체로 법을 대표하게 했다. 사람들은 그런 기꺼운 충성심을 통해 그들 자신의 권리와 품위, 만인의 권리에 대한 의식을 모호하게 드러냈다.

모든 독창적인 행동에서 느껴지는 매력은 자기 신뢰의 이유를 탐구하다 보면 설명이 가능하다. 누구를 믿을 수 있는가? 보편적으로 의존할 수 있는 근원적인 자아란 무엇인가? 시차나 계산 가능한 요소 없이 과학을 혼란스럽게 하고, 독립의 작은 흔적이라도 보일 때면 사소하고 불순한 행동조차 아름다움으로 빛나게 하는 별의 본질과 힘은 무엇일까? 이런 질문은 자발성 또는 본능이라고 부르는, 천재성과 덕성 그리고 삶의 본질인 그 원천으로 인도한다.

우리는 이 제1의 지혜를 직관intuition이라 부르며, 이후 모든 가르침을 교육tuition이라 부른다. 분석이 도달할 수 없는 궁극의 사실에서, 깊이 감춰진 그 힘에서 만물은 공통의 기원을 발견한다. 고요한 시간에 영혼에서 솟아오르는 존재의 감각은 사물, 공간, 빛, 시간, 인간과 다르지 않다. 어떻게 일어나는 것인지 우리는 알 수 없는 이 감각은 그것들과 하나로 연결되어 있고, 분명히 그것들의 생명과 존재가 생겨나는 동일한 근원에서 나오는 것이다.

우리는 제일 먼저 사물들이 존재하게 해주는 생명을 공유하고, 이후 그것들을 자연 속에서 발견한다. 하지만 그 근원을 공유했다는 사실을 잊는다. 여기 행위와 사고의 샘이 있다. 여기 인간에게 지혜를 주고 신성모독과 무신론이 아니면 부정할 수 없는 그 영감에 숨을 불어 넣는 허파가 있다. 우리는 무한한 지성의 무릎을 베고 누워 있다. 그렇게 우리는 진리의 수용자가 되고 그 활동의 도구가 된다.

우리는 정의를 식별할 때, 또 진리를 식별할 때, 스스로 아무것도 하지 않으며 지성의 광선이 우리를 지나가도록 허락할 뿐이다. 그것이 어디서 오는지 물으면, 그 근원이 되는 영혼을 자세히 탐색하려고 하면, 모든 철학은 어찌할 바를 모르고 길을 잃을 것이다. 우리가 확언할 수 있는 것은 그저 '그것이 현존하느냐, 부재하느냐'일 뿐이다.

모든 인간은 자기 정신의 자발적 행위와 자기도 모르는 사이에 받아들인 지각을 분별하고, 그 무의식적인 지각을 완벽히 신뢰해야 한다는 사실을 안다. 무의식적인 지각을 표현할 때 실수를 저지를 수는 있지만 이런 것들의 존재가 밤과 낮처럼 분명하여 논쟁의 여지가 없다는 것을 안다.

반면에, 내 의도적인 행위와 성취는 이리저리 떠돌아다닐 뿐이며, 가장 한가로운 몽상, 가장 희미한 본래의 감정이 나의 호기심과 존경을 불러일으킨다. 분별없는 사람들은 어떤 의견을 반박하는 것만큼 쉽게, 아니 오히려 훨씬 더 쉽게 지각의 진술을 반박하는데, 이는 그들이 지각과 관념을 구별하지 않기 때문이다. 그들은 내가 이것저것을 선택해서 본다고 생각한다.

하지만 지각은 변덕을 부릴 수 없는 숙명이다. 내가 어떤 특성을 보면, 비록 아무도 나보다 먼저 본 적이 없을지라도 나의 아이들이 내 뒤를 이어 그것을 보고, 머지않아 전 인류가 따라 보게 될 것이다. 그에 대한 내 지각은 태양의 존재와 마찬가지로 명백한 하나의 사실인 것이다.

진실하게 살면 진실을 볼 것이다

 인간의 영혼과 신성한 정신의 관계는 매우 순수해서 도움은 불순물과 같다. 신은 말할 때 하나가 아니라 모든 것과 소통하고 세상을 그의 음성으로 가득 채운다. 현재 생각의 중심에서부터 빛과 자연, 시간, 영혼들을 퍼뜨리고 새로운 날을 위해 모든 것을 새롭게 창조한다. 정신이 단순하고 신성한 지혜를 받아들일 때마다 낡은 것들은 사라진다.

 이는 수단, 설교자, 경전과 성전의 권위가 무너진다는 것을 의미한다. 마음은 현재를 살며, 과거와 미래를 현재의 시간으로 빨아들인다. 모든 것은 마음과의 관계로 똑같이 성스러워진다. 모든 것은 원인에 의해 중심으로 녹아들며, 우주의 경이로움 속에서 사소하고 개별적인 기적들은 사라진다. 그러므로 만약 누군가가 신을 안다면서 신에 대해 언급하고 당신을 다른 세상의 어떤 오래되고 낡아빠진 방식으로 되돌려놓으려 한다면, 그를 믿어선 안 된다. 도토리가 다 자라 풍성해진 참나무보다 나은가? 부모가 자신의 성숙함으로 기른 자식보다 나은가?

그렇다면 과거에 대한 숭배는 어디에서 비롯하는가?

세월은 영혼의 건전함과 권위를 무너뜨리는 음모를 꾸민다. 시간과 공간은 눈이 생리적으로 만들어낸 감각적 착각이지만 영혼은 빛이다. 그리하여 빛이 있는 곳은 낮이요, 과거 빛이 있었던 곳은 밤이다. 따라서 역사가 내 현재 존재와 미래의 가능성에 대한 기분 좋은 비유나 우화의 역할을 넘어선다면, 그것은 무례함이자 모욕이다.

인간은 소심하여 변명을 일삼는다. 더 이상 당당하지 못하다. 감히 "내 생각은", "나는"이라고 말하는 대신, 어떤 성인이나 현자의 말을 인용한다. 풀 한 포기, 혹은 꽃망울을 터뜨리는 장미 앞에서 부끄러워한다. 지금 나의 창가에 핀 장미는 이전에 폈던 장미나 더 아름다운 장미를 언급하지 않는 법이다.

그 장미는 그 자체로 의미가 있으며, 오늘 신과 함께 존재한다. 장미에게 시간은 존재하지 않는다. 단지 그 장미가 있을 뿐이다. 그 존재의 모든 순간은 완벽하다. 잎눈이 돋아나기 전에도 온전한 삶이 생동한다. 만개한 꽃에도 그 이상은 없고, 잎이 없는 뿌리에도 부족함이 없다. 그 본성은 스스로 만족하며, 동등하게 모든 순간에 자연을 만족시킨다.

그러나 인간은 나중으로 미루거나 과거에 머문다. 현재를 사는 대신 회상하는 눈으로 과거를 애도하거나, 자신을 둘러싼 풍요로움은 무시한 채 까치발을 하고 미래를 내다보려 한다. 인간도 자연과 함께 시간을 초월하여 현재를 살지 않는 한 행복하고 강인해질 수 없다.

이것은 명백한 사실이다. 그러나 뛰어난 지성인들도 신이 다윗David이나 예레미야Jeremiah, 혹은 바울Paul의 표현을 빌려 말하지 않으면, 그가 직접 하는 말씀을 감히 들으려 하지 않는다. 언제까지나 몇몇 경전이나 몇몇 사람들의 삶에 그렇게 큰 가치를 부여해야 하는 것은 아니다.

우리는 할머니나 선생의 문장을 기계적으로 외우는 아이들과 같다. 아이들은 자라면서 재능 있고 인격이 좋은 사람들을 만나고, 그들이 했던 말을 정확히 기억하려 애쓰며 그대로 반복한다. 그러나 이후 그들을 이해하고 그들의 말과 같은 관점에 도달하게 되면, 필요한 상황에 언제든 그만큼 좋은 말을 할 수 있기에 기꺼이 그 말을 놓아준다.

우리가 진실한 태도로 살고 있다면 우리는 진실을 볼 것이다. 이는 강인한 사람에게서 강함이 드러나고, 약한 사람에게서 나약함이 드러나는 것만큼 자연스럽다. 우리가 새로운 지각을 얻게 된다면, 우리는 기억 속에 쌓인 귀중한 추억의 보물도 오래된 쓰레기처럼 버려야 할 것이다. 인간이 신과 더불어 살아갈 때, 그의 음성은 시냇물이 졸졸 흐르고 옥수수가 바스락거리는 소리처럼 감미로울 것이다.

지금 현재만이 가치 있다

이제 이 주제에 있어서 가장 고결한 진리만 남아 있다. 하지만 어쩌면 말할 수 없을지도 모른다. 우리가 말하는 모든 것은 직관에 대한 아득한 기억이기 때문이다. 현재 가급적 가장 비슷하게 설명하자면 이렇다. 당신 곁에 선이 존재할 때, 알려진 적이 있거나 익숙한 방식이 아닌 주도적으로 자신의 삶을 살 때, 당신은 다른 이의 발자취를 따르지 않으며 인간의 얼굴을 보지 않고 어떤 이름도 듣지 않게 된다.

따라서 이 방식, 이 생각, 이 선은 완전히 낯설고 새로운 것이다. 그것은 예시와 경험을 배제할 것이다. 당신은 인간에게로 가는 길이 아니라, 인간으로부터 떨어져 나오는 길을 택한다. 존재했던 모든 사람은 그 길의 잊힌 성직자들이다. 두려움과 희망은 비슷하게 그 아래 있다. 희망에조차 어떤 저열함이 존재한다. 통찰의 시간에 감사의 마음이나 걸맞은 기쁨이라고 부를 수 있는 것은 없다. 열정을 초월한 영혼은 정체성과 무한한 인과의 사슬을 바라보며, 진리와 정의의 자존성을 깨닫고 모든 것이다 잘될 것임을 알고 차분해진다.

대서양, 남태평양과 같은 자연의 장대한 공간, 수년, 수 세기라는 긴 시간의 간격은 무의미하다. 내가 생각하고 느끼는 이것은 이전에 존재한 모든 삶의 상태와 상황의 기초였으며, 나의 현재, 생명이라 부르는 것 그리고 죽음이라 부르는 것의 기초가 된다.

과거의 삶이 아니라 지금의 생명만이 가치가 있다. 힘은 휴식의 순간에 멈추었다가 과거에서 새로운 상태로 전환되는 순간, 격변의 순간, 목표를 향해 나아가는 순간에 깃든다. 세상이 싫어하는 단 하나의 사실이 있다. 그것은 영혼이 성장한다는 것이다. 이는 과거를 폄하하고, 모든 풍요를 빈곤으로 만들고 모든 명성을 오욕으로 바꾸며, 성자와 악인을 혼동하고 예수와 유다를 똑같이 한쪽에 밀어놓는다.

그렇다면 우리는 어째서 자기 신뢰를 떠벌리는가? 영혼이 현존하는 한, 단순한 자신감이 아닌 행동하는 힘이 존재할 것이다. 신뢰라는 말은 피상적인 표현일 뿐이다. 차라리 작동하고 존재하기 때문에 신뢰하는 주체가 무엇인지에 대해 말하라. 나보다 더 순종적인 사람이 손가락 하나 까딱하지 않고 나를 지배한다. 나는 중력에 이끌려 그의 주변을 돈다. 우리는 탁월한 덕을 말할 때, 그저 수사적인 표현이라고 생각한다. 그 덕이 고귀함을 의미한다는 사실을 아직 모르는 것이다. 원칙에 융통성 있게 스며드는 개인이나 집단이 자연의 법칙에 따라 그렇지 않은 모든 도시, 국가, 왕, 부자, 시인을 제압하고 군림해야 한다는 사실을 우리는 아직 모른다.

모든 주제에서 그렇듯 이 주제에서 매우 빠르게 도달하는 결론은, 바로 모든 것이 영원히 축복받은 '하나ONE[5]'로 환원된다는 사실이다. 자존自存은 가장 높은 원인의 속성이며, 모든 낮은 형태에 어느 정도 스며드는가에 따라 선의 기준을 형성한다. 모든 실질적인 것은 그것이 포함하고 있는 덕만큼 실질적이다.

상업, 농업, 사냥, 고래잡이, 전쟁, 웅변, 개인의 영향력은 어느 정도 실제적이며, 현존과 불완전한 행동을 동시에 보여주는 예시로서 나의 관심을 끈다. 나는 똑같은 법칙이 자연에서 보존과 성장을 위해 작동하는 것을 본다.

---

5 존재와 경험을 초월하는 절대적 진리, 단일한 원리로 초영혼을 지칭한다 (페이지 281~282 참고).

자연에서 힘은 정의에 대한 본질적인 척도이다. 자연은 스스로 돕지 못하는 것은 자신의 왕국에 남겨두지 않는다. 행성의 생성과 성숙, 균형과 궤도, 강한 바람으로 굽어진 나무의 회복력과 같이 모든 동물과 식물이 가진 생명의 자원은 자족적이고, 그러므로 영혼이 자존한다는 증거가 된다.

모든 것은 한곳으로 모이므로, 헤매지 말고 차분히 그 원인을 성찰하자. 단순하고 신성한 사실을 공표하여 간섭하는 대중과 책, 제도에 충격을 주자. 침략자들에게 이 안에 신이 거하므로 신발을 벗으라 명하라. 우리의 간명함으로 그들을 판단하고, 우리 자신의 법칙에 대한 순응을 통해 우리의 타고난 풍요로움을 자연과 운명의 빈곤함과 비교하여 보여주자.

우리는 혼자가 되어야 한다

그러나 현재 우리는 군중이다. 사람은 사람을 경외하지 않는다. 그의 천재성조차 집에 머물며 내면의 바다와 소통하라고 훈계받지 않는다. 대신, 다른 사람에게 한 잔의 물을 구걸하기 위해 밖으로 나간다.

우리는 혼자가 되어야 한다. 나는 그 어떤 설교보다 예배가 시작되기 전 교회의 고요함을 좋아한다. 각자의 경계, 혹은 신성한 공간 안에서 사람들은 얼마나 초연하고, 얼마나 침착하며, 얼마나 고결해 보이는가! 그러니 늘 차분히 있자. 함께 벽난로 불을 쬐었거나 혈연이라는 이유로, 우리가 친구나 부인, 아버지, 자녀의 잘못을 떠맡아야 하는가?

모든 인간은 내 피를 가졌고, 나는 모든 인간의 피를 가졌다. 그렇다고 해서 그들의 성급함이나 우둔함을 받아들이지는 않을 것이다. 심지어 부끄럽다. 그러나 그 고립은 기계적이어선 안 되며 영적으로 고양된 것이어야 한다. 가끔 온 세상이 정말 사소한 일들로 당신을 성가시게 하는 작당 모의를 하는 것처럼 느껴질 때가 있다. 친구, 고객, 자녀, 질병, 두려움, 가난, 자선 등 온갖 것들이 찾아와 문을 두드리며 말한다. "밖으로 나와 우리에게 오세요." 그래도 당신의 자리를 지키라. 그들의 혼란 속에 동참하지 말라.

사람들은 나의 연약한 호기심에서 나를 괴롭힐 수 있는 힘을 얻는다. 누구도 나의 행위를 거치지 않고는 내 곁에 올 수 없다. "우리는 사랑하는 것을 이미 가지고 있지만, 욕망으로 인해 그 사랑을 잃는다."

단번에 복종과 믿음의 신성함에 이를 수 없다면 적어도 유혹에 저항하자. 전쟁에 돌입하여 우리 색슨족의 가슴속 토르Thor와 우든Woden[6] 깨워 용기와 지조를 드높이자. 이것은 평온한 시대에 진실을 말함으로써 이루어져야 한다. 거짓된 환대와 애정을 멈추라. 대화 속에서 서로 속고 속이는 이들의 기대에 더 이상 부응하지 말라. 그들에게 이렇게 말하라.

"오 아버지, 오 어머니, 오 아내여, 오 형제여, 오 친구여, 나는 이제껏 당신과 함께 겉모습을 좇으며 살아왔습

---

[6] 북유럽 신화의 신들로, 토르는 천둥의 신이고 우든은 고대 영어에서 최고신 오딘Odin을 의미했다.

니다. 그러나 지금부터는 진실을 위해 나를 바칠 것입니다. 나는 오로지 변치 않는 법칙만을 따를 것입니다. 나는 계약 관계가 아닌, 본질적인 유대 관계만 맺을 것입니다. 나는 최선을 다해 부모를 봉양하고 가족을 부양하며, 한 명의 아내만을 섬기는 지조 있는 남편이 되겠습니다. 그러나 관계 맺는 방식은 전과 달리 새로울 것입니다. 당신의 관습에 이의를 제기합니다. 나는 나 자신이 되어야 합니다. 더는 당신을 위해 나를, 또는 당신을 망칠 수 없습니다.

당신이 나를 있는 그대로 사랑할 수 있다면, 우리는 더 행복해질 것입니다. 그럴 수 없다면, 있는 그대로의 모습으로 당신의 사랑을 받을 수 있도록 노력할 것입니다. 내가 좋아하는 것과 싫어하는 것을 숨기지 않을 것입니다. 나는 깊이가 있는 것이 신성하다고 믿으며, 따라서 내면에서 나를 기쁘게 하고 마음을 끄는 모든 것에 대해 확신을 가지고 태양과 달 앞에서 당당히 행동할 것입니다.

당신이 고결하다면 나는 당신을 사랑할 것입니다. 그렇지 않다고 해도 가식적인 관심으로 당신과 나에게 상처를 주지 않을 것입니다. 당신이 진실하다면, 그러나 당신의 진실이 나의 진실과 다르다면, 당신의 동지를 따르십시오. 나는 나의 동지를 찾을 것입니다. 나는 이기심이 아닌 겸손한 마음과 진심을 담아 그렇게 할 것입니다. 우리가 얼마나 오래 거짓된 삶을 살아왔든, 진실은 당신에게, 나에게, 모든 인간에게 이익입니다. 지금 이 말이 가혹하게 들립니까? 당신도 곧 당신의 본성이 이끄는 것을 사랑하게 될 것이고, 우리 모두 진실을 따른다면 결국 우리는 안식을 찾을 것입니다."

나는 나 자신이 되어야 한다

당신이 이렇게 말한다면 친구들은 괴로울 것이다. 그렇다. 하지만 기분을 맞춰주고자 나의 자유와 힘을 배신할 수 없다. 게다가 인간은 누구나 이성을 발휘하는 순간이 있는데, 그 순간에 절대적 진리의 영역을 들여다보게 된다. 그러면 그들은 이런 나를 옹호하며 마찬가지로 행동할 것이다.

대중은 일반적인 기준에 대한 당신의 거부를 모든 기준에 대한 거부이자 순전한 반율법주의[7]라고 여길 것이다. 그리고 대담한 감각주의자는 철학의 이름으로 자신의 죄를 포장할 것이다. 그러나 의식의 법칙은 지속하는 법이다. 참회의 방식은 두 가지가 존재하는데, 이 중 한 가지 방식을 통해 반드시 속죄해야 한다. 즉, 직접적으로 면죄를 받거나 반성을 함으로써 자신을 정화하여 그 의무를 다할 수 있는 것이다.

반성을 택할 때에는 당신이 아버지, 어머니, 사촌, 이

---

[7] 개인의 자율성과 내적 통찰을 사회적, 도덕적 규범보다 더 중요한 것으로 보는 입장을 말한다.

웃, 마을, 고양이, 개와의 관계를 만족시켰는지, 이들 중 누구라도 당신을 비난할 존재가 없는지 숙고한다. 그러나 나는 이런 반성의 기준을 무시할 수 있으며, 스스로 면죄할 수 있다. 나에게는 나만의 엄격한 요구와 완벽한 기준이 있다. 나는 의무라는 이름이 붙은 많은 역할을 의무라고 생각하지 않는다. 내가 나의 기준을 충족할 수 있다면, 일반적인 규범을 따르지 않아도 된다. 누군가 이런 원칙을 느슨하다고 생각한다면, 하루만 이 원칙에 따라 살아보라고 하라.

그것은 인간성의 동기를 던져버리고 스스로를 감독하며 자기를 신뢰하는 사람에게 진정 신과 같은 무언가를 요구한다. 고귀한 마음과 단단한 의지 그리고 혜안을 통해 그가 스스로의 교리, 사회, 법이 될 수 있기를! 또한 단순한 목적이 그에게 남들의 강철 같은 필연성만큼 강력한 것이 될 수 있기를!

구별짓기 사회로 불리는 현대의 모습에 대해 생각하는 사람이 있다면, 이런 윤리의 필요성을 알 것이다. 인간의 힘과 용기는 사라진 듯 보이며, 우리는 겁 많고 의기소침한 불평쟁이가 되었다. 우리는 진실을 두려워할 뿐만 아니라, 운명과 죽음 그리고 서로를 두려워한다. 우리가 사는 시대에는 위대하고 이상적인 인간이 등장하지 않는다.

우리는 삶과 사회적 상태를 혁신할 남성과 여성을 원하지만 대부분의 인성은 구제 불능이다. 자신의 바람조차 충족할 수 없고, 실질적인 힘을 넘어서는 야망을 품을 수 없으며, 밤낮으로 계속 기대고 구걸한다. 우리는 간신히 사회를 관리하는 수준을 유지하고 있으며, 우리 예술, 직업, 결혼, 종교는 우리 선택이 아닌 사회가 우리를 위해 골라준 것이다. 우리는 말로만 떠드는 용사로, 강인함이 탄생하는 거칠고 운명적인 전투를 피한다.

자기 신뢰의 네 가지 실천

젊은이들은 자신의 첫 계획에 실패하면 낙담한다. 젊은 상인이 실패하면 사람들은 그가 망했다고 말한다. 만약 대학을 나온 탁월한 재능을 가진 청년이 일 년 안에 보스턴이나 뉴욕의 시내나 근교에서 일자리를 얻지 못한다면, 본인이나 그의 친구들은 그가 바로 실망하고 남은 생애 동안 불평하는 것이 당연하다고 생각하는 듯하다.

한편, 뉴햄프셔나 버몬트 출신의 다부진 청년은 수레로 짐을 나르고 농사를 짓고 행상을 하고 학교를 운영하고 설교를 하고 신문을 편집하고 의회에 나가고 마을을 사들인다. 이런 일을 매년 차례차례 해나가며 언제나 네 발로 착지하는 고양이처럼 난관을 헤쳐나가는 그는 겉만 번지르르한 도시의 바보 백 명보다 낫다.

그는 자신의 삶과 나란히 걸으며, 전문직을 갖지 못한 것을 전혀 부끄럽게 여기지 않는다. 왜냐하면 그는 삶을 미루지 않고 현재를 살아가고 있기 때문이다. 그에게 주어진 기회는 한 번뿐이 아니라 무수히 많다. 스토아 철학자라면 인간의 자원에 대해 이렇게 말할 것이다.

'인간은 어딘가에 기대는 버드나무가 아니며, 홀로 설 수 있고 또 그래야 한다. 인간이 스스로를 믿으면 새로운 힘이 나타날 것이다. 인간은 육신이 된 말씀으로서 세상을 치유하기 위해 태어났다. 인간은 다른 이들의 동정을 부끄러워해야 한다. 그가 본성에 따라 행동하고 법률과 책, 우상숭배, 관습을 창밖으로 던져버리는 순간 다른 이들은 그를 더는 불쌍히 여기지 않으며 그에게 감사하고 존경을 표할 것이다. 그리고 그러한 스승은 인간의 삶을 영광스럽게 되살리고 자신의 이름이 모든 역사 속에서 추앙받게 할 것이다.'

자기를 더 많이 신뢰할수록 모든 인간사, 즉 종교, 교육, 추구하는 꿈, 삶의 방식, 인간관계, 재산, 추상적 관점에서 반드시 혁명을 일으키게 된다는 것을 쉽게 알 수 있다.

1. 사람들은 어떤 기도에 몰두하는가? 그들이 신성한 임무라 부르는 일은 솔직히 그리 용감하지도, 명예롭지도 않다. 기도란 현실 너머에 있는 외부의 덕을 통한 도

움을 요청하며 자연과 초자연, 중재와 기적의 끝없는 미로 안에서 자신을 잃어버리는 행위이다.

특정한 편익을 구하는 것처럼, 완전한 선에 이르지 못하는 어떤 것을 갈망하는 기도는 사악하다. 기도는 최고의 시각에서 삶의 사실들을 관조하는 행위이다. 기도는 주시하며 환호하는 영혼의 독백이다. 그의 일이 선하다고 선언하는 신의 영(靈)이다. 그러나 개인적 결론을 얻기 위한 수단으로서의 기도는 천한 행위이며 도둑질이다. 그것은 자연과 의식이 분리된 이원론을 전제한다.

인간이 신과 하나가 되면 인간은 구걸하지 않을 것이다. 대신에 그의 모든 행위가 곧 기도가 될 것이다. 밭에서 잡초를 뽑기 위해 무릎을 꿇는 농부의 기도, 노를 젓기 위해 몸을 굽히는 뱃사공의 기도는, 비록 사소한 목적을 위한 것일지라도 자연에서 들리는 참된 기도이다. 잉글랜드 극작가 존 플레처John Fletcher의 희곡 『본두카Bonduca』에서 카라타크Caratach는 신 아우다테Audate의 뜻을 물어보라는 권고에 이렇게 대답한다.

신의 감춰진 뜻은 우리 노력에 깃들어 있고,

우리의 용맹함이 바로 신의 최선이다.

후회의 기도 역시 헛된 기도의 한 종류이다. 불평은 자기 신뢰에 대한 부족, 즉 의지의 나약함이다. 재앙에 대해 유감을 느끼는 일이 고통받는 이에게 도움이 된다면, 그렇게 하라. 그렇지 않다면 자신의 일에 집중하라. 그것으로 악은 벌써 개선되기 시작할 것이다.

우리의 동정도 마찬가지로 천박하다. 우리는 통렬한 전기 충격 같은 진실과 건전함을 전달하며 그들이 다시 이성을 찾도록 호소하는 대신, 바보처럼 울고 있는 사람 곁에 앉아 함께 운다. 행복의 비결은 우리 손에 달린 기쁨이다. 스스로 돕는 자는 신과 인간 모두에게 항상 환영받는다. 그런 자에게는 모든 문이 활짝 열려 있다.

모두가 그를 환대하며 온 영광이 그에게 주어지고 열망에 찬 눈길들이 뒤따른다. 그에게 우리의 사랑이 필요하지 않기 때문에 그 사랑은 그를 향하고 그를 환영한다. 그가 자신의 길을 고수하고 우리의 반감을 경멸하므로, 우리는 멋쩍어하며 그를 소중히 대하고 찬양한다. 인간들이 그를 증오했기 때문에 신들이 그를 사랑한다. 조로

아스터Zoroaster는 이렇게 말했다. "축복받은 불멸의 존재들은 끈기 있는 필사의 존재에게 빠르게 다가간다."

인간의 기도가 의지의 병이듯 인간의 신념은 지성의 병이다. 그들은 어리석은 이스라엘인들처럼 말한다. "하나님이 우리에게 말씀하시지 말게 하소서. 우리가 죽을까 하나이다. 그대가 우리에게 말씀하소서. 사람 된 자 누구든 우리에게 말하소서. 우리가 들으리다."[8] 나는 내 형제 안에 있는 신을 만나려고 할 때마다 방해받는다. 왜냐하면 그는 성전 문을 닫아걸고, 자기 형제, 혹은 먼 친척이 지어낸 신화나 암송하고 있기 때문이다.

모든 새로운 정신은 그 자체로 새로운 분류가 된다. 만약 그 정신이 로크Locke, 라부아지에Lavoisier, 허턴Hutton, 벤담Bentham, 푸리에Fourier와 같은 인물들처럼 비범한 활동과 힘을 증명한다면, 다른 이들에게도 그들의 분류를 따르게 한다. 보라! 하나의 새로운 체계가 탄생한 것이다. 사상의 깊이에 비례하여, 그 사상이 다루는 범위와 추종자

---

[8] 『출애굽기Exodus』 20장 19절의 내용으로, 이스라엘 백성들이 하나님께 직접 말씀을 듣는 것을 두려워하여 모세에게 중재자가 되어달라고 요청하는 장면이다.

가 이해할 수 있는 대상의 수에 비례하여 자부심이 결정된다. 이는 칼뱅주의Calvinism, 퀘이커교Quakers, 스베덴보리주의Swedenborgism처럼, 종교적 의무에 대한 본질적인 생각에서, 그리고 가장 존귀한 존재와 인간의 관계에 작용하는 어떤 강력한 사상의 분류이기도 한 교리와 종파에서 주로 명백히 드러난다.

그 추종자는 마치 식물학을 갓 배운 소녀가 대지와 계절에서 새로움을 발견하고 기쁨을 느끼는 것처럼, 새로운 용어 체계를 통해 만물을 이해하는 데서 기쁨을 느낀다. 이러한 기쁨은 추종자가 스승의 사상을 연구함으로써 자신의 지적인 힘이 성장하는 것을 깨닫는 과정에서 생겨난다.

그러나 균형 잡힌 시각을 갖고 있지 않다면, 그런 분류는 우상화될 뿐만 아니라 금방 소진되는 수단이 아닌 목적으로 오해받는다. 그들의 눈에는 저 멀리 수평선에서 그 체계의 경계가 우주의 경계와 하나로 합쳐진 것으로 보인다. 하늘의 빛이 마치 그의 스승이 세운 아치에 걸린 것처럼 보인다. 그들은 외부인인 당신이 어떻게 그 빛을 볼 권리를 가지는지, 즉 어떤 방법으로 볼 수 있는지 상상할 수 없으므로 '분명 우리의 빛을 훔친 것이 분명하다'라고 생각할 것이다.

그들은 체계가 없고 꺾이지 않는 그 빛이 그들의 오두막은 물론이고 모든 오두막을 뚫고 들어갈 것이라는 사실을 아직 깨닫지 못한다. 잠시 의기양양하게 떠들며 자기네 것이라 여기게 하라. 그들이 진솔하고 성실하게 행동한다면, 그들의 깔끔하고 새로운 울타리는 너무 좁고 비루해지고, 갈라지고, 기울어지고, 썩어서 사라질 것이다. 그리하면 첫 번째 아침처럼 젊고 기쁨에 넘치는 영원한 그 빛이 온 우주로 뻗어나갈 것이다.

2. 이탈리아, 영국, 이집트를 숭배하는 여행이라는 미신이 교양 있는 모든 미국인을 매혹할 수 있는 이유는, 그들이 자기 수양이 부족하기 때문이다. 상상 속에서 영국, 이탈리아, 그리스를 유서 깊게 만든 이들은 지구의 축처럼 그들의 자리를 굳건히 지켰기에 그렇게 할 수 있었다.

인간다움의 시간에, 우리는 자신의 자리를 지키는 것이 의무라고 느낀다. 영혼은 여행자가 아니다. 현명한 사람은 집에 머문다. 불가피한 일이나 직무를 위해 집 밖이나 외국으로 나가야 할 때도 여전히 집에 있는 것처럼 행동한다. 침착한 표정으로 자신이 지혜와 덕성의 전도사 역할을 하는 것임을 다른 이들이 깨닫게 하고, 침입자나 하인이 아닌 군주처럼 여러 도시와 사람들을 방문한다.

나는 예술이나 학문, 자선을 목적으로 세계를 여행하는 것까지 인색하게 반대하지 않는다. 다만, 인간은 먼저 자신의 환경에 잘 적응한 상태여야 하며, 자신이 아는 것보다 더 위대한 무언가를 찾겠다는 바람으로 여행을 떠나서는 안 될 것이다. 즐거움이나 자신에게 없는 무언가를 얻겠다는 심산으로 여행하는 자는 결국 자기 자신에게서 멀어지며, 젊은이라고 해도 오래된 것들 속에서 늙게 된다. 그런 자의 의지와 정신은 테베와 팔미라 같은 오래된 도시에서 늙고 황폐해질 것이다. 그는 폐허를 폐허로 옮기며 다닐 뿐이다.

여행은 어리석은 자를 위한 신기루 같은 낙원이다. 우리는 여행의 장소가 크게 의미 없다는 사실을 첫 번째 여행에서 깨닫게 된다. 나는 집에 있는 동안 나폴리와 로마의 아름다움이 나를 정화하고 슬픔을 잊게 해주리라 꿈꾼다. 그래서 가방을 싸고 친구들과 작별의 포옹을 한 뒤 배를 타고 떠난다. 그러나 나폴리에서 눈을 뜨면, 도망쳐 나온 것과 똑같은 가치 없는 현실, 즉 나 자신과 함께 있다는 사실을 깨닫는다. 나는 바티칸과 여러 궁궐을 방문한다. 명소와 추천지를 따라다니며 짐짓 취한 척하지만 사실이 아니다. 내 안의 거대한 자아가 어딜 가든 함께하기 때문이다.

3. 여행에 대한 열망은 지적 행위 전체에 영향을 미치는 건전하지 못한 징후이다. 지성은 방황하며, 우리의 교육 체계는 이런 불안정함을 부추긴다. 우리의 정신은 우리의 몸이 집에 매여 있을 때 이곳저곳 돌아다닌다. 즉, 모방하는 것이다. 정신의 여행이 모방이 아니라면 무엇이 모방이겠는가?

우리의 집은 이국적 취향에 맞춰 지어지고, 선반은 이국적인 장식품으로 꾸며진다. 우리의 의견, 취향, 역량은 과거와 먼 곳으로 기울어지고 그러한 것들을 따른다. 영혼은 예술이 번영한 곳이 어디든 예술 작품을 창조했다. 예술가가 그 모델을 찾은 곳은 바로 그의 정신이었다. 그가 해야 할 일과 따라야 할 조건에 자신의 생각을 적용한 것이다. 그런데 왜 우리가 도리아 양식이나 고딕 양식을 모방해야 하는가? 아름다움, 편리함, 웅대한 사고, 특이한 표현은 우리 주변에서도 얼마든지 찾을 수 있다. 미국인 예술가가 희망과 애정으로 기후, 토양, 낮의 길이, 사람들의 요구, 정부의 관행과 양식을 고려하여 그가 해야 할 일을 정확히 연구한다면, 그는 이 모든 조건에 맞아떨어지고 사람들의 취향과 정서까지 만족시키는 집을 지을 것이다.

자기 자신을 고수하라. 절대 모방하지 말라. 당신의 재능은 인생을 살면서 쌓은 힘을 통해 매 순간 발휘될 수 있다. 타인을 따라 한다면 임시변통한 반쪽짜리 삶을 살게 될 것이다. 각자가 가장 잘하는 것은 그 누구도 아닌 인간의 창조자만이 가르쳐줄 수 있다.

누구도 그것이 무엇인지 모르며, 당사자가 직접 보여주기 전까지는 알 수 없다. 과연 셰익스피어를 가르칠 수 있는 선생이 어디 있었을까? 프랭클린Franklin, 워싱턴, 베이컨Bacon, 뉴턴을 가르칠 수 있는 선생이 있었을까? 모든 위대한 사람은 고유한 존재이다. 스키피오의 스키피오다움은 다른 곳에서 차용할 수 없다. 셰익스피어는 결코 셰익스피어 연구를 통해서 만들어질 수 없는 존재이다.

당신 자신에게 주어진 일을 하라. 그러면 그 무엇도 당신에게 지나친 바람과 도전이 될 수는 없을 것이다. 지금 이 순간 당신에게는 고대 그리스 조각가 피디아스Phidias의 거대한 끌이나 이집트인의 흙손, 혹은 모세나 단테Dante의 펜처럼 대담하고 위대하지만 이 모든 것과는 다른, 자신만의 표현 도구가 있다.

천 갈래로 갈라진 풍부하고 호소력 짙은 혀를 가지고 있는 영혼은 굳이 같은 말을 반복하지 않을 것이다. 그러나 만일 이런 선조들이 말하는 것을 들을 수 있다면, 분명 같은 어조로 답할 수 있을 것이다. 본디 귀와 혀는 하나의 본성을 가진 두 기관이기 때문이다. 삶의 순수하고 고결한 영역을 벗어나지 말고 당신의 마음에 복종하라. 그러면 태초의 세상을 재현할 수 있으리라.

4. 우리의 종교, 교육, 예술은 외부로 시선을 돌린다. 우리 사회의 정신도 그러하다. 모든 사람이 사회의 발전을 자랑스러워하지만 정작 자신은 발전하지 않는다.

사회는 결코 진보하지 않는다. 한쪽에서 발전하기 무섭게 다른 한쪽에서 후퇴한다. 변화는 계속된다. 야만스러웠다가, 문명화되었다가, 기독교화되었다가, 풍요로웠다가, 과학적으로 변했다. 하지만 이러한 변화가 곧 향상을 의미하는 것은 아니다. 모든 일에는 얻는 게 있으면 잃는 게 있는 법이다. 사회는 새로운 기술을 얻는 대신 오래된 본능을 잃는다.

미국인은 옷을 잘 차려입고 시계도 가지고 있다. 주머니 속에는 어음이 있으며, 책을 읽고, 글을 쓰고, 사색한다. 반면에, 벌거벗은 뉴질랜드 원주민이 소유한 것이라고는 몽둥이와 작살, 잠잘 때 쓰는 거적 한 장과 여러 명이 나눠 쓰는 헛간이 전부다. 그러나 두 사람의 건강을 비교하면 백인은 근원적 힘을 잃었다는 사실을 알 수 있다. 여행자가 전하는 말이 사실이라면, 큰 도끼로 내려쳤을 때 원주민의 살은 마치 부드러운 송진처럼 하루 이틀 안에 다시 붙고 치유되겠지만, 백인의 경우 죽게 될 것이다.

문명화된 인간은 사륜마차를 만들고 걷는 법을 잊었다. 목발의 도움을 받으면 근육이 약해지는 법이다. 정밀한 스위스 시계가 생겼지만 태양의 위치로 시간을 읽는 능력은 사라졌다. 그는 그리니치 항해 연감을 가지고 있어서 원할 때 정확한 정보를 알 수 있지만, 일반 대중들은 하늘에 있는 별 하나를 구분하지 못한다. 하지와 동지를 관찰하지 않고 춘분과 추분에 대해 모른 채, 일 년 내내 밝게 빛나는 자연의 달력은 마음속에서 눈금 없이 존재할 뿐이다. 메모장은 기억력을 떨어트리고, 서재는 지성에 부담이 되며, 보험 회사는 오히려 사고 발생을 증가시킨다.

그래서 기계 장치가 오히려 방해되지는 않는지, 우리가 세련되어지고 나서 어떤 힘을 잃은 것은 아닌지, 기독교로 인해 제도와 형식에 얽매어 어떤 자연스러운 덕목으로서 활력이 사라지지는 않았는지 의문이 들 수 있다. 모든 스토아학파는 스토아적이었다. 그런데 지금 기독교계에서 기독교인은 어디 있는가?

물 자체는 나아가지 않는다

키나 체형의 기준이 변하지 않았듯, 도덕적 기준도 별로 달라지지 않았다. 과거의 위인보다 오늘날의 위인이 더 위대한 것은 아니다. 과거의 위대한 인물들과 현대의 위대한 인물들 사이에는 주목할 만한 동등성이 존재한다. 19세기의 과학, 예술, 종교, 철학이 23~24세기 전 플루타르코스Plutarch의 『영웅전Parallel Lives』 등장인물들보다 더 위대한 사람을 길러내는 것도 불가능하다.

인류는 시간에 따라 진보하지 않는다. 포키온Phocion, 소크라테스, 아낙사고라스Anaxagoras, 디오게네스Diogenes는 훌륭한 인물들이지만 같은 부류를 남기지 않는다. 그들의 부류에 진정으로 해당하는 사람은 그들의 이름으로 불리지 않고 그 자신으로 존재할 것이다. 그런 사람은 결국 때가 됐을 때 자기만의 분야를 창시한다.

각 시기의 예술과 발명은 그 시대의 복식일 뿐, 인간 내면에 힘을 불어넣지 못한다. 발전한 기계는 유익함과 그에 상응하는 해악을 동시에 제공한다. 탐험가 허드슨Hudson과 베링Behring은 그들의 어선으로, 과학과 기술의 자원을 총동원한 장비를 가진 패리^{Parry}와 프랭클린^{Franklin}이 놀랄 만큼 엄청난 업적을 이루었다. 갈릴레오는 망원경을 통해 이후에 등장한 누구도 발견하지 못한 일련의 멋진 천체 현상을 발견했다. 콜럼버스^{Columbus}는 갑판이 없는 배를 타고 신세계를 발견했다.

수 세기 전 시끌벅적한 찬사와 함께 세상에 등장한 도구와 기계가 주기적으로 폐기되고 사라지는 모습은 흥미롭다. 위대한 천재성은 본질적인 인간의 상태로 돌아간다. 우리는 과학적 성취 속에서 전술의 향상을 예상했다. 그러나 나폴레옹^{Napoleon}은 지원이 전혀 없는 상황에서 야영하며 맨몸으로 용기 있게 유럽을 정복했다. 에마뉘엘 라스 카세스$^{Emmanuel\ Las\ Cases}$[9]에 따르면, 황제는 "보급체계와 수송 수단을 버리고, 로마의 방식을 따라서 병사 자신이 직접 곡물을 구하고 맷돌에 갈아 손수 빵을 굽지 않는다면" 완벽한 군대를 만드는 것이 불가능하다고 생각했다.

사회는 하나의 물결과 같다. 그 물결은 앞으로 나아가

---

9 나폴레옹의 측근으로 나폴레옹이 세인트헬레나섬으로 유배를 갈 때 동행하여 나폴레옹의 회고록을 기록한 인물이다.

지만, 그 움직임을 만들어내는 물 자체는 나아가지 않는다. 동일한 입자가 물결의 골에서 마루로 이동하는 것이 아니다. 그것의 통일성은 단지 겉으로만 존재할 뿐이다. 오늘날 하나의 국가를 구성하는 사람들이 다음 해에 죽게 되면 그들의 경험도 그들과 함께 사라진다.

홀로 설 때 비로소 강해진다

 재산에 대한 의존은, 그것을 보호하는 정부에 대한 의존을 포함해서 자기 신뢰의 부족을 의미한다. 인간은 오래도록 자신에게서 눈을 돌려 사물들을 바라보았다. 이 때문에 종교적, 학문적, 사회적 제도를 재산을 지키는 파수꾼이라고 여기게 되었으며, 따라서 이런 제도에 대한 공격을 재산에 대한 공격으로 받아들이고 비난한다.

 인간은 그 존재 자체가 아닌 각자가 소유한 것에 따라 서로를 평가한다. 그러나 교양 있는 사람은 그의 본질에 대한 새로운 존경심으로 이내 자신의 재산을 부끄럽게 여기게 된다. 특히 상속이나 선물, 혹은 범죄로 우연히 얻은 것들에 더욱 반감을 갖게 된다. 그래서 자신이 실제로 소유하고 있다는 느낌을 받지 못한다. 그것은 자신에게서 비롯된 것이 아니고, 단지 혁명이 일어나지 않았고 약탈자가 빼앗지 않았기 때문에 우연히 자신에게 있을 뿐이라고 생각한다.

 그러나 인간은 어떤 존재인지에 따라 필연적으로 무언가를 얻게 된다. 획득한 것은 살아 있는 자산으로, 통치자의 고갯짓이나 대중, 혹은 혁명, 화재, 폭풍, 파산의 영향을 받지 않는다. 또한 그가 숨 쉬는 곳 어디에서든 끊임없이 스스로 새로워진다. 칼리프 알리[10]는 이렇게 말했다. "그대 삶의 운명, 삶의 몫이 그대를 찾으리니, 그대는 그것을 좇지 말고 편히 쉬라."

우리가 외부에서 비롯된 가치에 의존하다 보면 다수에 대한 노예와 같은 숭배로 이어진다. 정당들은 수많은 회의를 한다. "에섹스에서 온 대표단 여러분!", "뉴햄프셔의 민주당 당원 여러분!", "메인의 휘그당원 여러분!" 회의의 규모가 클수록 새로운 발표를 할 때마다 큰 소란이 일어나고, 그럴수록 젊은 애국자는 수많은 새 눈과 팔 덕분에 자신이 더 강해졌다고 느낀다.

비슷한 방식으로 개혁가들은 회의를 소집하고 다수가 모여 투표하고 결의한다. 그러나 오, 친구들이여! 이것은 잘못된 방법이다. 신이 그대 안에 거하게 하려면 정확히 반대로 해야 한다. 인간은 모든 외부의 도움을 뒤로 하고 홀로 설 때 강해지고 승리한다. 인간은 자신의 깃발 아래

---

10 알리 이븐 아비 탈리브Ali ibn Abi Talib는 이슬람교 창시자 무함마드Muhammad의 사촌이자 사위로, 네 번째 칼리프이다.

사람들이 모일 때마다 점점 약해진다. 한 명의 인간이 하나의 마을보다 낫지 않은가? 사람들에게 아무것도 묻지 말라. 끝없는 변화 속에서 당신만이 주위의 모든 것을 떠받치는 단 하나의 견고한 기둥으로 현존해야 한다.

힘은 타고난 것이라는 사실과 자기 밖의 다른 곳에서 선을 찾았기 때문에 자신이 약하다는 사실을 깨달은 사람, 그렇게 인식하며 자기가 품은 뜻에 과감히 자신을 바치는 사람은, 즉시 올곧게 서서 사지를 자유롭게 놀리며 놀라운 일을 해낸다. 이는 물구나무를 선 사람보다 제 발로 똑바로 선 사람이 더 강한 것과 마찬가지이다.

그러니 운명이라 부르는 모든 것을 이용하라. 대부분의 인간은 운명의 여신과 내기한다. 그래서 여신의 바퀴가 굴러가는 방향에 따라 전부를 얻기도 하고 전부를 잃기도 한다. 하지만 이렇게 얻은 이득을 부당한 것으로 여기고, 신을 대리하는 인과 법칙을 상대해야 한다.

의지를 담아 행동하고 얻어내라. 그러면 우연의 수레바퀴를 묶어둘 수 있게 되고, 바퀴가 굴러갈까 걱정하지 않아도 된다. 정치적인 승리, 임대 수입의 상승, 질병으로부터의 회복, 떠났던 친구의 귀환, 혹은 다른 어떤 좋아할 만한 일이 기분을 들뜨게 하면 당신은 자신을 위해 좋은 날들이 준비되어 있다고 생각할 것이다. 그렇게 생각해선 안 된다. 당신 자신 외에 어떤 것도 당신에게 평화를 줄 수 없다. 원칙의 승리 외에는 그 어떤 것도 당신에게 평화를 줄 수 없다.

Essays, First Series
by Ralph Waldo Emerson

2장

보상
COMPENSATION

*"올바르게 사는 삶은
그 자체로 최고의 보상이다."*

소크라테스*Socrates*

선한 자들은 불행한가

나는 소년 시절부터 보상에 관한 글을 한 편 쓰고 싶었다. 어린 시절 이 주제를 떠올릴 때면 현실의 삶이 신학보다 우선해 있고, 보통의 사람들이 설교자들이 가르치는 것보다 더 많이 알고 있는 것처럼 느껴졌다.

그런 원칙을 담은 문서들 역시 그 끝없는 다양성으로 나의 상상력을 매혹했고, 잠을 잘 때조차 늘 내 마음속에 있었다. 왜냐하면 그것들은 우리 손에 있는 도구들, 바구니 속의 빵, 거리와 농장, 주택에서 이루어지는 거래, 안부 인사와 인간관계, 빚과 신용, 성격의 영향, 모든 인간의 본성과 자질이기 때문이다.

또한 보상의 원칙 안에서 신성한 빛 한 줄기, 즉 전통의 모든 흔적에서 벗어나 이 세상 영혼이 현재 작용하는 모습이 보일 것 같았다. 그래서 인간의 마음은 영원히 범람하는 사랑에 휩싸인 채, 현재 실재하기에 과거부터 항상 존재했고 앞으로도 항상 존재해야 하는 것과 소통하리라 생각했다. 게다가 때때로 이런 진리를 깨닫게 해주는 그 명확한 직관과 유사한 용어를 사용하여 이 원칙을 표현할 수 있다면, 그것은 여러 암흑의 시간과 구불구불한 여정을 비추는 별이 될 것 같았다. 그리고 이에 따라 우리는 길을 잃는 고통을 겪지 않게 될 것 같았다.

나는 최근 교회에서 한 설교를 들으며 이런 소망을 굳히게 됐다. 정통성을 인정받는 설교자는 평범한 방식으로 최후의 심판에 대한 교리를 설명했다. 그는 최후의 심판은 악한 자들이 득세하고 선한 자들이 불행한 이 세상에서 이루어지는 것이 아니라고 가정하고, 그 근거를 이성과 성경에서 찾으며 양쪽 모두에 대한 보상은 다음 생에서 주어질 것이라고 주장했다.

교회의 신도들은 이 교리에 불만이 없는 것처럼 보였다. 내가 아는 한, 그들은 모임이 끝나자 설교에 대한 별다른 말없이 각자 헤어졌다. 그런데 그 설교의 취지가 무엇이었을까? 선한 자들은 현세에서 불행하다는 설교자의 말은 무슨 의미였을까? 성자들은 가난하고 멸시받는 반면에, 부도덕한 자들은 집과 토지, 사무실, 와인, 말, 의복, 사치품을 소유한다는 뜻인가?

그래서 성자들에게는 다른 날에 이와 비슷한 것들을 주는 보상이 이루어져서 은행 주식과 금화, 사슴고기, 샴

페인 따위를 사후에 누리도록 해줄 것이라는 뜻인가? 이것이 의도된 보상임에 틀림없다. 그런데 이 외에 다른 것은 없는가? 기도와 찬양이 특권이란 말인가? 사람을 사랑하고 봉사하는 것이? 그것은 지금도 할 수 있는 일이다.

이때 신도들이 내릴 수 있는 합리적인 결론은 다음과 같다. '우리도 죄인들이 현재 누리는 것과 같은 즐거운 시간을 가질 것이다.' 혹은 좀 더 극단적인 생각을 할 수도 있다. '너희는 지금 죄를 짓고, 우리는 나중에 지을 것이다', '할 수 있다면 우리도 지금 죄를 지을 것이다', '오늘 성공하지 못했으므로 내일의 복수를 기대한다.'

악의 성공이라는 엄청난 용인에는 지금 당장 정의가 실현되지 않는다는 오점이 존재한다. 그 설교자의 몽매함은 영혼의 현존과 의지의 전능함을 공표하고 선과 악, 허위와 성공의 기준을 세움으로써 진리로 세상에 맞서 판단하는 대신, 시장의 저급한 기준에 따라 인간의 성공을 정의한 데 있다.

양극성의 법칙

　유행하는 종교 서적들과 지식인들이 관련된 주제를 다룰 때, 종종 비슷한 분위기를 느낀다. 우리 대중 신학은 미신을 대체하면서 원칙이 아닌 형식적인 품위의 측면에서만 개선되었다. 그러나 인간은 그들의 신학보다 나은 존재이다. 그들의 일상은 신학이 거짓임을 증명한다. 솔직하고 포부에 찬 모든 영혼은 자신의 경험 속에서 교리를 뒤로하며, 모든 인간은 때때로 보여줄 수 없는 허위를 경험한다.

　인간은 자신들이 생각하는 것보다 현명하기 때문에, 그들이 학교와 강단에서 아무 생각 없이 듣는 것들이 대화에서 언급될 때 마음속으로 의문을 품을 것이다. 만약 어떤 사람이 신의 섭리와 신성한 법칙에 대해 다양한 생각을 가진 집단에서 독단적인 주장을 한다면, 옆에서 보기에 듣는 이의 불만을 충분히 느낄 수 있는 침묵의 반응을 얻게 될 것이다.

　이 장과 다음 장에서 보상 법칙의 방향을 가리키는 몇 가지 사실을 기록하려고 한다. 내가 정말 이 원의 작은 호라도 그릴 수 있다면, 기대 이상으로 행복할 것이다.

우리는 자연의 모든 부분에서 양극성의 법칙, 즉 작용과 반작용을 발견한다. 어둠과 빛, 열기와 한기, 밀물과 썰물, 남성과 여성, 식물과 동물의 들숨과 날숨, 동물 체액의 양과 질의 균형, 심장의 수축과 이완, 액체와 소리의 파동, 원심력과 구심력, 전기, 전기요법^{galvanism}, 화학적 친화성 등에서 이를 찾아볼 수 있다.

바늘의 한쪽 끝에서 자성을 유도하면, 반대쪽 끝에서 반대 자성이 일어난다. 남쪽이 끌어당기면 북쪽이 밀어낸다. 이곳을 비우면 다른 곳을 채우게 된다. 불가피한 이원론은 자원을 양분한다. 그래서 각각은 반쪽이 되고 온전하게 되기 위해 다른 절반이 필요하다. 정신과 물질, 남성과 여성, 홀수와 짝수, 주관과 객관, 안과 밖, 위와 아래, 운동과 정지, 긍정과 부정처럼 말이다.

세상이 이원적인 구조라면, 그 안의 모든 부분도 마찬가지이다. 물체의 전체 체계는 모든 미립자에서도 나타난다. 소나무의 가느다란 잎 하나, 옥수수 한 알, 모든 동물 종의 개체 하나에 바다의 밀물과 썰물, 낮과 밤, 남성과 여성 등에서 나타나는 것과 닮은 무언가가 존재한다.

자연의 요소들 사이에서 벌어지는 거대한 반작용이 이 작은 영역에서도 똑같이 반복된다. 예를 들어, 생리학자는 동물계 내에서 어떤 생명체도 특별히 우대받지 않는 대신에 특정한 보상이 모든 재능과 결점의 균형을 잡아준다는 점을 관찰했다. 생명체에서 한 부위에 주어진 과잉은 그 생명체의 다른 부위에서 줄어든 부분이 상쇄한다. 이를테면, 머리와 목이 커지면 몸통과 사지는 줄어드는 식이다.

기계적 힘의 이론은 또 다른 사례이다. 우리가 힘을 얻으려면 시간을 소모하며, 그 반대도 마찬가지이다. 행성들의 주기적이거나 보상적인 오차는 또 다른 예이다. 정치사에 나타나는 기후와 토양의 영향도 예가 될 수 있다. 추운 기후는 생기를 불어넣는다. 척박한 토양에서는 열병이나, 악어, 호랑이, 전갈이 생기지 않는다.

빛이 있는 곳에 어둠이 있다

 인간의 본성과 조건에도 똑같은 이원론이 깔려 있다. 모든 과잉은 결핍을 초래하며, 모든 결핍은 과잉을 초래한다. 모든 단것에는 쓴맛이 있고, 모든 악에는 선이 있다. 즐거움을 수용하는 모든 능력에는 남용에 대한 응분의 대가가 따라서, 절제하지 않은 대가를 생명으로 치르게 된다.

 아주 작은 지혜에는 아주 작은 어리석음이 있다. 우리는 잃어버린 모든 것에 대해 다른 무언가를 얻는다. 얻는 것이 있으면 잃는 것이 있다. 부가 증가하면 부를 사용하는 사람들이 늘어난다. 너무 많이 가져가면, 자연은 안겨 줬던 것을 다시 거둬들인다. 그래서 재산을 불려주고 그 주인을 죽인다. 자연은 독점과 예외를 싫어한다. 바다의 파도가 가장 높이 치솟은 뒤 빠르게 수평을 이루는 것처럼, 모든 상황의 변화도 자체적으로 균형을 이루게 된다.

 언제나 오만한 자, 강한 자, 부유한 자, 운 좋은 자를 본질적으로 같은 수준으로 내려놓는 수평화의 상황이 존재한다. 누군가 너무 강하고 사나워서 사회에 적응하지 못하고 성격과 지위상 나쁜 시민, 그러니까 해적의 기질을 가진 기분 나쁜 불한당이라면, 자연은 그에게 예쁜 아들딸들을 보내준다. 아이들은 여교사가 가르치는 마을 학교에 다니고, 그들에 대한 사랑과 걱정으로 그는 험악한 표정을 우호적으로 누그러뜨린다. 이처럼 자연은 화강암과 장석을 무르게 하고, 멧돼지를 내보내는 대신 양을 들여놓아 균형을 꾀한다.

농부는 권력과 지위가 훌륭한 것이라고 상상한다. 그러나 대통령은 백악관을 얻기 위해 비싼 대가를 치른다. 그는 대개 마음의 평화 전부와 가장 훌륭한 인간적 특성을 잃는다. 세상 앞에서 잠시 눈에 띄는 모습을 유지하기 위해, 왕좌 뒤에 있는 진정한 주인들 앞에서 기꺼이 바닥을 기며 먼지를 먹는다.

아니, 인간은 더 실질적이고 영구적인 천재의 웅대함을 원한다고 말하고 싶은가? 이 경우에도 면제란 없다. 의지나 사고의 힘으로 위대해져 수천 명을 내려다보는 자는 그 명성에 대한 대가를 치른다. 새로운 빛이 들어올 때마다 새로운 위험이 따르는 법이다. 누군가 빛을 소유한다면, 그는 빛을 증언해야 한다. 끊임없이 드러나는 영혼의 새로운 계시에 충실함으로써 늘 강렬한 만족감을 주는 동정심을 넘어서야 한다.

그는 아버지와 어머니, 아내와 아이를 미워해야 한다. 세상이 사랑하고 우러러보며 탐내는 모든 것을 가진 사람이 있는가? 그는 사람들의 존경을 외면하고 자신의 진리에 충실함으로써 그들을 괴롭게 하고, 결국 비웃음과 경멸의 대상을 자처해야 한다.

이런 법칙이 도시와 국가의 법칙을 쓴다. 여기에 반하는 공모나 결집은 소용이 없다. 사물들은 잘못된 상태를 오래 유지하지 않는다. 비록 새로 등장한 악에 대한 견제가 당장 눈에 보이지 않더라도 그것은 분명 존재하며, 장차 드러날 것이다.

만약 정부가 무자비하다면 그 수장의 생명은 안전하지 않다. 세금이 너무 높으면 오히려 세수는 발생하지 않을 것이다. 형법에서 피비린내가 나면 배심원은 유죄를 선고하지 않을 것이다. 법이 지나치게 관대하면 사적 복수가 생겨날 것이다. 무서운 민주주의 정부 아래에서는, 시민들은 넘치는 에너지로 억압에 저항하고 삶은 강렬하게 빛난다.

인간의 진실한 삶과 만족은 극한의 어려움이나 행복을 피하며 어떤 조건에서도 영향을 받지 않고 자신의 자리를 잡는 것처럼 보인다. 어떤 정부 아래서도 인간 성격의 영향력은 마찬가지이다. 터키에서도, 뉴잉글랜드에서도 비슷하다. 고대 이집트의 전제군주 체제에서도 인간은 문화가 허용하는 만큼의 자유를 누렸다는 사실을 역사가 입증한다.

신이 던진 주사위

이런 모습들은 우주가 그것을 이루는 입자 하나하나에 재현된다는 사실을 알려준다. 자연에 존재하는 모든 것은 자연이 가진 모든 힘을 담고 있다. 모든 것은 숨겨진 하나의 본질로 만들어진다. 그것은 마치 박물학자가 모든 변형에서 하나의 전형을 발견하며, 말을 달리는 인간으로, 물고기를 수영하는 인간으로, 새를 나는 인간으로, 나무를 뿌리내린 인간으로 여기는 것과 같다.

각각의 새로운 형태는 그 전형의 주요 특성만이 아닌, 모든 구체성, 목표, 촉진 요소, 방해 요소, 기운과 다른 모든 형식의 전체 체계까지 부분별로 반복한다. 모든 직업, 교역, 예술, 거래는 세계의 요약본이자 모든 다른 것의 상관물이다. 각각은 인간의 삶, 선과 악, 시련, 적, 과정, 종말에 대한 온전한 표상이다. 그리고 각각은 어떻게든 인간을 온전하게 수용하고 그의 모든 운명을 이야기해야 한다.

세상이 이슬 한 방울에 담겨 있다. 현미경을 통해 봐도 크기가 작다고 해서 불완전한 극미동물은 없다. 시각,

청각, 미각, 후각, 운동, 저항, 욕구, 영원을 붙잡는 번식 기관, 이 모든 것이 그 작은 생명체 안에 자리 잡고 있다. 우리도 우리 생명을 모든 행위에 담는다. 신의 편재성에 대한 진정한 교리는 신이 모든 이끼와 거미줄에 자신의 모든 부분을 재현한다는 데 있다. 우주는 그 가치를 모든 곳에 담으려고 한다. 선이 존재한다면 악도 존재한다. 친화력이 있으면 반발력도 있다. 힘이 있으면 제약도 따른다.

그러므로 우주는 살아 있다. 모든 것은 도덕적이다. 우리 안에 있는 영혼은 정서이며, 우리 밖에 있는 영혼은 법칙이다. 우리는 그것의 영감을 느끼고 역사 속에서 그 치명적인 힘을 볼 수 있다. "그것은 세계 안에 있고, 세계는 그것으로 만들어졌다."[11] 정의는 미뤄지지 않는다. 완벽한 공평함이 삶의 모든 부분에서 균형을 이룬다.

신이 던진 주사위의 결과는 이미 정해져 있다. 세상은 곱셈표나 수학 등식처럼 어떻게 돌려보든지 그 자체로 균형을 이룬다. 어떤 수를 택하든, 그 수의 정확한 값이

---

11 『요한복음John』 1장 10절, "그는 세상에 계셨다. 세상이 그로 말미암아 생겨났는데도, 세상은 그를 알지 못하였다"를 변형한 문장이다.

더도 덜도 없이 그대로 당신에게 돌아온다. 조용하게 그리고 확실하게 모든 비밀이 드러나고, 모든 죄에 벌이 내려지며, 모든 덕이 보상을 받고, 모든 잘못이 교정된다. 우리가 '응보^{retribution}'라고 부르는 것은 전체가 부분 속에서 드러나는 보편적인 필연성이다. 피어오르는 연기가 보인다면 분명 불이 난 것이다. 손이나 팔다리를 본다면, 그것이 달린 몸통이 뒤에 있다는 사실을 알 수 있다.

빛과 그림자는 분리할 수 없다

　모든 행위는 그 자체로 보상받는데, 두 가지 차원을 통해 스스로 완성된다고 볼 수 있다. 첫 번째 차원은 본질적인 속성을 말하고, 두 번째 차원은 겉으로 드러나는 상황을 말한다. 사람들은 그 상황을 응보라고 부른다. 인과응보 casual retribution는 사물 속에 있으며 영혼은 그것을 인식한다. 상황 속에서 응보는 오성悟性을 통해 인식된다. 응보는 사물에서 분리될 수 없지만, 종종 오랜 기간에 걸쳐 전개되므로 수년이 지나기 전까지 뚜렷하게 드러나지 않는다.

　구체적인 형벌은 죄를 저지르고 한참 뒤에 나타나기도 하는데, 죄와 형벌은 더불어 존재하기 때문에 결국은 형벌이 뒤따른다. 죄와 벌은 한 줄기에서 자라난다. 벌은 즐거움의 꽃 속에 가려져 우리도 모르는 채 익어가는 열매이다. 원인과 결과, 수단과 목적, 씨앗과 열매는 결코 분리될 수 없다. 결과는 이미 원인 속에서 피어나고, 목적은 수단 안에 먼저 존재하며, 열매는 씨앗 속에 있기 때문이다.

세계는 온전히 존재하길 바라며 분리되길 거부하지만, 우리는 부분을 떼어내어 가지려고 한다. 이를테면, 그 특성의 요구와 분리하여 감각적 즐거움만 취하려고 하는 것이다. 인간은 항상 한 가지 문제로 골몰해왔다. 감각적인 달콤함, 감각적인 강렬함, 감각적인 밝음 등을 도덕적 달콤함, 도덕적 깊이, 도덕적 아름다움으로부터 어떻게 분리할 것인가 하는 문제 말이다. 말하자면, 이런 일은 무언가의 위쪽 표면을 아주 얇게 잘라내어 아랫부분이 없는 상태로 만들려는 시도와 같다.

양끝이 존재하는 것은 한쪽 끝만 취할 수 없다. 영혼이 "먹으라" 하면, 몸은 배가 터지도록 먹는다. 영혼이 "남자와 여자는 하나의 육체와 하나의 영혼이 되어야 한다" 하면, 몸은 오직 육체적으로만 결합한다. 영혼이 "덕을 위해 모든 것을 지배하라" 하면, 몸은 자신만의 목적을 위해 지배한다.

영혼은 만물을 통해 삶을 영위하려고 애쓴다. 이것이 유일한 진실일 것이다. 힘, 쾌락, 지식, 아름다움과 같은 모든 것은 여기에 덧붙여지는 것이다. 눈에 띄는 사람은 중요한 사람이 되기를 바라며 자리를 잡고 사적 이익을 위해 거래하고 흥정하려고 한다. 그래서 구체적으로, 타기 위해 타고 입기 위해 옷을 입으며 먹기 위해 먹고 주목받기 위해 통치하려 한다. 사람들은 위대해지는 것을 추구한다. 지위, 부, 권력, 명성을 가질 수 있기 때문이다. 그들은 위대해지면 자연의 한쪽 면, 즉 쓴맛은 제외한 달콤함만을 취하게 된다고 생각한다.

이런 분리와 분할은 지속적으로 반작용을 일으킨다. 오늘날까지 이런 계획에 조금이라도 성공한 사람은 없었다. 물은 손으로 가르면 뒤에서 다시 합쳐진다. 전체에서 즐거움, 이익, 힘을 분리하려고 하면, 곧장 즐거운 것에서 즐거움이 사라지고 유용한 것에서 이익이 사라지며, 강한 것에서 힘이 사라진다. 우리는 그것들을 반으로 갈라 감각적 이득만 취할 수 없다. 이는 내부와 외부를 분리하거나 빛과 그림자를 분리할 수 없는 것과 마찬가지이다. "갈퀴로 자연을 몰아내도, 자연은 다시 돌아오는 법이다."[12]

---

[12] 고대 로마 시인 호라티우스 Horace의 말을 인용한 것이다.

신이 만든 모든 것에는 틈이 존재한다

삶은 스스로 피할 수 없는 상황을 부여하는데, 어리석은 자들은 그것을 피하려고 애쓴다. 누군가는 자신은 그런 것들을 모른다고 하거나, 또 다른 누군가는 그런 것들이 자신에게는 영향을 주지 못한다며 자랑한다. 그러나 그 자랑은 그저 말일 뿐, 그 상황은 그의 영혼에 내재한다.

인간이 한 부분에서 그것들을 피한다면, 그것들은 더 중요한 다른 부분에서 그를 공격한다. 만약 그가 형식적으로나 겉으로 보기에 그런 상황을 피했다면, 자신의 삶에 저항하고 자신으로부터 도망쳤기 때문이다. 그에 대한 응분의 대가는 바로 죽음이다. 이익에서 고통을 분리하려는 모든 시도가 실패로 드러난 상황에서 다시 시도하는 것은 미친 짓이다. 따라서 이런 실험은 시도되지 않을 것이다.

그러나 상황 때문에 반란과 분리의 의지가 생겨나면 질병이 시작된다. 지성이 감염되어 각각의 사물에서 신의 완전함을 보지 못하게 되며, 사물의 감각적 유혹만 보고 그로 인한 감각적 해로움은 보지 못한다. 인간은 언어의 머리만 보고 용의 꼬리는 보지 못하면서 자기가 원하는 것을 원하지 않는 것으로부터 분리할 수 있다고 생각한다. "높은 하늘 안에 고요히 거하시는 오, 은밀한 그대. 무절제한 욕망을 가진 자들에게 형벌을 내려 눈을 멀게 하시는 유일하고 위대한 신이시여!"[13]

인간의 영혼은 우화와 역사, 법, 속담, 대화에서 이런 사실을 진실되게 보여준다. 그것은 문학에서 부지불식간에 드러난다. 이 때문에 그리스인들은 주피터Jupiter를 최고 지성이라고 불렀지만, 전통적으로 그의 행동을 비도덕적으로 묘사하면서 무의식적으로 그 나쁜 신의 손을 묶어 이성을 보상하려 했다.

그래서 그는 마치 잉글랜드의 왕처럼 무력해진다. 프로메테우스Prometheus는 주피터가 거래를 할 수밖에 없는 한 가지 비밀을 알고, 미네르바Minerva는 또 다른 비밀을 안다.[14] 그는 자신의 천둥을 스스로 얻을 수 없고, 미네르

---

[13] 성 아우구스티누스St. Augustine의 『고백록Confessions』 제1권의 내용이다. - 원주
[14] 주피터와 미네르바는 로마 신화의 신들이며, 그리스 신화의 제우스Zeus와 아테나Athena에 해당한다.

바가 그 열쇠를 쥐고 있다.

> 모든 신 가운데, 나만이 그의 천둥이 잠들어 있는
> 그 견고한 문을 여는 열쇠를 알고 있다네.[15]

모든 존재의 내재적 작용과 그 도덕적 목적에 대한 명백한 고백. 인도의 신화도 같은 교훈으로 결론을 맺는다. 도덕적이지 않은 결론의 우화가 만들어지고 널리 전해지는 것은 불가능해 보인다.

아우로라Aurora는 연인을 위해 젊음을 간청하는 것을 잊었고, 결국 티토노스Tithonus는 불멸은 얻었지만 늙게 되었다. 아킬레우스Achilles는 테티스Thetis가 붙잡고 있던 발뒤꿈치에 신성한 물이 닿지 않아 완벽한 무적이 될 수 없었다. 「니벨룽겐의 노래Song of the Nibelungs」에 등장하는 지그프리트Siegfried도 완전한 불사의 몸이 아니다. 그가 용의 피로 목욕을 할 때 나뭇잎 하나가 등에 떨어졌는데, 그 잎이 덮었던 부분이 죽음의 약점이 되었기 때문이다.

---

15 아이스킬로스Aeschylus의 『에우메니데스Eumenides』에서 발췌되었다.

이는 반드시 그래야 한다. 신이 만든 모든 것에는 틈이 존재한다. 그래서 언제나 눈치채지 못한 채 들어오는 이런 보복적인 상황이 있다. 심지어 인간이 오래된 법칙에서 벗어나려고 상상하는 과감하고 야성적인 시에서도 총의 반동 같은 반격의 법칙이 얼마나 숙명적인지 보여준다. 자연 속에서는 어떤 것도 그냥 주어지지 않으며 모든 것에 대가를 지불해야 한다.

이것이 우주를 감시하며 어떤 죄도 그냥 넘어가지 않는 네메시스Nemesis의 오래된 신조이다. 퓨리들Furies은 정의를 수행하는 자들로 만약 하늘의 태양조차 자신의 길을 벗어난다면 벌할 것이라고 한다.[16] 시인들은 석벽과 철검, 가죽 끈이 주인의 잘못을 감지하는 신비로운 성질을 가지고 있다고 전한다.

그래서 아약스Ajax가 헥토르Hector에게 준 벨트는 헥토르를 아킬레우스의 전차 바퀴에 묶어 들판을 끌고 갔으며, 헥토르가 아약스에게 준 검 끝에 아약스는 쓰러졌다.

---

16 모두 그리스 신화 속 복수의 여신이다. 네메시스는 주로 도덕적 균형을 맞추는 데 초점을 둔다. 퓨리들은 세 자매 티시포네Tisiphone, 알렉토Alecto, 메가이라Megaera를 가리키며, 보통 고통스럽고 무자비한 응징으로 알려져 있다.

시인들이 쓴 바에 따르면, 그리스 타소스섬의 주민들이 경기에서 승리한 테아게네스^{Theagenes}를 기리기 위해 동상을 세웠을 때, 그의 경쟁자 중 한 명이 밤중에 몰래 그 동상을 여러 번 내리쳐 동상이 받침대에서 떨어졌으나, 그는 그 동상에 깔려 죽었다.

이런 우화에는 어떤 신성함이 깃들어 있다. 그것은 작가의 의지보다 높은 사상에서 비롯한다. 작가 각자의 사심이 들어가 있지 않은 가장 훌륭한 부분이며 당사자도 모르는 부분, 즉 그의 적극적인 창작이 아닌 본질적인 구조에서 흘러나오는 것이다. 또한 단 한 명의 예술가를 연구한다고 해서 쉽게 발견할 수 없고, 많은 예술가를 연구함으로써 그 모든 것의 공통된 정신으로서 추출해낼 수 있는 그런 것이다.

내가 알고자 하는 것은, 최고의 조각가 피디아스가 아닌, 초기 헬레니즘 세계의 보통 사람이 만든 작품이다. 피디아스의 이름과 상황은 역사를 논할 때는 편리할지 모르지만, 고도의 비평을 할 때는 오히려 우리를 당황하게 만든다. 특정한 시기를 살던 사람들이 하고자 했던 일은 피디아스, 단테, 셰익스피어 같은 인물들의 간섭하는 의지에 의해 방해받거나 수정된다. 그 시대의 작업으로서 우리가 보게 되는 것은 이런 결과이다.

모든 나라의 격언에서 이런 사실은 훨씬 더 두드러진다. 격언들은 언제나 이성의 문학, 혹은 조건이 따로 필요 없는 절대 진리에 대한 진술이다. 격언은 각 나라의 성서와 같이 직관의 성소이다. 겉모습에 얽매인 단조로운 세상은, 현실주의자가 자신의 표현을 사용하는 것은 허용하지 않으면서 격언을 통해 말할 때는 굳이 반박하지 않고 받아들인다. 종교계와 의회, 대학이 부정하는 이 법칙 중의 법칙은 격언의 날개를 달고 빈번하게 설교되고 있으며, 그 가르침은 마치 새나 파리의 존재처럼 모든 시장과 일터 어디에서나 진실로서 보편적으로 존재한다.

대접하는 만큼 대접받을 것이다

모든 것은 쌍으로서 서로 대립하여 존재한다. 즉, 눈에는 눈, 이에는 이, 피에는 피, 평가에는 평가가, 사랑에는 사랑이 맞대응한다. 베풀면 돌려받을 것이다. 물을 뿌리면 물을 맞게 된다.

신께서 말씀하셨다. 무엇을 원하느냐? 값을 치르고 취하라. 위험을 감수하지 않으면 얻지도 못할 것이다. 그대가 행한 만큼 정확하게 대가를 치를 것이니, 더도 덜도 아니다. 일하지 않는 자는 먹지 못할 것이다. 해를 끼치면 해를 입게 된다. 저주는 늘 저주한 자의 머리로 되돌아온다. 노예의 목에 사슬을 걸면 반대 끝은 네 자신의 목을 옥죄리라. 나쁜 조언은 조언한 자에게 되돌아간다. 악마는 어리석은 자이다.

이렇게 기록된 것은 삶이 그러하기 때문이다. 우리 행위는 우리의 의지를 넘어서는 자연 법칙에 의해 지배되고 규정된다. 우리는 공공의 선과는 별개로 사소한 목표를 두고 있지만, 우리의 행위는 저항할 수 없는 자기장에 의해 세계의 양극에 따라 배열된다.

인간은 말할 수 없어도 스스로를 판단한다. 의지를 통해서든 의지에 반해서든, 모든 단어를 이용해 동료들의 눈에 자신의 초상을 그려 보인다. 모든 의견은 그것을 표현한 사람에게 영향을 미친다. 그것은 목표물을 향해 던져진 실타래이지만, 한쪽 끝은 던진 사람의 가방에 남아 있다. 고래를 향해 던져진 작살과 같다고도 할 수 있다. 그 작살은 배 안에 감겨 있는 줄이 풀어지며 날아가지만, 만약 상태가 좋지 않거나 제대로 던져지지 않으면, 키잡이를 반으로 가르거나 배를 가라앉힐 위험이 있다.

잘못을 저지르면 고통을 받을 수밖에 없다. 에드먼드 버크Edmund Burk[17]는 "해가 되지 않는 자랑거리를 가진 사람은 없다"라고 말했다. 상류층의 배타적인 삶을 사는 사람은 즐거움을 독점하려는 시도를 통해 자신이 즐거움에서 소외된다는 사실을 모른다. 종교계에서 배타주의자는 타인이 들어가지 못하게 천국의 문을 닫으려고 애쓴다면 자신이 들어갈 수 없게 된다는 사실을 모른다.

인간을 체스판의 졸이나 볼링 핀으로 취급한다면 본

---

[17]   18세기 아일랜드 출신 정치가이자 웅변가, 저술가이다.

인도 그들만큼 대접받을 것이다. 다른 사람들의 진심을 무시하면, 당신의 진심도 잃게 될 것이다. 감각은 여성, 아이, 가난한 자를 포함한 모든 사람들을 물건으로 취급하려 할 것이다. 이때 "그에게 돈이 없으면 살점이라도 떼어내겠다"라는 시쳇말은 타당한 철학이 된다.

사회적 관계에서 사랑과 공정함을 어기는 모든 행위는 신속하게 처벌받는다. 두려움에 의한 처벌이다. 내가 지인과 순수한 관계를 맺고 있다면 그를 만나는 것이 불편하지 않다. 우리의 만남은 마치 물과 물이 섞이고 두 기류가 섞여서 완벽하게 자연에 퍼지는 것과 같다. 그러나 순수함을 벗어나, 나한테는 좋지만 그에게는 좋지 않은 일을 하려는 어설픈 시도를 하면 그는 부당함을 느낀다. 그는 내가 그에게서 멀어진 것만큼 멀어지고 나와 눈을 마주치지 않으며, 우리 사이에는 불화가 생기고 그의 마음속에는 증오가, 내 마음속에는 두려움이 싹튼다.

보편적이든 구체적이든 재산과 권력의 부당한 축적인 모든 오래된 악습은 같은 방식으로 대가를 치르게 된다. 두려움은 매우 현명한 스승이자 혁명의 선구자이다. 두려움이 주는 한 가지 교훈은 그것이 나타나는 곳에 부패가 있다는 것이다. 두려움은 썩은 고기를 먹는 까마귀이다. 그래서 까마귀가 무엇을 맴도는지 잘 보이지 않더라도 어딘가에는 죽음이 있다. 우리의 재산은 위축되어 있고, 법은 소극적이며, 교양인들은 소심하다. 오랜 기간 두려움이 정부와 재산에 대해 불길한 징조를 나타내며 지껄여왔다. 그 음산한 새는 이유 없이 그곳에 있을 리가 없다. 그 새는 반드시 고쳐야 할 거대한 잘못을 알리고 있는 것이다.

우리의 자발적인 활동이 멈추면 즉각적으로 변화가 일어날 것이라는 기대가 뒤따르는데, 이런 기대도 이와 본질적 특성이 같다. 구름 한 점 없는 정오의 공포, 폴리크라테스Polycrates의 에메랄드[18], 성공에 따르는 경외감, 모든 고결한 영혼이 숭고한 금욕과 대리적인 덕을 실현시키기 위한 과업을 스스로에게 부과하도록 하는 본능. 이 모든 것은 인간의 마음과 정신을 통해 정의의 균형이 잡힐 때 생기는 떨림이다.

---

[18] 폴리크라테스는 고대 그리스 시대 사모스를 다스렸던 폭군이며, 그의 에메랄드는 지속적 행운에 따르는 불운의 전조를 상징한다.

모든 것에는 대가가 따른다

세상 경험이 많은 사람들은 살아가면서 비용과 책임을 감당하는 것이 최선이며, 조금 아끼려다 큰 대가를 치르게 된다는 사실을 잘 알고 있다. 빌린 자는 빚을 쌓게 된다. 수백 번의 호의를 받고 한 번도 갚지 않은 사람은 무언가를 얻은 것인가? 게으름이나 교활함으로 이웃의 물건이나 말, 혹은 돈을 빌려서 얻은 것이 있는가?

그 행위에서는 한편에서 이익을 얻었다는 즉각적인 인식이, 다른 한편에서는 빚을 졌다는 인식이 생기는데, 이는 곧 우월함과 열등함에 대한 인식과 같다. 그 거래는 자신과 이웃의 기억에 남게 되는데, 새로 거래가 이루어질 때마다 거래의 성격에 따라 서로에 대한 관계가 달라진다. 그는 곧 이웃의 마차를 타는 것보다 자신의 뼈를 부러뜨리는 것이 나으며 '어떤 것을 얻기 위해 치를 수 있는 가장 비싼 대가는 바로 그것을 요청하는 것'임을 알게 될 것이다.

현명한 자는 이 교훈을 삶의 모든 부분으로 확대해, 자신의 시간, 재능, 또는 마음에 대한 모든 정당한 요구를 받아들이는 것이 현명하다는 사실을 이해한다. 항상 값을 치러야 한다. 처음이든 나중이든, 빚은 반드시 전부 갚게 될 것이기 때문이다. 사람이나 사건이 잠시 동안 당신과 정의 사이를 막고 있을 수 있지만, 그것은 단지 유예일 뿐이다. 결국은 빚을 갚아야 한다.

당신이 현명한 사람이라면 더 많이 주어진 번영에 대해 두려움을 느낄 것이다. 자연의 목적은 혜택이다. 그러나 당신이 받는 모든 혜택에는 대가가 따른다. 최고의 혜택을 베푸는 자는 위대한 자이다. 그리고 비천한 행위, 즉 호의를 받고 아무것도 되돌려주지 않는 행위를 하는 자는 비천한 자이다.

자연의 법칙에 따르면, 혜택은 그것을 베푼 당사자에게 그대로 돌려줄 수 있는 경우가 거의 없다. 그래도 우리가 받은 혜택은 한 줄 한 줄, 행동 하나하나, 한 푼 한 푼, 다른 누군가에게 반드시 갚게 된다. 손에 지나치게 좋은 것을 쥐고 있다면 조심하라. 그것은 금세 부패하여 벌레가 꼬일 것이다. 어떤 방식으로든 빨리 대가를 지불하라.

사랑하라, 그러면 사랑받을 것이니

노동도 똑같은 무자비한 법칙에 의해 감시된다. 현명한 사람들은 가장 저렴한 노동이 가장 비싼 노동이라고 말한다. 빗자루, 매트, 마차, 칼을 살 때 우리는 일상에서 필요한 것을 위해 합리적인 지혜를 발휘한 결과물을 사는 것이다.

당신의 땅에서는 실력 좋은 정원사에게 비용을 지불하거나 정원을 가꾸는 데 적용할 수 있는 합리적인 지혜를 사는 것이 최선이다. 선원에게는 항해에 적용되는 합리적인 지혜를, 집에서는 요리, 바느질, 청소에 적용되는 합리적인 지혜를, 대리인에게는 회계와 업무에 적용되는 합리적인 지혜를 사는 것이 최선이다. 이렇게 해서 당신은 자신의 존재를 증대시키거나 재산 전체에 걸쳐 자신을 확장시킨다.

그러나 사물의 이중적 체계 때문에 노동에서도 삶에서 그렇듯 속임수를 쓸 수 없다. 도둑은 자신에게서 훔치는 것이다. 사기꾼은 자신을 속이는 것이다. 왜냐하면 노동의 진정한 대가는 지식과 덕성이며 부와 신용은 그에 대한 표식일 뿐이기 때문이다. 이런 표식은 지폐처럼 위조하거나 훔칠 수 있지만 그것이 표상하는 것, 즉 지식과 덕성은 위조하거나 훔칠 수 없다. 진심으로 노력하며 순수한 동기를 따르지 않는다면, 노동의 이러한 목적은 이룰 수 없다. 사기꾼, 채무 불이행자, 도박꾼은 정직한 수고와 고통이 노동자에게 주는 물질적, 도덕적 자연에 대한 지식을 강제로 빼앗을 수 없다. 자연이 알려주는 법칙은 '그것을 행하라, 그러면 힘을 얻으리라'이다. 그러나 행동하지 않는 사람들은 힘을 얻을 수 없다.

인간의 노동은, 말뚝을 날카롭게 다듬는 데에서 하나의 도시를 건설하고 서사시를 쓰는 데에 이르는 모든 형태를 통해, 우주의 완벽한 보상을 묘사하는 하나의 거대한 예시이다. 모든 것에는 가격이 있으며, 정확히 그 가격을 지불하지 않으면 그것이 아니라 다른 것을 얻게 된다. 가격 없이는 어떤 것도 얻을 수 없다.

이런 주고받음의 절대적 균형의 교훈은 거래 장부에서도 국가의 예산이나 빛과 어둠의 법칙, 자연의 작용 반작용의 법칙에서와 다를 바 없이 숭고하다. 확신하건대, 각 개인이 일상의 과정에서 보는 고귀한 원칙들이 그에게 그의 직업을 권장하고, 비록 드물게 언급될지언정 그의 상상 속에서 그 일을 더 높이 평가하게 만든다. 즉, 그의 끝 끝에서 반짝이는 엄격한 윤리, 수직 측정기와 줄자로 측정되는 윤리, 국가의 역사에서처럼 상점 계산서에 분명히 적혀 있는 윤리 등이 그렇게 만드는 것이다.

덕과 자연은 동맹을 맺고 만물을 부덕에 맞서게 한다. 이 세상의 아름다운 법칙과 물질은 배신자를 박해하며 채찍을 가한다. 그는 만물이 진리와 혜택을 위해 준비되어 있으며, 이 넓은 세상에 악인이 숨을 굴은 없다는 사실을 알게 된다. 범죄를 저지르라. 그러면 땅은 유리가 될 것이다. 범죄를 저지르라. 마치 땅에 눈이 쌓여 숲에 있는 자고새와 여우, 다람쥐와 두더지의 발자국이 보이는 것처럼 드러나리라. 이미 말한 것은 주워 담을 수 없고, 남긴 발자국은 지울 수 없으며, 한번 놓은 사다리는 치울 수 없다. 파멸적 상황은 언제나 밖으로 나타난다. 물과 눈, 바람, 중력과 같은 자연의 법칙과 물질은 도둑에게 형벌이 된다.

반면에, 그 법칙은 모든 올바른 행동에도 똑같이 확실하게 적용된다. 사랑하라. 그러면 사랑받을 것이다. 모든 사랑은 대수 방정식의 양쪽처럼 수학적으로 공정하다. 선한 자는 절대적인 선을 지니고 있으며, 그것은 마치 불처럼 모든 것을 그 본성으로 바꾸므로 그에게 해를 끼칠 수 없다. 마치 나폴레옹에게 맞서게끔 보낸 왕의 군대가 그가 다가왔을 때 깃발을 내리고 적에서 친구가 된 것처럼 질병, 공격, 가난과 같은 온갖 재난들이 결국 은혜로 입증된다.

가장 강한 힘은 약점에서 비롯된다

바람이 불고 물이 흐르고
용기 있는 자에게 힘이, 신에게 권능이.
하지만 그것들 자체로는 아무것도 아니네.[19]

선한 사람들은 약점과 결점조차 친구로 삼는다. 자랑도 해가 될 때가 있듯이 결점도 유용할 때가 있다. 우화에 등장하는 수사슴은 자신의 뿔을 자랑스러워하고 발에 대해 불평했다. 하지만 사냥꾼이 나타났을 때 그를 구한 것은 발이었으며, 이후 덤불에 걸려 그를 죽게 만든 것은 뿔이었다.

모든 인간은 살면서 자신의 결점에 고마워해야 한다. 누구도 어떤 진리에 맞서 싸우기 전까지는 그 진리를 완벽히 이해하지 못하는 것처럼, 장애물로 인해 고통을 겪고 부족함을 넘어서는 재능의 승리를 보기 전까지는 그 장애물이나 재능에 대해 완벽히 알 수 없다. 성격이 사회

---

19 윌리엄 워즈워스Wordsworth의 시 「1802년 9월 도버 근처에서September, 1802, near Dover」의 한 구절이다.

에 부적합한 사람이 있는가? 그렇다면 스스로 자신을 즐겁게 하고, 자립하는 습관을 기르게 된다. 마치 상처 입은 굴처럼 진주로 자신의 껍질을 치유하는 것이다.

우리의 힘은 우리의 약점에서 자라난다. 감춰진 분노의 힘은 우리가 찔리고, 쏘이고, 심하게 공격받기 전에는 깨어나지 않는다. 위대한 사람은 기꺼이 겸손해진다. 유리한 입장에 있을 때 그는 잠든다. 떠밀리고 괴롭힘을 당하고 패배할 때 무언가를 배울 기회를 얻게 되며 지혜와 인간성을 발휘하게 된다. 그는 사실을 깨닫고, 자신의 무지를 배우며, 자만하는 착각을 치유하고, 절제와 진짜 기술을 습득하게 된다.

현명한 사람은 자신을 공격하는 쪽에 스스로를 내던진다. 자신의 약점을 찾는 일은 그를 공격하는 이들보다 그에게 더 이익이 되기 때문이다. 상처는 아물고 각질처럼 떨어져 나가므로, 공격하는 이들이 의기양양한 순간, 보라! 그는 불사신이 된다. 비난이 칭찬보다 안전하다.

나는 신문이 나를 변호하는 것이 싫다. 모두 나를 반대한다면 나는 어느 정도 성공을 확신할 수 있다. 그러나 감미로운 칭찬을 듣는 순간 적 앞에 무방비 상태로 노출

된 기분이 든다. 일반적으로 모든 악은 우리가 굴복하지 않는 한 은인이 된다. 샌드위치제도 사람들이 자신이 죽인 적의 힘과 용기가 자신에게 옮겨온다고 믿는 것처럼, 우리도 우리가 저항한 유혹의 힘을 얻게 된다.

신에게 빚을 지게 하라

 재난과 결함, 적의로부터 우리를 보호하는 그 방어막이 우리의 의지에 따라 이기심과 사기도 막아준다. 빗장과 창살이 최고의 제도가 아니고, 거래에서의 영악함이 지혜의 표시도 아니다. 인간은 자신이 속을 수 있다는 어리석은 미신 때문에 평생 고통받는다. 어떤 것이 존재하는 동시에 존재하지 않기란 불가능한 것처럼, 사람이 자기 자신 이외의 누군가에게 속는 일은 불가능하다.

 모든 거래에는 침묵하고 있는 제3의 존재가 있다. 그것은 사물의 영혼과 본성으로, 모든 계약의 이행에 관하여 스스로 보증한다. 그러므로 정직한 수고는 손해가 되지 않는다. 만약 당신이 은혜를 모르는 주인을 섬긴다면, 더 열심히 그를 섬기라. 신에게 빚을 지게 하라. 모든 공로를 보상받을 것이다. 그 보상이 늦어질수록 당신에게 더 좋다. 복리에 복리가 더해지는 방식이 이런 거래의 법칙이다.

 박해의 역사는 자연을 속이려는 노력의 역사로, 물을 언덕으로 흐르게 하고 모래로 밧줄을 꼬려는 것과 같다.

이런 행위를 하는 자가 많든 적든, 독재자든 군중이든 달라지는 것은 없다. 군중은 자발적으로 이성을 잃고 이성의 작업을 방해하는 육체의 집단이다. 군중은 스스로 짐승의 본성으로 타락하는 인간이다.

군중이 활동하기 적합한 때는 밤이다. 군중의 행동은 그 전체 구성처럼 광기에 사로잡혀 있다. 군중은 원칙과 권리, 정의를 지키는 자들의 집에 불을 지르고 폭력을 저지른다. 원칙을 박해하고, 권리를 매질하며, 정의에 타르와 깃털을 발라 모욕한다. 그것은 별을 향해 흐르는 붉은 오로라를 끄기 위해 소방차와 함께 달려가는 소년들의 짓궂은 장난과도 같은 짓이다.

신성한 영혼은 악인에게로 악의의 방향을 돌린다. 순교자는 명예를 잃지 않는다. 모든 채찍 소리는 명예의 외침이 되고, 모든 감옥은 더 화려한 거처가 되며, 불붙은 모든 책과 집은 세상을 밝힌다. 억압되고 말살된 모든 말은 전 지구를 가로지르며 울려 퍼진다. 공동체가 개인과 마찬가지로 이성과 숙고의 시간을 맞이할 때, 진실이 드러나고 순교자는 정당성을 얻는다.

이렇게 만물은 상황의 무관심을 설교한다. 인간이 전

부이다. 만물은 선과 악, 두 가지 측면을 가지고 있다. 모든 이익에는 세금이 붙는다. 나는 만족하는 법을 배운다. 그러나 보상의 교리는 무관심의 교리가 아니다. 생각 없는 사람들은 이 설명을 듣고 이렇게 말할 것이다. "좋은 행동을 하는 것이 무슨 이익이 되겠는가? 선이든 악이든 결과는 하나뿐이다. 좋은 것을 얻으면 그에 대한 대가를 치러야 하고, 좋은 것을 잃으면 어떤 다른 것을 얻게 된다. 즉, 모든 행동은 아무런 의미가 없다."

무엇도 나를 해칠 수 없다

영혼에는 보상보다 더 중요한 한 가지 진실이 있다. 바로 그 자체의 본성이다. 영혼은 보상이 아니라 생명이다. 영혼은 그저 존재할 뿐이다. 밀물과 썰물이 완벽히 균형을 이루는 모든 상황의 바다 아래, 진정한 존재의 근원적 심연이 놓여 있다. 본질이나 신은 어떤 관계나 일부가 아닌 그 자체로 완전하다. 존재는 부정을 배제하는 거대한 긍정으로, 스스로 균형을 잡으며 그 안으로 모든 관계, 부분과 시간을 삼켜버린다. 자연, 진리, 덕은 그곳에서 비롯한다.

악덕은 존재의 부재 또는 이탈이다. 무無와 허위는 실로 거대한 밤이나 그림자처럼 자리할 수 있고, 그곳을 배경 삼아 살아 있는 우주가 자신을 드러내기도 한다. 하지만 그것은 어떤 사실도 생겨나게 할 수 없으며, 실재하지 않기에 어떤 작용도 일으킬 수 없다. 선도 행하지 못하고 해도 끼칠 수 없다. 그것이 해악인 이유는 실재하지 않는 것이 실재하는 것보다 나쁘기 때문이다.

우리는 악행으로 입은 피해를 보상받지 못한다는 허

탈감을 느낀다. 범죄자가 계속해서 악덕을 저지르면서도 위기를 맞거나 심판받는 모습을 확인하지 못하기 때문이다. 그의 말도 안 되는 악행이 인간과 천사 앞에서 통쾌하게 응징되는 경우는 없다. 그렇다면 그가 법칙을 농락하는 데 성공했다는 의미일까? 그는 악행과 거짓을 일삼는 만큼 자연에서 멀어지고, 어떤 방식으로든 그것이 잘못됐다는 사실을 이해하게 될 것이다. 비록 우리가 그것을 보지 못하더라도 끝끝내 완전한 보상은 이루어질 것이다.

한편, 올바른 행위의 이득이 반드시 어떤 손실의 대가로 오는 것은 아니다. 덕성에 대한 처벌도, 지혜에 대한 처벌도 존재하지 않는다. 덕성과 지혜는 존재가 만들어내는 정당한 보탬이다. 나는 선한 행위로 정당한 존재가 되며, 선한 행동을 통해 세상에 기여한다. 나는 혼돈과 무의 사막을 정복하고 나무를 심는다. 그리고 지평선 끝에서 어둠이 물러나는 것을 지켜본다. 가장 순수한 사랑과 지식, 아름다움에는 과도함이 있을 수 없다. 영혼은 한계를 거부하고, 언제나 낙관을 확신하며, 결코 비관적인 말을 하지 않는다.

영혼의 삶은 여정이며, 정착지가 아니다. 그의 본능은 신뢰이다. 우리는 본능적으로 영혼의 부재가 아닌 현존에 관해 말할 때 사람에게 '더'와 '덜'이라는 표현을 사용한다. 용감한 사람은 겁쟁이보다 더 위대하고, 진실과 자비, 총명함은 인간을 바보나 악인보다 덜 하지 않은, 더 나은 사람으로 만든다. 덕성의 이득에는 대가를 치를 필요가 없는데, 이는 그 자체가 비교 불가의 신, 즉 절대적인 존재의 등장이기 때문이다.

물질적인 이득에는 세금이 있으며, 만약 공적이나 수고 없이 얻게 된다면 그것은 나에게 뿌리를 내리지 못하고 바람이 불면 날아가 버릴 것이다. 그러나 자연의 모든 이득은 영혼의 것으로서, 마음과 머리가 허락하는 노동을 통해 자연의 법칙에 맞는 대가를 지불한다면 얻을 수 있을 것이다. 나는 더 이상 노력 없이 이익을 얻고 싶지 않다. 땅속에 묻혀 있던 금 항아리를 발견하면, 그것이 새로운 부담이 되리라는 사실을 안다는 말이다.

나는 소유물이든, 명예든, 권력이든, 사람이든, 더 이상의 외부로부터 이익을 바라지 않는다. 얻는 것이 분명하면 대가도 확실한 법이다. 그러나 보상이라는 것이 존재함을 알고, 우연히 보물을 손에 넣는 것이 바람직하지 않음을 아는 지식에는 대가가 없다. 나는 이러한 깨달음을 통해 잔잔하고 영원한 평화의 기쁨을 누린다. 여기서 가능한 해악의 범위를 좁힌다. 그리고 성 베르나르 St. Bernard의 지혜를 배운다. "나 자신 외에는 무엇도 나에게 해를 끼칠 수 없다. 내가 겪는 해악은 내게서 비롯된 것이며, 잘못한 일이 없다면 진정한 피해자가 되지 않으리라."

죽은 상황을 벗어나라

영혼에게는 불평등한 조건을 보상하려는 본성이 있다. 자연의 근본적인 비극은 '더' 가진 것과 '덜' 가진 것의 차이일지도 모른다. 어떻게 덜 가진 자가 고통을 느끼지 않을 수 있을까? 그리고 어떻게 더 가진 자에게 적개심이나 분노를 느끼지 않을 수 있을까?

어떤 사람은 재능이 부족한 이들을 보면 슬퍼하며 그 상황을 어떻게 받아들여야 할지 모른다. 그는 그들과 거의 눈을 맞추지 못하고, 그들이 신을 비난할까 두려워한다. 그들이 무엇을 해야 할까? 이것은 대단한 불의처럼 보인다. 그러나 사실을 가까이 들여다보면 이런 산더미 같은 불평등이 사라진다. 태양이 바다의 빙산을 녹이듯, 사랑이 그 불평등을 줄여준다. 모든 인간의 마음과 영혼이 하나가 될 때 그와 나의 씁쓸함이 사라진다.

그의 것이 나의 것이다. 나는 나의 형제이고, 나의 형제는 나이다. 만약 내가 대단한 이웃들에게 가려지고 뒤처지는 것처럼 느껴진다 해도, 나는 여전히 그들을 사랑할 수 있고 받아들일 수 있다. 사랑하는 자는 자신이 사랑하는 위대함을 자기 것으로 만든다. 그렇게 해서 나의 형제가 나의 수호자로서 가장 친절한 의도로 나를 위해 행동하며, 내가 그토록 부러워했던 그의 자산이 나의 것이라는 사실을 깨닫게 된다.

만물을 자신의 것으로 만드는 것이 영혼의 본성이다. 예수와 셰익스피어는 영혼의 파편들이며, 나는 사랑을 통해 내 의식의 영역 안에서 그들을 정복하고 통합한다. 그의 덕이 나의 덕이 아닌가? 내 것이 될 수 없다면, 그의 지혜는 지혜가 아니다.

재난의 자연사 역시 마찬가지이다. 짧은 간격으로 인간의 번영을 파괴하는 변화는 성장이라는 법칙을 가진 자연의 알림이다. 모든 영혼은 본질적인 필요에 의해 자신이 속한 모든 체계와 친구, 가정, 법과 신념을 포기할 수밖에 없다. 마치 조개가 더는 성장을 허용하지 않는 아름답고 단단한 껍질 밖으로 기어 나와 천천히 새로운 집을 만드는 것과 같다. 개인의 활력에 비례하여 이러한 변혁은 자주 일어나는데, 더 행복한 정신에서는 그 변화가 멈추지 않고 일어난다.

모든 세속적 관계는 그 주변에 매우 느슨하게 머물면

서 그 안으로 생명체가 보이는 투명한 액체의 막처럼 변한다. 이것은 대부분 사람들의 경우에서 흔히 보이는, 여러 시점이 섞인 불안정한 특성으로 이루어지고 그 안에 사람을 가두는 단단한 이질적 구조물이 아니다. 투명한 막은 확장이 가능하며, 오늘의 인간은 어제의 인간을 거의 알아보지 못한다. 결국 그런 모습은 매일 옷을 갈아입듯이 매일 죽은 상황을 벗어버리는 인간의 외형적인 변화의 기록이 된다. 그러나 우리는 앞으로 나아가지 못하고 지나버린 시기에 머물면서 신성한 성장에 협조하지 않고 저항하기 때문에, 이런 성장은 충격을 통해 찾아온다.

시간이 모든 것을 말해줄 것이니

우리는 친구를 내어줄 수 없다. 천사를 떠나게 두지 못한다. 대천사들이 들어올 수 있게 그들이 나가는 것일 뿐이라는 사실을 모르기 때문이다. 우리는 옛것의 숭배자이다. 영혼 본연의 풍요로움, 그 영원성과 편재성을 믿지 못한다. 오늘날의 어떤 힘도 아름다웠던 어제에 필적하거나, 그것을 다시 창조할 수 있다고 믿지 않는다.

우리는 한때 몸을 피할 수 있고 먹을 것과 음악이 있던 낡은 텐트의 폐허를 맴돌며, 다시 영혼이 우리를 먹이고 보호하며 용기를 줄 거라는 사실도 믿지 않는다. 우리는 그토록 사랑스럽고, 그토록 다정하며, 그토록 우아한 무언가를 다시 찾지 못한다. 주저앉아 공허 속에서 한탄할 뿐이다. 그러나 전능한 목소리가 가로되, "일어나 멈추지 말고 앞으로 나아가라!"

우리는 폐허 안에 머물 수 없다. 그러나 새로운 것에도 기대지 않을 것이다. 우리는 마치 거꾸로 걷는 괴물들처럼 시선을 뒤로 향한 채 걸어가리라. 재난에 대한 보상은 오랜 시간이 지난 뒤에야 명백히 이해하게 된다. 열병, 신체의 절단, 지독한 실망, 재산의 손해, 친구를 잃는 경험 등은 그 순간에는 보상받지 못하며 보상할 수도 없는 손실처럼 보인다.

그러나 분명 세월이 흐르면 모든 사실 아래 감춰진 강한 치유의 힘이 드러나기 마련이다. 그저 상실로만 느껴졌던 사랑하는 친구, 아내, 형제, 연인의 죽음이 어느 정도 시간이 흐른 뒤에는 안내자나 수호자의 속성으로 이해되기도 한다. 이는 대개 그것이 우리 삶의 방식에서 혁명을 일으켜서 종식을 기다리던 유년기나 청년기의 막을 내리며 익숙한 직업, 가족, 생활 방식을 무너뜨리고 인격의 성장에 더 도움이 되는 새로운 모습을 만들기 때문이다.

이는 향후 몇 년간 가장 중요해질 새로운 인연과 영향을 받아들이는 것을 허용하거나 강요한다. 이것은 뿌리 내릴 공간이 없는 정원에서 지나친 햇빛을 받는 꽃과 같은 처지가 됐을지도 모를 사람이, 벽이 무너지고 정원사가 방치한 덕에 숲의 반안나무가 되어 주변 사람들에게 넓은 그늘과 열매를 주게 되는 일과 같다.

Essays, First Series
by Ralph Waldo Emerson

3장

정신의 법칙
SPIRITUAL LAWS

*"자신의 본성에 따라 사는 것이
진정한 행복이다."*

아리스토텔레스 Aristoteles

철저히 자신에게 속한 것만 말할 것

우리는 반성적 사고를 할 때, 즉 자신에게 사고의 빛을 비출 때, 삶이 아름답게 피어오른다는 사실을 깨닫는다. 살다 보면, 모든 것들이 마치 저 멀리 떠 있는 구름처럼 우리의 배경에서 유쾌한 모습을 띠게 된다. 친숙하고 진부한 것들만이 아니라 비극적이고 끔찍한 것들조차 기억 속에서 나름의 위치를 차지할 때 아름다워 보인다.

소홀하게 지나쳤던 강둑과 물가의 잡초, 오래된 집, 어리석은 사람도 은혜롭게 느껴지며, 방에 안치된 송장조차 집에 장중함을 더해준다. 영혼은 불쾌감도, 고통도 느끼지 않을 것이다. 우리가 또렷한 이성으로 신랄하게 진실을 말해야 한다면, 희생한 적이 없었노라고 할 것이다. 이런 순간에는 마음이 매우 너그러워지기 때문에 빼앗긴 어떤 것도 크게 느껴지지 않는다.

모든 손해, 모든 고통은 그때뿐이며 우주는 상처받지 않은 채로 남아 있다. 성가신 일도, 재앙도 우리의 확신을 좀먹지 못한다. 자기의 비애를 되도록 가볍게 말하는 인간은 없다. 그러니 아주 인내심 강한 사람이라도 혹독한 고통을 받으면 과장을 할 수 있음을 감안해야 한다. 오직 유한한 자만이 고통을 겪고, 무한한 자는 미소 지으며 편히 쉬기 때문이다.

인간은 자연에 따라 살며, 자신의 것이 아닌 외부의 어려움을 마음에 담지 않는다면 깨끗하고 건강하게 지적인 삶을 유지할 수 있을 것이다. 누구도 자기 생각에 당혹스러워할 필요가 없다. 철저히 자신에게 속한 것만 말하게 하라. 그러면 책을 읽지 않는 자라도, 그의 본성은 어떤 지적인 장애나 의심을 낳지 않을 것이다.

우리 젊은이들은 원죄, 악의 근원, 운명 예정설 등과 같은 신학적 문제로 고통받는다. 그러나 이런 것들은 인간이 자신의 길을 벗어나 일부러 찾아 나서지 않는다면 누구에게도 실질적인 어려움을 야기하지 않는다. 이것은 마치 영혼의 유행성이하선염, 홍역, 백일해 같은 것으로, 걸려본 적이 없는 사람은 증상을 설명할 수도 없고 치료할 수도 없는 것이다. 단순한 마음은 이런 장애물을 만날 일이 없다.

다른 이에게 자신의 신념을 설명하거나, 자기 통합과 자유 이론을 해설할 수 있어야 하는 것은 이와는 꽤 다른 문제이다. 이런 것은 드문 재능이 필요하다. 그러나 이런 자기 인식이 없다고 해도 자연의 원초적인 힘과 온전함이 있을 수 있다. "몇 개의 강한 본능과 분명한 법칙"[20]이면 족하다.

나의 의지가 머릿속에 있는 심상들을 지금만큼 중요하게 여긴 적이 없다. 나는 학문적이고 전문적인 교육보다 라틴어 학교의 벤치 밑에 두고 가볍게 읽은 책에서 더 좋은 가르침을 얻었다. 우리가 교육이라 부르지 않는 것이 더 귀중한 가르침을 주는 법이다. 우리는 생각을 받아들일 때, 그것의 상대적인 가치를 짐작하지 않는다. 그리고 교육은 종종 본성이 추구하는 자연스러운 끌림을 방해하는 데 쓸데없이 헛된 노력을 기울이는데, 이런 끌림이 반드시 자신에게 속한 것을 선택하게 한다.

마찬가지로 우리의 도덕적 본성은 의지 때문에 손상된다. 사람들은 고군분투하는 것을 덕으로 표상한다. 그리고 그 성취를 스스로 크게 뽐낸다. 고상한 본성이 칭찬받을 때, 사람들은 유혹에 맞서 노력한 사람이 더 나은

---

[20] 윌리엄 워즈워스의 시 「아! 길고 고된 탐구가 무슨 소용인가Alas! What Boots The Long Laborious Quest」의 한 구절이다.

사람이 아닌가 하는 질문을 하게 된다. 그러나 그것은 칭찬거리가 못 된다. 신이 그곳에 계시든 계시지 않든 상관없다.

우리는 충동적이고 자발적인 사람들을 좋아한다. 우리는 한 인간이 자신의 덕성을 의식하지 않거나 잘 모를수록 그를 더 좋아한다. 플루타르코스는 티몰레온 Timoleon[21]의 승리를 호메로스Homer의 시처럼 자연스럽게 도달한 최고의 승리라고 했다. 장미처럼 당당하고 우아하며 호감이 가는 영혼을 본다면, 그 존재에 대해 신께 감사해야 한다. 천사들에게 "자기 안의 악마들에게 으르렁대며 저항하는 크럼프가 더 나은 사람이에요"라고 불평해서는 안 된다.

---

[21] 기원전 4세기 코린토스의 장군으로 시라쿠사를 도와 독재자와 외세를 물리쳤다.

우리는 불행해지려고 애쓰고 있다

현실에서 의지를 능가하는 자연의 우세함을 분명히 찾아볼 수 있다. 우리는 역사에 지나치게 많은 의도를 부여하지만, 실제로 의도되는 바는 훨씬 적다. 카이사르와 나폴레옹의 계획에도 많은 의미를 부여하지만, 그들이 가진 최고의 힘은 그들 자신이 아니라 자연에 있었다.

특별한 성공을 이룬 사람들은 늘 정직한 심정으로 "우리에게 돌리지 마옵소서, 우리에게 돌리지 마옵소서"[22]라고 고백했다. 그들이 살던 시대의 믿음에 따라, 운명이나 숙명, 혹은 성 율리아노 St. Julian에게 제물을 바쳤다. 그들의 성공은 사상의 흐름과 나란히 놓여 있었고, 그 사상은 그들 속에서 하나의 방해받지 않은 통로를 발견한 것이다. 그 경이로움은 전달자인 그들의 행위처럼 보였다.

그러나 전기가 전선에서 생겨났겠는가? 그들이 다른 사람들보다 생각할 수 있는 것이 적었다는 것은 사실이며, 이는 매끄럽고 속이 비어 있는 것이 파이프의 미덕

---

[22] 『시편Psalms』 115편 1절에 나오는 말로, 주로 업적이나 성공의 영광을 신에게 돌릴 때 인용된다.

인 것과 같다. 겉으로 의지와 확고함처럼 보였던 것은 자발성과 무아無我였다. 셰익스피어가 셰익스피어의 이론을 내놓을 수 있을까? 뛰어난 수학 천재가 다른 이들에게 자신의 통찰을 전달할 수 있을까? 만약 그가 그 비법을 전달할 수 있다면, 과대 평가됐던 그 가치는 평범한 것들과 섞여 곧바로 사라질 것이다.

이런 관찰을 통해 우리는 삶이 우리가 만드는 것보다 훨씬 더 쉽고 단순하며, 세상은 지금보다 더 행복한 곳이 될 수 있다는 사실을 알 수 있다. 즉, 고통이나 경련, 절망을 느끼며 두 손을 꽉 쥐고 이를 갈 필요가 없음에도, 우리 스스로 자신의 악을 만들어내고 있다는 확실한 교훈을 얻게 된다. 우리는 자연의 낙관주의를 방해한다. 이렇게 과거의 경험을 돌아보거나 현재 더 지혜로운 관점에서 생각할 때마다, 우리는 자체적으로 실행되는 법칙에 둘러싸여 있음을 깨달을 수 있다.

외부 자연의 모습도 같은 가르침을 준다. 자연은 우리를 노심초사하게 만들지 않는다. 자연은 우리의 박애나 배움을 거짓과 불화와 마찬가지로 좋아하지 않는다. 정당 회의나 은행, 노예제 폐지론자 집회, 절주 모임, 초월주의 클럽에서 나와 들과 숲으로 가면, 자연은 우리에게 이렇게 묻는다. "선생님, 왜 그렇게 열이 나셨어?"

자연의 단순함을 배울 것

우리의 삶은 인위적인 행동들로 가득 차 있다. 우리는 모든 일에 개입하며, 사회의 희생과 미덕이 혐오스러워질 때까지 우리 방식대로 해야 직성이 풀린다. 사랑은 기쁨을 주어야 하건만, 우리의 박애는 불행을 만들어낸다. 우리의 주일학교, 교회, 빈민 구호 단체는 목에 걸린 멍에와 같다. 누구도 즐겁게 만들지 못하면서 스스로를 고통스럽게 만든다.

자연스럽게 목표에 도달할 방법이 있어도 우리는 그렇게 하지 못한다. 왜 모든 덕이 단 하나의 방식으로 이루어져야 하는가? 왜 모두가 돈을 내야 하는가? 이런 것은 우리처럼 시골에 사는 사람들에게는 매우 불편하게 느껴지는 일이며, 아무런 선의도 끌어낼 수 없는 일이다.

우리는 돈이 없다. 돈은 상인들이 가지고 있다. 그들에게 돈을 내라고 하자. 농부들은 옥수수를 제공하고, 시인들은 노래하며, 여인들은 바느질하고, 노동자들은 일손을 빌려줄 것이다. 아이들은 꽃을 가져올 수 있다. 또한 왜 모두에게 주일학교라는 쓸데없는 부담을 주는가?

아이들은 스스로 탐구하고 성숙하며 깨닫는다. 아이들이 질문할 때만 대답하는 것만으로 충분하다. 젊은이들을 억지로 교회 의자에 앉히고, 아이들에게 한 시간 동안 원치도 않는 질문을 하도록 강요하지 말라.

우리가 더 넓은 시각으로 본다면 모든 것들은 닮아 보인다. 법과 학문, 신념, 생활 양식은 진리의 모사품처럼 보인다. 우리 사회는 마치 로마의 수도교水道橋와 같은 버거운 기계 장치에 짓눌려 있다. 수많은 로마의 언덕과 계곡에 건설되었던 수도교는 물이 그 수원지 높이까지 상승한다는 법칙이 발견되자 폐기되었다. 이 기계 장치는 또한 민첩한 타타르인이라면 누구나 뛰어넘을 수 있는 중국의 만리장성을 닮았으며, 평화만큼의 가치가 없는 상비군, 마을 회의로 충분히 대체될 수 있는 온갖 불필요한 직함이 넘쳐나는 제국과 다를 바 없다.

그러므로 자연에서 교훈을 얻자. 자연은 언제나 단순한 방식으로 움직인다. 과일이 익으면 떨어진다. 과일이 사라지고 나면 잎이 떨어진다. 물의 순환은 단순히 떨어지는 것이다. 인간과 동물의 걷기도 앞으로 떨어지는 것이다. 지레로 들어올리기, 쪼개기, 파기, 노 젓기 등의 노동과 힘의 작용은 지속적인 떨어짐에 의해 이루어진다. 지구, 달, 혜성, 태양, 별과 같은 구체의 떨어지는 움직임은 영원히 지속한다.

우주의 단순함은 기계의 단순함과는 전혀 다르다. 도덕적 자연을 철저히 조사하고 지식이 습득되고 성격이 형성되는 과정을 속속들이 아는 자는 공론가일 뿐이다. 자연의 단순함이란 쉽게 읽힐 수 있는 것이 아닌 무궁무진함이다. 최종적인 결론은 내려질 수 없다. 한 인간의 지혜는 그의 희망을 통해 판단되는데, 이는 자연의 무한함을 인식함으로써 영원한 젊음을 누릴 수 있기 때문이다.

우리는 우리의 경직된 지위와 평판을 우리의 유동적인 의식과 비교하면서 자연의 비옥함을 있는 그대로 느낄 수 있다. 우리는 세상에서 종파와 학파, 학식과 독실함으로 평가받지만, 사실은 언제나 미숙한 어린아이와 같다. 그래서 절대적 회의주의[23]가 어떻게 성장했는지 매

---

[23] 피론주의Pyrrhonism라고도 한다. 고대 그리스 철학자 피론Pyrro의 이름을 딴 학파로, 모든 지식과 신념의 불확실성을 강조하며 회의적인 태도를 갖는다.

우 잘 이해할 수 있다. 모든 인간은 자신이 같은 이유로 긍정될 수도, 부정될 수도 있는 중간 지점에 있다는 사실을 안다. 모두 늙은이이자 젊은이이며 현자인 동시에 무지렁이인 셈이다.

모두 당신이 천사와 행상인에 대해 말하는 것을 듣고 느낀다. 영원한 현자는 스토아 철학이 말하는 이상 세계에만 존재한다. 우리는 책을 읽거나 그림을 보며 겁쟁이나 강도와 맞서는 영웅의 편에 서지만 스스로가 겁쟁이와 강도인 적이 있었으며, 앞으로도 그럴 것이다. 상황이 좋지 않아져서 그렇게 된다는 것이 아니라, 영혼이 도달할 수 있는 위대함과 비교할 때 그런 위치에 서게 된다는 말이다.

자연스러운 것이 가장 강하다

우리 주위에서 매일 일어나는 일을 조금만 생각해보면, 의지보다 더 상위의 법칙이 사건들을 통제한다는 사실을 깨닫게 된다. 우리의 고통스러운 노동이 불필요하고 무익하다는 사실, 우리는 오로지 쉽고 단순하며 자연스러운 행동을 할 때만 강하며 순종함으로써 신성해진다는 사실도 알 수 있다. 믿음과 사랑, 즉 신앙심이 있는 사랑은 우리의 큰 걱정을 덜어줄 것이다.

오, 나의 형제들이여, 신은 존재한다. 자연의 중심과 모든 인간의 의지 위에 영혼이 존재한다. 그러므로 우리 중 누구도 우주를 잘못되게 할 수 없다. 영혼은 자연에 강력한 마법을 불어넣었다. 그래서 영혼의 조언을 받아들이면 번영하고, 영혼의 피조물을 해치려고 하면 손이 옆구리에 붙거나 자기 가슴을 치게 된다. 모든 사건의 과정은 우리에게 믿음을 가르친다. 우리는 그저 순종하기만 하면 된다.

우리 각자를 위한 가르침이 있으므로, 겸허히 귀를 기울인다면 올바른 소리를 듣게 되리라. 어째서 지위와 직업, 동료, 행동 양식과 즐거움의 방식을 고통스럽게 선택해야 하는가? 당신에게는 균형과 고의적인 선택을 거부할 수 있는 권리가 있다. 현실이 있으며, 적합한 장소와 적절한 의무가 있다. 모든 이에게 생기를 불어넣는 힘과 지혜의 흐름 속에 자신을 맡기라. 그러면 노력 없이 진리와 올바름의 방향으로 나아가며 완전한 만족을 누리게 될 것이다.

그렇게 되면 당신은 반박하는 모든 이를 틀리게 만들며, 스스로가 세상 그 자체이자 올바름, 진리, 아름다움의 척도가 된다. 우리가 서툰 간섭으로 일을 망치지 않는다면, 인간의 일, 사회, 문학, 예술, 과학, 종교는 지금보다 훨씬 더 발전할 것이다. 태초부터 예언되었으며 여전히 진심으로 기다리는 천국이 마치 지금의 장미와 공기, 태양이 그러하듯 자연스럽게 드러날 것이다.

즉, 선택하지 말라는 말이다. 그러나 이는 수사적인 표현이다. 나는 이를 통해 사람들이 흔히 '선택'이라고 부르는 것을 구별하고자 한다. 그것은 손이나 눈, 욕망에 의한 부분적 선택이지 인간의 온전한 행위가 아니다. 내가 옳다고 하거나 선이라고 부르는 것은 나의 본질에 따른 선택이며, 내가 천국이라고 부르고 내면에서 열망하여 따르는 것은 내 본질에 바람직한 상태나 상황이다. 내가 평생 하려는 행위는 나의 재능에 맞는 일이다. 인간은 일상적으로 행하는 기술이나 직업을 선택할 때 이성에 따라야 한다. 더 이상 자신의 행동이 업계의 관행이라는 평계를 대서는 안 된다. 나쁜 직업을 가지고 있는 사람은 왜 그런가? 그에게는 타고난 특성을 따르는 소명이라는 것이 없는가?

자신의 본성을 내보이라

사람마다 자신만의 직업적 재능이 있다. 그 재능이 소명을 보여준다. 우리에게는 각자 무한히 열린 공간으로 이어지는 단 하나의 길이 있다. 인간의 잠재력은 스스로 끊임없이 노력하도록 조용히 유도한다. 우리는 강에 떠 있는 배와 같다. 여기저기에서 방해를 받으며 항로를 찾아 항해한다. 그러면 점차 모든 장애물이 사라지고, 깊어지는 해협을 따라 끝없는 바다로 평온하게 나아가게 된다.

이런 재능과 소명은 자신만의 질서, 혹은 그 속에서 보편적 영혼이 구체적으로 나타나는 방식에 달려 있다. 이제 우리는 다른 사람은 할 수 없지만 자신은 쉽게 할 수 있고, 끝마쳤을 때 결과가 좋은 일을 하고자 한다. 이럴 때 우리에게는 경쟁자가 없다. 왜냐하면 자신의 진정한 힘을 더 잘 이해하게 되면서 다른 사람들보다 점점 더 좋은 결과를 내기 때문이다. 목표는 정확히 능력에 비례하는 법이다. 정점의 높이가 바닥의 폭에 따라 결정되는 것과 같다.

모든 인간은 나름의 고유한 일을 할 수 있는 힘이 있으며, 누구도 그것 외에 다른 소명은 없다. 자신에게 또 다른 소명이 있다는 과시, 즉 선택받았기 때문에 '특별한 표식이 있으며 평범한 사람과 다르다'[24]는 주장은 망상에 지나지 않는다. 이는 모든 개인에게 하나의 마음이 있고, 거기에는 사람들 간에 차이가 없다는 사실을 인식하지 못하는 무지를 보여주는 것이다.

인간은 자신의 일을 하면서 자기 존재의 필요성을 만들어내고 사람들이 자신의 가치를 알게 한다. 이렇게 자기만의 일을 통해 자신을 펼친다. 대중 연설을 할 때 가장 안 좋은 태도는 자신을 있는 그대로 내보이지 않는 것이다. 연설자만이 아니라 모든 사람이 가능한 한 자신의 한계까지 보여줄 수 있어야 한다. 자기 안에 어떤 힘과 의미가 있는지 솔직하게 진심으로 표현해야 한다.

일반적으로 사람들은 가능하면 자신이 맡게 된 일이나 직업의 관습적인 세부 사항들에 자신을 맞춘다. 그리고 마치 고기를 굽는 꼬챙이를 계속 돌리도록 훈련받은

---

[24] 셰익스피어의 희곡 『헨리 4세Henry IV』 등장인물 글렌다워의 대사를 변형한 것이다.

개처럼 기계적으로 행동한다. 그렇게 스스로 자신이 움직이는 기계의 일부가 되고, 결국 자신을 잃어버리게 된다. 인간은 자신의 온전한 모습으로 다른 사람과 소통할 수 있을 때까지 자신의 소명이 무엇인지 모른다. 인간은 자신의 본성을 드러낼 수 있는 배출구를 찾아야 한다. 그러면 다른 사람들에게 자신의 일을 정당화할 수 있을 것이다. 노동이 보잘것없다면 그 노동을 하는 자의 생각과 성격으로 그것을 가치 있게 만들게 하자. 그가 아는 것과 생각하는 것, 추구하는 것이 무엇이든 표현하게 하자. 그렇지 않으면 사람들은 그를 제대로 이해하거나 존중하지 않을 것이다. 자신의 일을 그저 형식적이고 하찮은 것으로 받아들이고, 본성과 목표에 순응하도록 바꾸지 않는다면 얼마나 한심한가.

우리는 오랫동안 사람들이 칭찬해온 행동들만 좋아하며, 인간이 할 수 있는 어떤 일도 신성해질 수 있다는 사실을 깨닫지 못하고 있다. 우리는 위대함이 어떤 지위나 직무, 특정한 역할이나 상황과 관련된 것이라고만 생각한다. 파가니니Paganini가 현악기를 통해, 유렌슈타인Eulenstein이 유대인의 하프로, 손재주가 좋은 젊은이가 가위로 오린 종이에서, 화가 랜드시어^{Landseer}가 돼지의 그림에서, 영웅이 자신이 숨어 있던 비루한 거처와 무리에서 환희를 이끌어낼 수 있다는 사실을 인식하지 못한다. 드러나지 않은 상황이나 비속한 사회라고 부르는 것은 아직 시로 쓰이지 않은 상태에 있을 뿐이다. 머지않아 당신은 이것을 부러움을 사고 명성을 얻게 될 상황과 사회로 만들 것이다. 평가를 내릴 때 왕에게서 교훈을 얻자. 환대하는 태도, 가족 간의 유대, 인상 깊은 죽음, 그 외 수많은 것들에 대해 왕은 자신의 방식대로 평가한다. 고귀한 정신도 그렇게 할 것이다. 끊임없이 새로운 평가를 내리는 것, 그것이 고결함이다.

인간은 하는 일이 곧 그의 자산이다. 그에게 희망과 두려움이 무슨 소용일까? 자기 안에 힘이 있다. 그가 존재하는 동안 내면에서 자라는 것만이 견고한 가치가 있다. 운으로 얻은 것들은 여름철에 번성했다 사라지는 나뭇잎들과 같으니, 바람이 불 때마다 무한한 결실의 순간적 모습으로 흩날리게 두라.

이해한다는 것은 속박이다

　인간은 누구나 자신만의 것을 가지고 있다. 고유성, 즉 남들과 다른 자질, 어떤 것에 대한 민감성, 자신에게 맞는 것의 선택과 맞지 않는 것에 대한 거부 등에 따라 그가 사는 우주의 특성이 결정된다. 인간에게는 각자의 방식이 있다. 그의 모습은 선택을 통한 누적으로 형성된다. 그는 하나의 원칙을 선택하고 어디를 가든 자신과 같은 부류를 끌어모은다.

　인간은 자신을 스쳐 지나가거나 곁에 머무는 수많은 것들 중에서 자신의 것만 취한다. 마치 강가에서 떠다니는 나무를 모으는 부목이나, 쇳조각을 당기는 자석과 같다. 그의 기억 속에 남아 있는 어떤 사실이나 말, 사람은, 비록 아직은 이해할 수 없다고 해도 어떻게든 그와 실질적인 관계가 있다. 그것들은 그에게 가치 있는 상징이다. 왜냐하면 그가 여러 권의 책과 다른 사람들의 진부한 이미지 속에서 헛되이 찾으려고 애썼던 그의 의식의 일부를 해석할 수 있기 때문이다.

　나는 내 관심을 끄는 것에 반응할 것이다. 수많은 가

치 있는 사람들이 내 집 앞을 지나치지만, 대문을 두드리는 사람에게만 내가 문을 여는 것과 같다. 내게 말을 걸어오는 것이면 족하다. 몇 가지 일화나 성격적 특징, 태도, 용모, 소소한 사건은 일반적인 기준으로 평가할 때와 전혀 비례하지 않는 방식으로 기억에 강하게 남는다. 그것들은 우리의 재능과 관련되어 있다. 그 중요성을 인정하고 문학 속 뻔한 묘사나 사실을 찾아다니지 말라. 우리 마음이 위대하다고 느끼는 것이 위대하다. 영혼이 주목하는 것은 언제나 옳다.

인간은 자기 본성과 재능에 맞는 것들에 대해서 최고의 권리를 가진다. 그는 어디에서나 자신의 영적인 영역에 속한 것을 취할 수 있지만, 다른 것들은 모든 문이 열려 있다고 해도 취할 수 없다. 아무리 많은 사람들이 시도한다 해도 그가 자신의 것을 취하지 못하게 막을 수는 없다. 어떤 것을 알 권리가 있는 사람에게 그것을 감추려는 시도는 헛되다. 진실은 저절로 드러날 것이다. 그래서 친구가 우리에게 지배력을 행사해 어떤 기분을 느끼게 할 수 있고, 그런 마음 상태에서 비롯된 생각에 권리를 갖고 모든 비밀을 털어놓게 만든다. 정치인들은 실제로 이런 법칙을 이용하기도 한다.

프랑스 공화국은 오스트리아에 온갖 위협을 가했지만 오스트리아의 외교를 통제하지 못했다. 이에 나폴레옹은 옛 귀족 나르본M. de Narbonne을 빈으로 보냈다. 나르본이 귀족으로서 도덕, 태도, 명성을 지니고 있었으며, 사실 이런 것이 프리메이슨과 같은 조직을 구성하므로, 그런 유럽의 옛 귀족에게는 같은 배경을 가진 사람을 보내는 것이 필수적이라고 생각했기 때문이다. 그리고 나르본은 2주가 채 되지 않아 제국 내각의 모든 비밀을 알아냈다.

말을 통해 이해받는 것만큼 쉬워 보이는 일도 없다. 그러나 어떤 이는 가장 강력한 방어와 유대가 바로 '이해받음'임을 깨닫게 될 것이다. 그리고 의견을 받아들인 이는 그것이 가장 불편한 속박이 될 수 있다는 것을 깨닫게 될 것이다. 만약 어떤 선생에게 감추고 싶은 의견이 있다고 해도, 제자들은 선생이 공개적으로 밝힌 의견과 마찬가지로 그 의견에 영향을 받게 될 것이다. 나선형으로 꼬인 모양의 병에 물을 부으면서 "내가 원하는 위치에만 물을 담을 것이다"라고 말해봤자 소용이 없다. 물은 모든 곳에 닿기 마련이다.

인간은 자신이 만든 것을 본다

 사람들은 자신들이 당신의 가르침을 어떤 방식으로 따르는지 보여줄 수는 없지만, 그 영향을 느끼고 행동한다. 그에 따라 훌륭한 수학자는 일부 곡선만으로 도형의 모양 전체를 알아낸다. 우리는 늘 보이는 것에서 시작해 보이지 않는 것을 추론한다. 그래서 다른 시대의 현자들이 서로를 완벽히 이해할 수 있는 것이다.

 한 인간이 자신의 책 깊숙이 의미를 묻어둔다고 해도 시간이 지나면 비슷한 생각을 하는 사람들은 그것을 반드시 찾아낸다. 플라톤에 숨겨진 가르침이 있다고 하는데, 정말 그런가? 그의 철학에 베이컨이 알아낼 수 없었던 비밀이 있는가? 몽테뉴^{Montaigne}가 알 수 없었던 것은? 칸트^{Kant}는 어떤가? 그래서 아리스토텔레스^{Aristotle}는 자신의 저서에 대해 "공개되었으나 동시에 공개되지 않은 것과 같다"라고 말했다.

 인간은 아무리 무언가가 자신의 눈에 가까이 있다고 해도, 준비가 되어 있지 않다면 그에 대해 배울 수 없다. 화학자가 재산을 맞바꿀 만큼 값진 비밀을 목수에게 가르쳐준들, 목수가 더 현명해지지는 않을 것이다. 신은 언제나 때가 이른 생각들로부터 우리를 보호한다. 우리의 눈은 정신이 성숙할 때까지 마주하고 있는 진리를 보지 못한다. 그러다 때가 되어 깨닫게 되면 그것을 보지 못한 시절을 꿈처럼 느낀다.

인간이 이해하는 모든 아름다움과 가치는 자연이 아니라 인간 안에 있다. 세상은 비어 있으므로, 금빛으로 빛나고 고양하는 영혼에 그 영광을 빚지고 있다. 대지는 '자신의 것이 아닌' 찬란함으로 그 무릎을 덮는다.[25] 템페 계곡, 티볼리, 로마에는 땅과 물, 바위와 하늘이 있을 뿐이다. 좋은 땅과 물이 있는 곳은 무수히 많아도 얼마나 무심한가! 태양과 달, 지평선과 나무들이 인간을 더 나은 존재로 만드는 것이 아니다. 로마에 있는 미술관 관리인이나 화가의 조수가 더 고양된 사고를 하는 것도 아니며, 도서관 사서가 다른 사람들보다 더 현명한 것도 아닌 것과 마찬가지이다. 세련되고 고상한 사람의 태도에는 교양 없는 사람이 알아보지 못하는 품위가 있다. 이런 것들

---

25   윌리엄 워즈워스의 시 구절 "대지는 자신의 즐거움으로 그 무릎을 덮는다"를 변형한 것이다.

은 아직 우리에게 닿지 않는 별빛과 같다.

　인간은 자신이 만든 것을 본다. 우리의 꿈은 깨어 있을 때 얻은 지식의 연장이다. 밤의 시야는 낮의 시야를 어느 정도 반영한다. 악몽은 낮 동안 지은 죄를 과장해서 보여준다. 우리는 우리의 사악한 정서가 험악한 외형으로 구체화한 것을 본다.

　알프스를 여행하다 보면 자신의 그림자가 거인처럼 확대되어 자기 손짓 하나하나가 무섭게 보일 때가 있다. 어두운 입구에 있는 어떤 형상을 보고 겁을 먹은 아이들에게 한 노인이 말했다. "얘들아, 너희 자신보다 무서운 존재를 볼 일은 없을 거란다." 꿈속에서와 마찬가지로, 거의 비슷하게 유동적인 세상의 사건들 속에서 모든 인간은 거대해진 자신을 보지만, 그것이 자신이라는 사실을 알아채지 못한다.

　인간이 보는 선과 악은 자신의 선과 악의 대응물이다. 그의 모든 정신적 자질은 누군가에게 확대되고, 모든 감정은 또 다른 사람에게 확대된다. 그는 마치 오점형五點形[26]

---

[26]　나무를 동서남북의 방향과 그 한가운데에 배열하는 방식이다.

으로 심은 나무, 혹은 시작, 중간, 끝이 연결된 이합체시 離合體詩[27]와 같다. 왜 아니겠는가? 그는 유사점과 차이점에 따라 어떤 사람에게는 끌리고 어떤 사람은 피하며, 동료 안에서 진정한 자신의 모습을 찾고 있다. 게다가 직업과 습관, 몸짓, 고기, 마실 것에서도 자신을 추구하며, 결국 모든 환경은 그를 충실히 보여준다.

인간은 자신이 쓴 것을 읽을 수 있을 것이다. 우리가 자신 외에 무엇을 보고 얻을 수 있을까? 베르길리우스Virgil의 작품을 능숙하게 읽는 사람을 본 적이 있을 것이다. 하지만 천 명의 사람이 베르길리우스를 읽는다고 해도 그 천 명은 모두 다 다르게 읽을 것이다. 두 손에 그 책을 들고 당신의 눈으로 읽어보라. 당신은 내가 발견한 것을 결코 발견하지 못한다. 베르길리우스가 얻은 지혜나 기쁨을 독점하고 싶은 똑똑한 독자가 있다면 걱정할 필요가 없다. 그의 책이 영어로 번역되었더라도 마치 팔라우어로 쓰인 것과 다를 바 없기 때문이다.

좋은 친구도 좋은 책의 경우와 마찬가지이다. 신사들

---

[27] 각 시행의 첫 글자를 맞추면 단어가 완성되는 시를 말한다.

에게 천박한 인물을 소개하는 것은 소용이 없다. 그는 신사들과 친구가 될 수 없다. 모든 공동체는 스스로를 보호한다. 따라서 그 모임은 완벽하게 안전하다. 비록 물리적으로 신사들과 같은 공간에 있다고 해도 천박한 자는 신사가 될 수 없다.

영원한 마음의 법칙과 싸우는 것이 무슨 소용일까? 그 법칙은 소유와 존재를 매우 엄밀하게 측정하여 모든 사람들 사이의 관계를 조절한다. 거트루드라는 여인이 가이라는 남자에게 반한다. 그의 풍모와 태도가 어찌나 로마인처럼 고상하고 기품이 넘치는지! 그와 함께하는 것이 진정한 삶이며, 어떤 대가를 치러도 아깝지 않고 천지가 운명을 따르는 듯하다. 결국 거투르드는 가이를 얻는다. 그러나 이제 그의 마음과 목표가 의회와 극장, 당구장에 있다면, 그녀가 목표도 없고 사랑하는 남편을 매혹할 수 있는 대화도 할 수 없다면, 로마인 같은 풍모와 태도도 아무 소용이 없을 것이다.

당신의 가치를 스스로 정하라

인간은 자신만의 사회를 갖는다. 우리가 사랑할 수 있는 것은 자연뿐이다. 가장 멋진 재능, 가치 있는 노력은 사실 우리에게 별 소용이 없다. 반면에, 자연과 가깝거나 닮은 것이 쉽게 얻어내는 승리는 얼마나 멋진가! 아름답고 성공한 유명인들이 우리에게 다가온다. 그들은 경탄할 만한 매력과 재능을 갖추고 있다. 그들은 함께 있는 사람들에게 모든 재능과 시간을 투자하지만, 그 결과는 불완전하다.

물론 우리가 그들을 칭찬하지 않는다면 배은망덕한 일일 것이다. 그러나 모든 일이 지나가면 형제자매처럼 생각이 비슷한 사람이 편안하고 쉽게, 혈관에 흐르는 피처럼 매우 가깝고 친밀하게 다가와서, 마치 떠났던 누군가가 돌아온 듯한 느낌을 받는다. 덕분에 우리는 진심으로 안도하고 활력을 되찾으며 일종의 즐거운 고독을 맛본다.

타락한 시대를 사는 우리는 어리석게도 사회의 관습, 복장, 예의범절, 기준을 따라야 친구를 사귈 수 있다고 생각한다. 그러나 나의 길을 걷는 동안 만나는 영혼만이 내 친구가 될 수 있다. 그러한 영혼이라면 내가 거부하지도, 거부당하지도 않을 것이다. 타고난 위치가 나와 같은 영혼은 나의 경험을 자기 자신의 경험으로 되풀이한다.

지식인은 미인의 미소를 얻고자 자신을 잊은 채 세상 사람들의 관습과 복장을 따라 하며, 고귀한 여인이 지니는 아름다운 영혼을 아직 갖추지 못한 경솔한 소녀를 쫓는다. 그가 위대한 사람이 된다면 사랑이 그를 따를 것이다. 공동체는 오직 유대감으로 구성되어야 함에도 불구하고, 남의 눈을 의식하여 동료를 고르는 경박함처럼 크게 비난받을 만한 일은 없다.

인간은 자신의 가치를 스스로 정할 수 있다. '인간은 자신이 허락한 만큼 얻는다'는 격언은 우리 모두 받아들일 만한 가치가 있다. 당신에게 속한 자리와 태도를 취한다면 모두가 인정하고 받아들일 것이다. 세상은 분명 공정하다. 그래서 인간이 자신의 가치를 세우도록 내버려 둔다. 영웅이든 우매한 자든, 그 문제는 간섭받지 않는다. 당신이 자신의 이름을 부정하고 숨어 있든, 온 천지에 빛나는 별처럼 유명해지든, 세상은 분명 존재나 행위에 대한 각자의 판단을 받아들일 것이다.

모든 가르침에는 이와 같은 현실이 스며들어 있다. 인간은 오직 행위로만 가르칠 수 있다. 그가 자신을 표현할 수 있다면 가르칠 수 있지만, 이는 말을 통해 이루어지는 것이 아니다. 무언가를 주는 사람은 가르치고, 받는 사람은 배우는 것이다. 제자가 당신과 동일한 상태나 원칙에 이르기 전까지는 가르친 것이 아니다. 일종의 전이가 일어나면, 그가 당신이며 당신이 그가 된 상태가 된다. 그때 비로소 가르침이 완성된다. 어떤 불운이나 나쁜 무리도 그 유익함을 완전히 빼앗지 못할 것이다.

그러나 당신의 주장은 한쪽 귀로 들어와 다른 쪽 귀로 빠져나갈 것이다. 그랜드라는 사람은 독립 기념일에 연설을 하고, 핸드라는 사람은 기술 협회에서 연설을 할 것이라는 광고를 봤다고 하자. 우리는 이 인사들이 청중들에게 자신의 진정한 성격과 경험을 전달하지 않을 것임을 알기에 그곳에 가지 않을 것이다. 그들이 진심을 전달한다는 확신이 있다면 온갖 불편과 반대를 무릅쓰고서라도 가야 한다. 아픈 사람들도 들것을 타고라도 갈 것이다. 그러나 공공 연설은 이례적인 행사이며, 애매한 표현과 변명으로 점철되어 있을 뿐만 아니라 반대 의견을 자유롭게 제시할 수 없다. 따라서 진정한 의미의 소통이나 연설이라 할 수 없고, 인간적이지도 않다.

위대한 사람은 자신이 위대하다는 사실을 모른다

지적인 작업은 일종의 네메시스와 같은 존재가 주관한다. 우리는 언어로 표현된 것이 그 자체로 확증된 것이 아니라는 사실을 배워야 한다. 그것은 스스로를 증명해야 하며, 그렇지 않으면 어떤 논리나 맹세도 이를 뒷받침하지 못한다. 또한 문장은 그 자체로 발언의 이유를 보여주어야 한다.

어떤 글이 대중의 생각에 얼마나 영향을 미치는가는 글이 담고 있는 사고의 깊이를 통해 자세히 평가될 수 있다. 그 글은 얼마나 많은 물을 끌어들이는가? 만약 그 글이 당신의 생각을 깨우친다면, 설득력 있게 당신을 바닥부터 고양한다면, 그 효과는 서서히 사람들의 마음에 광범위하고 영구적인 영향을 미칠 것이다. 반면에, 그 글이 당신에게 가르침을 주지 못한다면 하루살이처럼 사라질 것이다.

유행을 타지 않는 말하기와 글쓰기의 방식은 진심을 담아 말하고 쓰는 것이다. 나 자신이 실천하지 않는 주장은 당신의 마음에 가닿지 못할 것이다. 그러므로 필립 시드니^{Philip Sidney}28가 남긴 격언처럼 "그대의 마음을 들여다보고 글을 쓰라." 자신을 위해 글을 쓰는 것은 영원한 독자를 위해 글을 쓰는 것과 같다.

자신의 호기심을 충족시키기 위해 나온 주장만이 공유될 가치가 있다. 자신의 진심이 아닌 다른 곳에서 들은 주제로 글을 쓰는 작가는 그만큼 중요한 것을 잃는다는 사실을 알아야 한다. 공허한 책이 찬사를 받고 사람들 태반으로부터 "정말 멋진 시로다! 천재적이다!"라는 말을 들어도, 여전히 거기에는 불꽃을 일으킬 힘이 없다. 오직 가치가 있는 것만이 도움이 된다. 생명만이 생명을 나누어줄 수 있다. 스스로 만들어낸 가치만이 평가받을 수 있다.

문학적 명성은 운으로 얻을 수 있는 것이 아니다. 책에 대한 진정한 평가는 책이 출판되자마자 편파적으로 섣부르게 떠드는 독자들이 하는 것이 아니다. 그것은 마치 천사의 법정에 참여한 배심원들처럼 매수되지 않고 애원도 소용없는 담대한 대중 안에서 이루어진다. 그들

---

28   16세기 잉글랜드의 정치인이자 군인, 시인이었으며 당대의 문학계를 대표하는 인물 중 한 명이었다.

이 모든 사람의 명성에 대한 권리를 결정한다. 오직 남겨질 만한 가치가 있는 책들만 전해진다.

모로코가죽 장정을 하고 모서리에 금박을 둘러 도서관에 보관해도, 책은 그 내재적 가치를 뛰어넘어 존속하지 못할 것이다. 그 책은 결국 호레이쇼 월폴Horace Walpole의 『왕족과 귀족 작가 카탈로그A Catalogue of the Royal and Noble Authors』[29]와 같은 운명에 처할 것이다. 블랙모어Blackmore, 코체부Kotzebue, 폴록Pollok과 같은 이들은 하룻밤 정도 살아남을지 모르지만, 모세와 호메로스는 영원하다.

플라톤의 저서를 읽고 이해하는 사람은 한 시대에 열두 명을 넘지 않으며, 이런 독자의 수는 출판 비용을 감당할 만큼 충분하지 않을 것이다. 그런데도 마치 신의 손길이 미친 듯, 이 책들은 세대를 거쳐 소수의 사람에게 전달된다. 리처드 벤틀리Richard Bentley가 말한 것처럼 "책은 그 가치를 직접 드러낸다."[30] 모든 책의 영속성은 어떤 노

---

29   18세기 잉글랜드의 문인 호레이쇼 월폴이 펴낸 시리즈로, 왕족이나 귀족 신분인 작가들에 대한 소개를 담고 있다.
30   17~18세기에 활동한 잉글랜드의 고전학자이자 비평가인 리처드 벤틀리가 '사람은 자신의 평판을 스스로 드러낸다'는 요지로 한 말을 변형한 것으로 추정된다.

력이나 호의, 적대적 태도로 정해지는 것이 아니라, 인간의 정신을 계속해서 당기는 내재적 중요성으로 결정된다. 미켈란젤로Michael Angelo는 젊은 조각가에게 "조각상에 비추는 빛을 지나치게 신경 쓰지 마라. 광장의 빛이 그 가치를 시험할 것이다"라고 말했다.

마찬가지로 모든 행동의 결과는 행동을 일으킨 감정의 깊이로 평가된다. 위대한 사람은 자신이 위대하다는 사실을 모른다. 그 위대함이 드러나기까지 한 세기, 혹은 두 세기가 걸린다. 그는 그 상황에서 자연스럽게 해야 했던 일을 했을 뿐이다. 그러나 지금은 그가 했던 모든 일, 즉 손가락 하나를 들어 올리거나 빵을 먹는 일조차 대단하게 여겨지며 하나의 제도가 된다.

이런 몇몇 구체적인 사례는 자연의 천재성을 드러내고 흐름의 방향을 보여준다. 하지만 그 흐름은 피와 같아서 각각의 방울이 살아 있다. 진리는 단 하나의 승리만 거두지 않는다. 모든 것이 그 도구이다. 먼지와 돌뿐만 아니라 오류와 거짓도 그 도구가 된다. 의사들은 질병의 법칙 역시 건강의 법칙만큼 아름답다고 말한다. 모든 그림자가 태양의 존재를 가리키듯, 우리의 철학은 확신에

차 있으며 부정적인 사실에 대한 진술조차 기꺼이 받아들인다. 자연 안에 존재하는 모든 사실은 신성한 숙명에 따라 진리를 증명한다.

남들이 알기를 원하지 않는 일은 하지 마라

인간의 성격은 항상 저절로 드러난다. 가장 즉흥적인 행동과 말, 행동에서 분명히 느껴지는 분위기, 사적인 목표를 통해 표현된다. 당신이 어떤 행동을 할 때 그 행동에서 성격이 드러난다. 가만히 앉아 있어도, 잠을 잘 때도 마찬가지이다.

다른 사람들이 말할 때 당신이 아무 말을 하지 않으며, 시대, 교회, 노예제도, 결혼, 사회주의, 비밀 단체, 대학, 정당, 인물 등에 대해 의견을 밝히지 않는다면, 당신은 자신의 판단이 마치 숨겨진 지혜처럼 호기심의 대상이 된다고 생각할 것이다. 하지만 전혀 그렇지 않다. 당신의 침묵이 큰 소리로 답하고 있는 셈이다. 당신에게는 예언할 것이 없다고 말이다. 그러므로 당신의 동료들은 당신이 그들을 돕지 못한다는 사실을 알게 될 것이다. 예언자들은 말로 전달하는 자들이기 때문이다. 지혜가 소리치고 깨달음이 목소리를 내지 않던가?

자연은 속임수의 힘을 단호히 제한한다. 진실은 잘 따르지 않는 신체 부분들까지 압도한다. 얼굴은 거짓말을 하지 않는다고들 한다. 표정의 변화를 면밀히 관찰하는 사람은 속지 않을 것이다. 진심으로 진실을 말할 때 인간의 눈은 하늘처럼 맑다. 천박한 목적을 가지고 거짓을 말할 때 인간은 눈빛을 흐리며 시선을 피한다.

나는 어떤 경험 많은 변호사로부터, 의뢰인을 진심으로 믿지 않는 변호사가 배심원에게 끼칠 영향은 두려워할 필요가 없다는 말을 들은 적이 있다. 그가 진심으로 믿지 않을 때 그 불신은 배심원에게 드러날 것이고, 어떤 주장을 해도 배심원은 믿지 않게 될 것이다.

이것은 예술가가 작품을 만들 당시의 정신 상태를 우리에게 전달하는 법칙과 같다. 우리가 믿지 않는 내용은 아무리 반복해서 자주 말하더라도 제대로 전달되지 않는다. 이것은 스베덴보리Swedenborg[31]가 표현한 신념과 일맥상통한다. 그는 영적 세계에서 사람들이 믿지 않는 것을 전달하려고 할 때 입술을 비틀고 들썩이면서도 결국 표현할 수 없는 상황이 된다고 했다.

인간은 그의 가치로 평가받는다. 우리는 다른 사람의

---

[31] 18세기 스웨덴의 과학자, 철학자, 종교가로 영적 세계와 자연, 인간의 조응에 초점을 맞추는 신비주의를 주장했다.

평가를 궁금해할 필요도 없고 자신의 가치를 보여줄 수 없을까 봐 두려워할 필요도 없다. 자신이 무엇이든 할 수 있으며 그것을 다른 누구보다 잘한다는 사실을 스스로 안다면, 분명 모든 사람이 그 사실을 알게 될 것이다. 이 세상은 하루하루가 평가의 연속이다. 한 인간은 참여하는 모임, 시도하는 행위를 통해 평가받고 판단된다.

들판이나 광장에서 시끄럽게 쏘다니는 소년들의 무리조차 새내기가 들어오면 힘과 속도, 성질에 대한 공식적인 시험이라도 치르듯 며칠 동안 그를 평가한다. 멀리 있는 학교에서 온 전학생이 좋은 옷을 입고 장신구로 치장을 한 채 허세를 부린다고 해도, 나이가 좀 있는 소년은 "그래도 소용없어. 내일이면 정체가 드러날 거야"라고 혼잣말처럼 중얼거릴 것이다.

'그가 어떤 일을 했는가?' 이 신성한 질문은 인간을 탐색하며 그의 거짓된 명성을 꿰뚫는다. 겉멋을 부리는 사람은 이 세상 어디에나 있으며, 당시에는 호메로스나 워싱턴과 구별되지 않을 수도 있다. 하지만 인간 각각이 가진 능력은 의심의 여지가 없다. 허세를 부리는 자는 가만히 앉아만 있을 뿐 행동할 수 없다. 허세는 진정한 위대함을 가장할 수 없다. 허세는 『일리아드^{Iliad}』를 쓰지 못했고, 크세르크세스^{Xerxes}[32]를 물리치지 못했으며, 세상을 기독교화하거나 노예제도를 폐지할 수 없었다.

덕은 존재하는 만큼 드러나고, 선 역시 존재하는 만큼 존경심을 불러일으킨다. 악마들조차 모두 미덕을 경외한다. 고귀하고 관대하며 헌신적인 부류가 언제나 인류를 가르치고 이끌 것이다. 진실한 말은 결코 완전히 사라지지 않는다. 관대함도 결코 땅에 떨어지지 않는다. 예상치 못하게 그것을 환영하고 받아들이는 사람이 있기 때문이다.

인간은 자신의 가치에 맞는 평가를 받는다. 그의 정체성은 얼굴과 모습, 운명에 빛으로 새겨진다. 감추는 것도, 자랑하는 것도 아무런 소용이 없다. 그의 눈빛, 미소, 인사 그리고 악수를 통해 그의 고백이 전해진다. 그의 죄는 그를 더럽히고 좋은 인상을 더럽힌다. 사람들은 이유를 모르지만 그를 믿지 못한다. 그의 악덕이 눈빛을 흐리

---

32 페르시아 제국 아케메네스 왕조의 황제로, 기원전 480년에 그리스를 침공하였다. 테르모필레 전투에서 스파르타인 300명과 싸워 이겼으나, 이후 살라미스 해전에서 그리스 연합군에 패배했다.

게 하고, 볼에 비열한 표정을 새기며, 코를 찡그리게 한다. 머리 뒤에는 짐승의 표식을 새기고 왕의 이마에 '오, 어리석도다! 어리석도다!'라고 쓴다.

남들이 알기를 원하지 않는 일은 절대 하지 말라. 사막의 모래 언덕 사이에서 바보 같은 짓을 한다면, 모래 알갱이 하나하나가 보고 있는 셈이다. 밥은 혼자 먹을 수 있어도 어리석음은 숨길 수 없다. 망가진 안색, 탐욕스러운 표정, 인색한 행동, 부족한 지식이 모든 것을 폭로한다. 요리사, 치핀치Chiffinch[33], 이아키모Iachimo[34] 같은 사람들을 제논Zeno이나 사도 바울과 혼동할 수 있겠는가? 공자가 말했다. "어떻게 인간의 본질이 감춰지겠는가? 어떻게 인간의 본질이 감춰지겠는가?"[35]

한편, 영웅은 정의와 용감한 행동을 공언하지 않더라도 사람들이 알아주지 않거나 사랑받지 못할 것을 두려워하지 않는다. 한 사람, 즉 자기 자신이 안다는 것만

---

[33] 17세기 잉글랜드 왕실 측근 중 한 명으로, 부패하고 탐욕스러운 인물로 묘사된다.
[34] 셰익스피어의 희곡 『심벨린Cymbeline』에 등장하는 교활하고 부정직한 인물이다.
[35] 『논어論語』 제2편 『위정爲政』 구절 '人焉廋哉(인언수재)리오 人焉廋哉(인언수재)리오'를 인용한 것으로 보인다.

으로도 달콤한 평화와 고귀한 목표에 서약하는 것이기 때문이다. 결국 그것은 언명보다 더 나은 선언이 될 것이다.

덕은 사물의 본성을 따르는 행동이며 본성은 그것을 널리 퍼뜨린다. 덕은 겉모습 대신 끊임없이 본질을 추구하는 과정으로, '나는 존재한다'는 신의 정당한 선언과 같다. 이런 관찰이 전달하는 교훈은 '겉모습이 아닌 본질에 충실하라'는 것이다. 이를 순순히 따르자. 신성한 섭리로 가는 길에 놓인 의미 없는 자만을 제거하고 세속의 가르침을 버리자. 신의 권능 아래 엎드리고, 진리만이 우리를 풍요롭고 위대하게 만든다는 사실을 깨달아야 한다.

생각이 곧 행위이다

당신이 친구를 만날 때, 그동안 그를 찾지 않은 것을 사과하고 변명하느라 시간을 낭비할 필요가 있겠는가? 지금 당장 만나면 된다. 그리고 그를 찾은 당신의 애정을 느끼게 하면 된다. 도움이나 선물로써 그를 기쁘게 하지 못했다고 자책하며 서로를 괴롭힐 필요가 있을까? 스스로 선물이 되고 기쁨이 되라. 선물의 빛이 아닌 진정한 빛으로 빛나라. 평범한 사람들이란 진정한 인간에 대한 모사이다. 본질이 없으므로 외적인 조건들을 쌓는다.

우리는 이런 감각에 대한 미신, 양적인 숭배로 가득 차 있다. 우리는 시인이 어떤 단체의 지도자나 상인, 짐꾼처럼 일하지 않는다는 이유로 게으르다고 말한다. 우리는 제도를 숭상하면서도, 그것이 우리가 가진 사상을 기반으로 세워졌다는 사실을 모른다. 그러나 실질적인 행위는 고요한 순간에 일어난다. 우리 삶의 중요한 사건은 직업 선택, 결혼, 직책 획득처럼 눈에 보이는 사실이 아니라, 길을 걷다가 조용히 떠오르는 생각에서 벌어진다. 이를테면, '이제껏 이렇게 살아왔지만 앞으로는 다르게 사는 것이 더 나을 것이다'라는 생각을 하게 되면, 전반적인 삶의 방식을 교정하고 그 이후로 그 의지를 따르며 그에 따라 행동하게 되는 것이다. 삶을 교정하거나 수정하는 힘은 인생을 사는 내내 계속된다.

인간의 목적, 즉 이런 순간의 목표는 내면에 빛을 비추어 법칙이 그의 존재를 방해 없이 관통하게 하는 것이다. 그의 행동을 어떤 관점에서 보아도 그의 성격이 진실되게 드러나도록 말이다. 그것이 그의 식사, 주거지, 종교, 사회, 즐거움, 정치적 선택, 대립 등 무엇에 관련된 것이든 간에. 지금 그는 동질적이지 못하고 이질적이어서 빛이 통과하지 못한다. 온전한 빛은 없고, 일관되지 못한 행동 때문에 통일되지 못한 삶을 지켜보는 눈은 혼란스럽다.

왜 가식적인 겸손으로 자신의 모습과 본질을 깎아내려야 하는 걸까? 선한 사람은 자신을 만족스럽게 여긴다. 나는 에파미논다스^{Epaminondas}[36]를 사랑하고 존경한다. 그러나 에파미논다스가 되고 싶지는 않다. 내가 사는 시

---

[36] 기원전 4세기 고대 그리스 테베의 장군이자 정치가로 병법과 웅변이 뛰어나고 인품이 고결했다.

간의 세상을 사랑하는 것이 그가 살았던 시간의 세상을 사랑하는 것보다 더 옳다고 생각한다. 내가 맞는다면, "그는 행동했지만 그대는 가만히 앉아만 있구나" 같은 말로 나를 불편하게 할 수도 없다. 행동은 필요한 순간에 하는 것이 좋으며, 필요하다면 가만히 있는 것 역시 좋다.

내 판단이 맞는다면, 에파미논다스도 나의 위치에서는 평온한 기쁨을 누리며 가만히 있었을 것이다. 이 넓은 세상에는 온갖 형태의 사랑과 용기를 위한 자리가 있다. 몸을 바쁘게 움직이며 참견해야 할 이유가 있을까? 진실하다면 행위와 무위가 같다. 나무의 덕은 풍향계로 쓰이는 목재와 다리에 쓰이는 목재 모두에서 드러난다.

나는 영혼을 욕되게 하고 싶지 않다. 내가 이곳에 존재한다는 사실은, 영혼이 이곳에 하나의 도구를 필요로 했다는 사실을 보여준다. 내 자리를 당연하게 여기면 안 되는가? 내가 이곳에 존재하는 것이 가당치 않다고 여기고, 무의미한 사과와 허울뿐인 겸손과 함께 황급히 자리를 피해야 하는가? 내가 여기 있다는 사실이 에파미논다스나 호메로스가 당시 존재했다는 사실보다 덜 중요한가? 영혼이 스스로의 필요성을 몰랐다는 말인가? 굳이

이 문제를 논하지 않더라도 불만이 없다. 선한 영혼이 나를 성장하게 하고, 매일 새로운 힘과 즐거움을 선사한다. 나는 선이 다른 이에게 다른 모습으로 나타났다고 해서, 그 거대한 선을 인색하게 부인하지 않을 것이다.

게다가 왜 행위의 명칭에 위협을 느껴야 하는가? 그것은 단지 감각이 만들어내는 속임수, 그 이상이 아니다. 우리는 모든 행위의 근원이 생각이라는 사실을 안다. 빈약한 사고는 바깥에 이름표를 붙이지 않으면 그 자체로 어떤 것도 될 수 없다. 이를테면, 힌두교도의 식단, 퀘이커 교도의 코트, 칼뱅파 기도 모임, 자선 공동체, 엄청난 기부, 높은 지위, 그 밖의 존재를 증명하기 위한 과격한 행동 같은 것들이 그렇다. 풍요로운 정신은 햇빛 속에 누워 잠자는 자연이다. 생각이 곧 행위이다.

우리가 훌륭한 행동을 해야 한다면 우리 스스로 그렇게 하자. 모든 행위는 무한한 탄성을 가지고 있다. 그래서 아주 작은 행동이 하늘의 공기를 머금으며 해와 달을 가릴 때까지 부풀어 오를 수 있다. 충실함으로 하나의 평화를 추구하자. 나의 의무를 다하자. 나의 은인들에게 나 자신을 정당화하기 전에 그리스와 이탈리아의 역사와 철학부터 뜯어볼 필요가 있을까? 내가 받은 편지에 답장도 하지 않은 채, 어떻게 워싱턴의 전투를 읽을 수 있겠는가? 이것이 상당수의 독서에 대한 정당한 비판의 사유가 아니겠는가? 주변 사람을 보면서 자기 일을 포기하는 것은 비겁한 행위이다. 그것은 엿보기일 뿐이다. 바이런Byron은 잭 번팅에 대해 다음과 같이 말했다.[37]

그는 무슨 말을 해야 할지 몰라서 욕을 했다.

나는 어리석은 이유로 책을 읽는 경우 같은 말을 하고 싶다. "그는 무엇을 해야 할지 몰라서 책을 읽었다." 나는 시간을 보낼 거리가 생각나지 않을 때 『브랜트의 삶Life of Brant』을 찾아 읽는다. 조지프 브랜트Joseph Brant[38]나 필립 스카일러 장군Philip Schuyler[39], 워싱턴 장군에 대한 독서는 그들에 대한 지나친 찬사이다. 내 시간도 그들의 시간만큼

---

[37] 바이런의 시 「섬, 또는 크리스천과 그의 동지들The Island; or, Christian and His Comrades」의 내용 중 일부로 보이나, 작품상 욕설을 한 인물은 잭 스카이스크레이프이다. 다른 등장인물 벤 번팅과 성과 이름을 혼동한 듯하다.
[38] 모호크족 출신으로 미국 독립전쟁 시기에 영국 편에 서서 싸웠다.
[39] 북부 지역에서 활약한 미국 독립전쟁의 중요 인물 중 한 명이다.

소중하다. 내게 벌어지는 일, 인간관계도 마찬가지이다. 차라리 일을 매우 열심히 해서 다른 사람들이 자신들의 일과 내 일을 비교했을 때 최고라고 여기도록 하자.

바울과 페리클레스Pericles의 잠재력을 과대평가하고 우리의 잠재력을 과소평가하는 것은 그것들의 본질이 동일하다는 사실을 무시하는 데서 비롯된다. 나폴레옹은 모든 공로의 본질이 같다는 것을 알았기 때문에 훌륭한 군인, 훌륭한 천문학자, 훌륭한 시인, 훌륭한 연주자에게 모두 같은 방식으로 보상했다.

시인은 카이사르, 티무르Tamerlane, 본두카, 벨리사리우스Belisarius의 이름을 사용한다. 화가는 성모마리아, 바울, 베드로Peter의 전통적인 이야기를 그린다. 그렇다고 그들이 이 우연한 인물들, 상투적인 영웅들의 본성을 따르는 것은 아니다. 시인이 참된 드라마를 쓴다면, 그는 카이사르를 연기하는 사람이 아니라 카이사르가 된다. 그러면 그는 꼭 같은 생각의 요소, 순수한 감정, 미묘한 재치, 기민하고 과감한 행동, 위대하고 자족하며 용맹한 마음을 지니게 된다. 그리고 이러한 마음은 사랑과 희망의 물결 위에서 세상에서 가장 견고하고 가치 있다고 여겨지는 모든 것, 즉 궁전, 정원, 돈, 함대, 왕국 등을 들어 올려, 이런 인간의 화려함을 무시하고 경멸함으로써 비교 불가능한 자신의 가치를 드러낸다. 시인은 그 힘을 통해 국가들을 일깨운다.

인간이 이름과 장소, 사람이 아닌 신의 존재를 믿게 하라. 가난하고 슬프며 고독한 돌리나 조앤 같은 이름을 가진 어떤 여성의 모습을 한 위대한 영혼이 일을 나가 방을 쓸고 바닥을 닦게 하라. 그래도 눈부신 광채는 가려지거나 감춰지지 않는다. 대신 쓸고 닦는 행동이 불현듯 탁월하고 아름다운 행동이 되어 인간의 삶에서 가장 높은 위치에 올라설 것이다. 그러면 모든 사람이 빗자루와 걸레를 들게 될 것이다. 그리고 보라! 위대한 영혼은 다른 모습에 깃들어 또 다른 일을 하며, 이제 그것이 모든 생명체의 꽃, 정점이 된다.

우리는 빛을 측정하는 존재이다. 우리는 미묘한 요소들의 축적을 감지하는 금박이나 은박과도 같아서, 다양한 겉모습 속에 감춰진 진리의 불꽃이 만들어내는 참된 영향을 알아볼 수 있다.

Essays, First Series
by Ralph Waldo Emerson

4장

사랑
LOVE

*"나는 감춰진 보석이었으나,
내 안에 타오르는 빛이 나를 드러내었네."*

『코란Koran』

사랑의 속성에 관하여

영혼의 모든 약속은 헤아릴 수 없는 실천으로 이어지고, 그 실천에서 얻은 기쁨은 다시 새로운 욕망을 불러일으킨다. 자연은 앞을 내다보고 멈추지 않고 나아가며, 친절의 첫 번째 감정에서 이미 모든 특정한 관심을 뛰어넘는 보편적인 선의를 예감한다.

더없는 이 행복은 한 사람과 또 다른 한 사람의 사적이고 다정한 관계에서 시작되는 인생의 마법이다. 그래서 신성한 격정과 열정처럼 어느 시점에 한 인간을 사로잡고 몸과 마음에 혁명을 일으킨다. 이를 통해 그는 인류와 결속되고, 가정과 시민의 관계에 충실할 것을 서약하게 되며, 새롭게 자연에 공감하게 된다. 또한 감각이 예리해지고 상상이 펼쳐지며, 영웅적이고 신성한 특성이 생겨나고, 결혼제도를 확고히 하여 인간 사회를 영속시킨다.

사랑의 감정은 젊은 혈기와 자연스럽게 연관되어 있다. 이 때문에 모든 젊은 남녀가 자신의 두근거리는 경험을 진실하게 표현한다고 인정할 만큼 생생하게 묘사하기 위해서는 나이가 너무 많아서는 안 되는 것처럼 보인다. 젊음의 달콤한 상상력은 최소한의 성숙한 철학도 거부하는데, 그것이 나이와 현학(衒學)으로 활짝 핀 자줏빛 꽃과 같은 그들의 청춘을 얼려버리기 때문이다. 그러므로 나는 사랑의 법정과 의회를 구성하는 사람들로부터 쓸데없는 완고함과 금욕주의라는 비판을 불러일으키리라는 사실을 안다.

그러나 나는 이 점에 대해 나보다 나이가 많은 사람들에게 호소하고 싶다. 우리가 말하는 이 열정은 젊었을 때부터 시작되지만 나이가 들었다고 사라지지 않으며, 오히려 진정으로 그것에 충실한 사람들을 늙지 않게 하고, 나이 든 사람조차 어린 소녀와는 다르지만 그보다 부족하지 않은 더 고귀한 경험을 하게 한다고 말이다.

이는 사랑이 처음에 한 개인의 가슴속에 생겨난 작은 불씨에서 시작해 점점 더 크게 빛나며 타오르다가, 결국 수많은 남녀와 전 인류의 보편적인 마음을 따뜻하게 하고 그 관대한 빛으로 온 세상과 자연을 환히 밝히기 때문이다. 따라서 우리가 그 열정을 20세에 묘사하든, 30세에 묘사하든, 혹은 80세에 묘사하든, 크게 중요하지 않다.

초년에 묘사한다면 나중에 경험하는 것들이 빠질 것이며, 말년에 묘사한다면 앞선 시기에 드러나는 특징들이 빠질 것이다. 다만, 우리가 인내심과 예술적 영감의 도움을 받아, 어떤 각도에서 바라보더라도 중심에서 눈길을 끄는, 영원히 젊고 아름다운 진리를 묘사할 내면의 법칙에 도달하기를 바랄 뿐이다.

그 첫 번째 조건은 사실에 지나치게 얽매이는 태도를 버리고, 감정을 역사적 관점이 아니라 희망적인 시각에서 살펴야 한다는 것이다. 개개인은 각자 자신의 삶을 손상되고 일그러진 것으로 보고 인간의 삶은 그렇지 않다고 생각하기 때문이다. 인간은 자신의 삶에서는 오점을 발견하면서도 다른 이들의 삶은 아름답고 이상적이라고 생각한다. 하지만 누구라도 자신의 삶을 아름답게 하고, 진실한 가르침과 자양분이 되어준 달콤한 관계를 떠올린다면 마음이 움츠러들고 신음할 것이다. 아! 이유는 알 수 없지만, 성숙한 나이가 되면 끝없는 후회가 밀려와 기쁨이 싹트는 추억을 쓰라리게 만들고 사랑했던 모든 이름을 덮어버리는 법이다.

지성의 관점에서 보거나, 진리로 생각하고 바라보면

모든 것이 아름답다. 그러나 경험의 측면에서는 모든 것이 쓸쓸해진다. 세부적인 사항들은 우울하지만, 전체적인 조망은 조화롭고 우아하다. 실제로 존재하는 세상, 즉 시간과 공간으로 이루어진 고통의 왕국에는 걱정과 부패, 두려움이 자리 잡고 있다. 사고와 이상 속에는 불멸의 환희와 행복의 장미가 존재한다. 뮤즈들은 그 주위를 돌며 노래한다. 그러나 이름과 사람, 과거와 현재의 부분적인 관심사에는 슬픔이 달라붙는다.

누군가를 사랑한다는 일

개인적 인간관계에 대한 내용이 사회적 대화 속에서 차지하는 비중을 따져보면, 우리의 본성이 얼마나 그것을 중요하게 여기는지를 알 수 있다. 우리가 중요한 사람에 대해 알고 싶은 것은 그가 이 감정의 역사에서 어떤 성공을 거두었는지가 아닌가? 사람들이 도서관에서 가장 많이 대출하는 책이 어떤 책인가? 이야기가 진실되고 자연스러울 때, 우리는 이런 열정에 관한 소설들에 얼마나 감동하는가!

인생을 살면서 두 사람 사이의 애정 표현만큼 우리의 관심을 사로잡는 것이 있을까? 우리는 그들을 과거에 만난 적도 없고, 다시 만날 일도 없을 것이다. 그러나 그들이 눈길을 주고받거나 깊은 감정을 드러내는 모습을 본다면 더 이상 낯선 이들로 느끼지 않는다. 우리는 그들을 이해하며, 앞으로 전개될 그들의 관계에 큰 관심을 갖게 된다. 인간은 누군가를 사랑하는 사람을 사랑한다. 친절과 다정함을 드러내는 최초의 표현들은 자연이 보여주는 가장 매력적인 장면이다. 이 순간 소박하고 거친 상태에서 문명화와 우아함이 시작된다.

학교에서 언제나 소녀들을 놀리는 마을 소년이 있다고 해보자. 그는 오늘 교실 입구에서 어떤 예쁜 소녀가 가방을 싸는 모습을 보고 도와주려고 책을 집는다. 그 순간 갑자기 소녀는 그에게서 무한히 멀리 떨어져 범접할 수 없는 존재로 느껴진다. 그는 소녀들 무리를 함부로 휘젓고 뛰어다니면서도, 그 소녀와는 거리를 두고 서로의 성격을 존중하는 법을 배우기 시작한다. 소녀들이 시골 가게에 들어가 실타래 하나, 종이 한 장을 사며, 넓적한 얼굴의 성격 좋은 소년과 아무것도 아닌 얘기를 30분 동안 떠들며 애매한 내숭을 떨고 있다고 해보자.

이런 모습에 눈길이 가지 않는 사람이 있을까? 마을에서 그들은 완벽하게 평등한 사랑을 즐긴다. 소녀들은 교태를 부리지 않고도 귀여운 수다 속에서 자연스럽게 다정한 본성을 드러낸다. 소녀들은 별로 예쁘지 않을 수 있지만 분명 그 착한 소년과 기분 좋은 신뢰를 쌓는다. 그들은 에드거, 조너스, 알미라에 관한 이야기를 하고, 누가 파티에 초대되었는지, 누가 댄스 교습소에서 춤을 추었는지, 노래 교습소는 언제 시작하는지 등 관심사에 대해 속삭이듯 대화를 나눈다. 머지않아 그 소년은 아내를 원할 것이고, 진심으로 마음 깊은 곳에서 진실하고 다정한 짝을 어디서 찾아야 하는지 알게 될 것이다. 그는 밀턴이 학자와 대단한 인물에게 벌어진다며 탄식하는 그런 위험한 사건은 겪지 않을 것이다.[40]

---

40   밀턴은 『이혼의 교리와 규율The Doctrine and Discipline of Divorce』에서 개인의 자유, 행복 추구, 이혼의 정당화에 대해 논하며, 불행한 결혼 생활이 정신적, 지적 성장을 방해할 수 있다고 주장했다.

잊을 수 없는 순간

공적인 자리에서, 내가 지성을 숭배하기 때문에 개인적인 인간관계에 지나치게 차가운 것이 아니냐는 비판을 들은 적이 있다. 지금 그때의 기억을 떠올리기만 해도 억울해서 몸이 떨릴 지경이다. 왜냐하면 인간은 사랑으로 이루어진 세계에 살고, 가장 냉정한 철학자도 자연에서 방황하는 젊은 영혼이 사랑의 힘에 진 빚에 대해 이야기할 수 없기 때문이다. 사회적 본능을 폄훼하는 말을 하는 것은 자연에 대한 반역이므로, 그는 그런 말을 취소하고 싶을 것이다.

하늘에서 내려오는 천상의 열정은 오직 어린 나이의 사람들만을 사로잡고, 모든 분석이나 비교를 초월하는 아름다움으로 우리를 완전한 혼란에 빠뜨리며 30세 이후에는 볼 수 없다. 비록 그렇다고 해도 이 황홀경에 대한 기억은 다른 어떤 기억보다 오래 지속하며 가장 나이 많은 이가 쓴 화관이 된다.

그런데 이상한 사실이 하나 있다. 애정이 우연하고 사소한 상황들에 자체의 진실이 갖는 깊은 매력을 능가하는 마법을 부여한다는 사실이다. 많은 경우 경험을 떠올리면 인생이라는 책에서 이런 기분 좋은 기억이 있는 곳보다 더 아름다운 페이지는 없는 듯이 느껴질 것이다. 하지만 돌이켜보면, 매력이 아니었던 몇 가지 것들이 그것들을 방부 처리한 매력 자체보다 그 더듬거리는 기억에서 더 현실성을 갖는다는 것을 알게 될지도 모른다.

우리의 구체적인 경험이 어떻든 간에 누구도 그 힘이 가슴과 머리를 찾아왔던 순간을 잊은 적이 없다. 그것은 모든 것을 새롭게 창조하며, 그 안에서 음악과, 시, 예술에 새벽을 열었으며, 자연의 얼굴에 보랏빛을 비추고 아침과 밤을 다양한 마법으로 채웠다. 하나의 목소리, 하나의 음색이 심장을 뛰게 만들고 한 인물과 관련된 가장 사소한 상황조차 기억의 호박 속에 보존되었다. 그 사람이 있을 때는 온 세상이 그 사람으로 가득 차고, 그 사람이 떠나면 그에 대한 기억으로 가득 찼다.

젊은이는 창밖을 내다보며, 장갑, 베일, 리본, 혹은 마차의 바퀴를 면밀히 살핀다. 오래된 친구들이 아무리 훌륭하고 순수하더라도, 새로운 생각 속에서 더 풍부한 동반자와 달콤한 대화를 나누는 그에게는 어떤 곳도 너무

외롭거나 고요하지 않다. 사랑하는 존재의 모습, 움직임, 말은 덧없이 사라지는 다른 형상과 달리, 플루타르코스의 말처럼 '불 속에서 에나멜을 입힌 듯'하며, 한밤중에 그를 열중하게 만든다.

    그대는 떠났으나 떠난 것이 아니라네.
    그대가 어디에 있든,
    그 안에 그대의 눈길과 사랑하는 마음을 남겨두었으니.[41]

---

[41] 17세기 잉글랜드의 시인 존 던John Donne의 「서머싯 백작을 위한 결혼 축시Epithalamion at the Marriage of the Earl of Somerset」에서 발췌되었다.

사랑의 고통에 비할 만한 쾌락은 없다

인생의 한낮과 저녁에, 우리는 아직도 행복만으로 만족하지 못하고 고통과 두려움에 취해 있던 날들을 떠올리며 가슴 설레어한다. 그리고 사랑에 대해 다음과 같이 말한 이가 본질을 꿰뚫었음을 깨닫게 된다.

사랑의 고통에 비할 만한 쾌락은 없다.

사랑할 때에는 낮이 충분히 길지 않았고 밤조차 강렬한 회상 속에서 소모되었다. 마음먹은 너그러운 행위를 생각하며 머리가 베개 위에서 밤새 끓어올랐다. 달빛은 황홀한 열정이 되고 별빛은 말 없는 편지가 되었으며, 꽃들은 비밀스러운 암호를 속삭이고 공기는 노래가 되어 흘렀다. 모든 용건이 쓸데없이 느껴지고 이쪽저쪽에서 바쁘게 걸어가는 남녀들은 단지 배경에 지나지 않았다.

열정은 젊은이를 위해 세상을 다시 만들고, 만물에 활기와 의미를 불어넣는다. 자연에서 의식이 생겨난다. 나뭇가지에 앉은 모든 새가 이제 그의 마음과 영혼을 향해 노래한다. 그 노래는 완벽한 음악이 된다. 그가 구름을 보면 구름은 표정을 짓는다. 숲의 나무들, 바람에 흔들리는 풀잎들과 언뜻 보이는 꽃들이 지성을 가진 듯 보인다. 그는 그들이 비밀을 알게 될까 두렵기까지 하다. 그러나 자연은 그를 달래고 보듬는다. 그는 초록빛 고독 안에서 인간들과 있을 때보다 더 친근한 안식처를 발견한다.

> 분수의 수원, 인적 없는 숲
> 창백한 열정이 깃든 곳,
> 달빛이 산책하고 모든 새들은 잠든 밤
> 박쥐와 올빼미만 남아,
> 한밤의 종, 스치는 신음
> 이것이 우리가 기대는 고요한 울림.[42]

저기 숲속의 멋진 광인을 보라! 그는 달콤한 소리와 풍경이 간직한 궁전과 같다. 마치 그의 몸이 잔뜩 부푼 듯하다. 그는 손을 허리에 얹고 당당히 걸어간다. 그리고

---

[42] 17세기 잉글랜드의 극작가이자 시인 존 플레처의 시 「멜랑콜리Melancholy」의 일부이다.

혼자 중얼거린다. 풀과 나무에 말을 걸며, 마치 제비꽃, 클로버, 백합의 피가 자신의 혈관 속에 흐르는 것처럼 느낀다. 그는 자기 발을 적시는 시냇물과도 대화한다.

그는 자연의 아름다움을 느끼게 해준 뜨거운 감정 덕분에 음악과 시를 사랑하게 되었다. 우리는 열정에 휩싸여 좋은 시를 쓴 사람들이 다른 상황에서는 그렇지 못한 경우를 자주 보게 된다.

비슷한 힘이 그의 본성 전반에 강한 영향을 끼친다. 그리하여 감정을 확장하고, 광대를 신사로 만들며, 겁쟁이에게 용기를 준다. 사랑하는 대상의 모습은 가장 보잘것없고 비참한 자의 마음에도 세상에 맞설 수 있는 용기를 불어넣는다. 그는 자신을 다른 이에게 내주지만 오히려 더 많은 것을 얻는다. 그는 새로운 관점, 새롭고 더 뚜렷한 목적, 종교적 엄숙함을 지닌 새로운 사람이 된다. 그는 더 이상 가족과 사회의 부속물이 아니다. 그는 다른 무언가이다. 그는 독립된 인격체, 하나의 영혼이다.

그러면 이제 젊은 인간에게 큰 영향을 미치는 힘의 본질을 좀 더 자세히 살펴보자. 우리가 찬미하는, 인간에게 드러난 아름다움은 어디에서 그 유쾌한 빛을 비추든 환영받는 태양과 마찬가지로 환영받으며, 모든 사람을 기쁘게 하고 그 자체로 충분해 보인다. 사랑하는 이는 그의 여인을 불쌍하고 외로운 모습으로 상상할 수 없다. 꽃이 만발한 나무처럼, 부드럽게 싹트는 사랑스러움은 그 자체로 하나의 사회가 된다. 그리고 그녀는 아름다움에 '사랑과 은총'이 뒤따르는 이유를 가르쳐준다.

그녀의 존재는 세상을 풍요롭게 한다. 그녀는 다른 모든 사람을 그에게 하찮고 무가치한 존재로 만드는 동시에, 자신의 존재를 어느 정도 비인격적이고 거대하며 우주적인 무언가로 확장한다. 그리고 그에게 선택된 모든 것들과 덕목의 상징이 된다. 그래서 연인은 그녀와 비슷한 친척이나 다른 사람들과의 개인적 유사성을 발견하지 못한다. 그의 친구들은 그녀의 어머니나 자매, 혹은 혈연이 아닌 다른 사람에게서 닮은 점을 발견한다. 하지만 사랑하는 이는 여름날의 저녁이나 다이아몬드처럼 빛나는 아침, 무지개와 새들의 노래만이 그녀를 닮았다고 생각한다.

가질 수 없기에 아름다운 것

고대인들은 아름다움을 덕이 피우는 꽃이라고 했다. 누가 얼굴과 형태에서 언뜻언뜻 드러나는 이름 없는 매력을 설명할 수 있을까? 우리는 다정함과 만족감을 느끼면서도, 이 섬세한 감정과 떠도는 빛이 무엇을 가리키는지 알 수 없다.

이미 존재하는 체계로 설명하려고 하면 그 매력은 머릿속에서 파괴될 뿐이다. 그것은 사회에서 알려지거나 묘사된 우정이나 사랑과 관련이 없으며 내게는 전혀 다른, 도달할 수 없는 영역, 즉 장미와 제비꽃이 암시하는 초월적인 섬세함과 달콤함과 관련이 있는 것으로 느껴진다.

우리는 아름다움에 감히 접근할 수 없다. 그 본성은 마치 비둘기 목의 오팔 색 광택처럼 슬쩍 비쳤다가 사라진다. 이 점에서 그것은 가장 탁월한 것들과 닮았다. 그런 것들은 모두 무지개 같은 특성을 지니고 있으며 전유하고 사용하려는 모든 시도를 거부한다. 장 폴 리히터Jean Paul Richter가 음악을 향해 이렇게 말한 것도 이 때문이다.

"저리 가라! 저리 가라! 그대는 나의 끝없는 삶에서 결코 찾지 못한, 그리고 앞으로도 찾지 못할 것들에 대해 말하고 있다." 같은 사고의 흐름이 모든 조형 예술에서도 드러난다. 조각상은 이해하기 어려워지며 비평을 벗어날 때, 더는 컴퍼스와 자로 잴 수 없고 무엇을 하는 모습인지 적극적으로 상상해야만 말할 수 있을 때 비로소 아름다워진다.

조각가가 조각한 신이나 영웅은 항상 감각으로 표현할 수 있는 것에서 표현할 수 없는 것으로 전환되는 순간을 묘사한다. 그리고 그때부터 더 이상 돌이 아닌 존재가 된다. 그림에 대해서도 같은 주장을 할 수 있다. 또한 시는 우리를 안심시키며 만족시킬 때가 아니라, 우리를 놀라게 하고 우리로 하여금 닿을 수 없는 것을 향한 새로운 시도로 열정을 불태우게 할 때 성공한다.

이와 관련해서 월터 새비지 랜더Walter Savage Landor[43]는 "그것이 감각과 존재의 더 순수한 상태를 가리키는 것은 아닌가?"라고 묻는다. 마찬가지로, 개인의 아름다움은 어

---

[43]   19세기 영국의 작가이자 시인으로, 주로 절제되고 전통적인 스타일로 날카로운 재치, 풍자와 경구가 돋보이는 작품을 썼다.

떤 결말로도 우리를 만족시키지 못할 때 비로소 매력을 띠기 시작한다. 끝없이 이어지는 이야기가 될 때, 세속적인 만족 대신 빛과 환상을 제시할 때, 그것을 보는 이가 자신은 그 가치에 미치지 못한다고 느낄 때, 카이사르라 할지라도 하늘이나 저녁노을이 주는 황홀한 아름다움을 소유할 권리가 없듯 보는 이도 그 아름다움을 소유할 권리가 없다고 느낄 때, 바로 그때야말로 매력을 가지게 되는 것이다.

사랑의 확장

이런 맥락에서, "내가 그대를 사랑한대도 그것이 그대에게 무슨 의미가 있을까?"라는 표현이 떠오른다. 이렇게 말하는 이유는 우리가 사랑하는 대상은 우리의 의지를 뛰어넘는 존재이기 때문이다. 그것은 당신이 아니라 당신의 광채이다. 자신이 스스로 알지 못하고, 앞으로도 결코 알 수 없는 것이다.

이것은 고대 작가들이 즐겨 언급하던 아름다움의 고상한 철학과 일치한다. 그들은 이 땅에서 육체를 입은 영혼이 원래 속했던 다른 세상을 찾아 위아래로 배회하지만, 곧 자연에서 태양 빛 때문에 넋을 잃고 그저 실재의 그림자인 이 세계의 것들 외에는 아무것도 보지 못하게 되었다고 했다.

그래서 신은 영혼 앞에 젊음의 영광을 보내고 아름다운 육체를 천상의 선과 아름다움을 회상하는 도구로 삼게 했다. 한 남자가 자신이 발견한 여성에게 달려가 그 여성의 형태, 움직임, 지성을 찬찬히 살피며 최고의 기쁨을 발견할 수 있는 이유는 그 아름다움이 그에게 그 속에

담긴 실재와 원인을 암시하기 때문이다.

그러나 영혼이 물질적 대상과 지나치게 많은 소통을 하면서 추잡해지고 육체에서 잘못된 만족을 얻는다면, 얻을 수 있는 결말은 슬픔뿐이다. 그러면 육체가 아름다움이 암시하는 약속을 이행할 수 없기 때문이다. 반면에, 영혼이 아름다움이 그 정신에 주는 비전과 암시를 받아들여서 육체를 넘어 인격의 측면들에 탄복하기 시작하면, 연인들이 서로 대화와 행동을 관조하게 된다.

이때는 그들이 참된 아름다움의 궁전으로 나아감에 따라 점점 아름다움에 대한 사랑의 불길이 거세진다. 마치 태양의 빛이 화로의 불을 무색하게 하듯 이 사랑을 통해 천박한 감정이 사라지며 그들은 순결하고 신성해진다. 연인은 본질적으로 탁월하고 관대하며 겸손하고 정의로운 것과 소통하며, 이러한 고귀함을 더 뜨겁게 사랑하고 점점 더 빠르게 이해하게 된다.

그렇게 해서 그의 사랑은 한 인간 안에서 모든 인간으로 확장되고, 아름다운 그 하나의 영혼만이 온전히 진실하고 순수한 영혼의 공동체로 들어가는 문이 된다. 그는 자신의 짝과 특별한 시간을 보내며 그녀의 아름다움에 묻은 세상의 얼룩이나 오염을 더 분명하게 보고, 그 결점을 지적할 수 있게 된다. 이제 두 사람이 서로의 결점과 장애를 기분 나쁘지 않게 지적할 수 있다는 사실에 기뻐하며, 그 결점을 고칠 수 있도록 도와주고 위로한다. 또한 많은 영혼들 속에서 신성한 아름다움의 특성을 발견하고 각 영혼에서 신성한 부분과 세상에서 얻은 오염을 분리한다. 그러면 연인은 창조된 영혼들의 사다리를 밟고 올라가 가장 높은 위치에 있는 아름다움, 신에 대한 사랑과 지식에 도달한다.

인생의 가장 아름다운 한 장면

참된 지혜를 가진 사람들은 모든 시대에 걸쳐 사랑에 대해 이와 비슷한 말을 해왔다. 이런 교리는 오래된 것도, 새로운 것도 아니다. 플라톤, 플루타르코스, 아풀레이우스Apuleius뿐만 아니라 페트라르카Petrarch, 안젤로Angelo[44], 밀턴도 같은 생각을 전달했다. 이런 교리는 결혼을 관장하는 이면의 신중함에 맞서, 더 진정한 진리가 드러나기를 기다리고 있다.

이 신중함은 겉으로는 지상 세계를 지배하는 그럴듯한 말들을 내세우지만, 실제로는 한쪽 눈은 지하에 두고 숨겨진 이익을 탐한다. 그래서 가장 진지한 논의조차 지하실에 염장해둔 햄과 고기의 쿰쿰한 냄새가 배어 있다. 가장 심각한 점은 이런 감각주의가 젊은 여성의 교육에 개입하여, 결혼을 단지 알뜰한 주부가 되어 가사를 관리하는 것으로 축소하고, 인간 본성에 대한 희망과 애정을 시들게 만든다는 사실이다.

---

44 미켈란젤로를 말한다. 그는 조각가, 화가이자 건축가로 유명하지만 시인으로도 활동했다.

사랑에 대한 꿈은 아름답지만 인생이라는 연극에서 단지 한 장면에 불과하다. 영혼은 마치 연못에 생긴 파문이나 구체에서 퍼져나가는 빛처럼 내면에서부터 밖을 향해 자신의 영역을 넓혀간다. 영혼의 빛은 가장 가까운 것들에서 시작해 가재도구, 장난감, 유모, 가사 도우미, 집과 마당, 지나는 사람, 친척 그리고 정치, 지리, 역사에 영향을 미친다.

사물들은 계속해서 더 높거나 더 깊은 내면의 원칙에 따라 재편성된다. 사는 동네, 규모, 수, 행동 양식, 개인은 점차 우리에게 미치는 영향력을 상실해간다. 나중에는 원인과 결과, 진정한 친화성, 영혼과 환경의 조화를 추구하는 갈망, 진보적이고 이상화하는 본능이 우세해지는데, 높은 관계에서 낮은 관계로 되돌아가는 것은 불가능하다. 따라서 개인에 대한 신격화라고 할 수 있는 사랑조차 매일 점점 더 초개인적으로 변해가게 된다.

이와 관련해서 사랑은 처음에 아무런 암시도 주지 않는다. 사람들로 붐비는 공간에서 서로 눈빛을 교환하며 바라보는 청춘 남녀는 이 새로운 외적 자극이 한참 뒤에 어떤 귀중한 결과로 이어질지 전혀 예상하지 못한다. 식물의 성장은 나무껍질과 잎눈의 미세한 반응에서 시작하는 법이다. 그들이 주고받는 눈빛은 용기를 낸 호의적 행위와 타오르는 열정으로 발전하다, 결국 서로에 대한 맹세와 결혼으로 이어진다. 열정은 상대방을 하나의 완벽한 결합체로 보게 한다. 영혼은 온전히 몸으로 체화되고 몸은 영혼으로 가득 찬다.

    그녀의 순수하고 생동하는 피는

    그녀의 뺨에 그대로 드러났으며, 너무나 생생하여

    누군가는 그녀가 온몸으로 생각하고 있다고 말할지도 모른다.[45]

---

[45] 존 던의 시 「엘리자베스 드루리 부인의 엘레지Elegy on Mistress Elizabeth Drury」에서 발췌되었다.

로미오와 줄리엣의 목적

 로미오가 죽었다 해도 작은 별들로 나뉘어 하늘을 아름답게 빛낼 것이다. 이 한 쌍에게 삶의 목적은 오직 줄리엣, 오직 로미오일 뿐이다. 밤과 낮, 학문, 재능, 왕국, 종교가 모두 이 영혼이 가득 찬 형상 안에, 모든 형상을 품은 이 영혼 안에 담겨 있다.

 연인들은 애정을 표현하고 사랑을 맹세하며, 서로의 감정을 확인하는 데서 기쁨을 느낀다. 홀로 있을 때면 상대방을 떠올리며 위안을 얻는다. 그 사람도 나와 같은 별, 같은 구름을 보고 있을까? 같은 책을 읽고 있을까? 같은 감정을 느끼고 있을까? 그들은 자신들의 애정을 재보고 친구, 기회, 재산과 같은 자신의 귀중한 이익을 모두 계산한 뒤, 사랑하는 이를 지키기 위해 그 모든 것을 포기할 수 있다는 생각에 기뻐한다.

 그러나 인간으로서의 운명을 피할 수는 없다. 모두에게 그러하듯 이 어린 연인들에게도 위험, 슬픔, 고통이 찾아올 것이다. 사랑하는 이는 기도한다. 연인을 위해 불멸의 힘과 계약을 맺는다. 이렇게 이루어진 결합은 자연의 모든 원자에 새로운 가치를 더한다. 이는 관계망의 모든 실을 황금빛 광선으로 변화시키고, 영혼을 새롭고 더욱 달콤한 환경에 적시지만, 일시적인 상태에 불과하다. 꽃이나 진주, 시, 맹세, 혹은 다른 사람의 마음속 안식처조차도 진흙 속에 묻혀 있는 엄숙한 영혼을 항상 만족시킬 수는 없는 법이다.

그 영혼은 마침내 애정 표현들로부터 결국 스스로 깨어나, 그것들을 마치 장난감들처럼 떨쳐버리고 갑옷을 걸친 뒤 광대하고 보편적인 목표들을 열망한다. 각자의 영혼 속에 있는 영혼은 완벽한 행복을 갈망하며 상대방의 행동에서 부조화와 결점, 불균형을 찾아낸다. 따라서 놀람과 충격, 고통이 뒤따르기 마련이다. 하지만 서로를 끌어당긴 것은 사랑스러움과 덕성의 징후였다. 비록 지금은 이 덕성들이 가려졌을지언정 여전히 존재한다.

그것들은 나타나고 사라지기를 반복하며 계속해서 매력을 발휘하지만, 관심은 징후가 아닌 실체로 옮겨간다. 이것이 상처받은 사랑을 회복시킨다. 그렇게 삶이 계속되는 동안 그들의 관계는 각자의 모든 자원을 이용해 서로의 강점과 약점을 알아가며 모든 조합과 변화를 거듭

하는 게임이 된다. 왜냐하면 서로에게 인류의 표본이 되는 것이 이 관계의 본질과 목적이기 때문이다. 이 세상에서 알려져야 하는 모든 지식과 경험은 남성과 여성 안에 정교하게 깃들어 있다.

우리가 사랑하는 이는 우리에게 딱 맞는 존재이다.
만나처럼 모든 맛을 낸다.[46]

---

46 17세기 잉글랜드의 시인 에이브러햄 카울리Abraham Cowley의 시 「사랑받을 결심Resolved to be beloved」에서 발췌되었다.

비록 우리의 사랑이 찰나일지라도

세상은 계속해서 굴러가고 상황은 시시각각 달라진다. 이 몸이라는 신전에 사는 천사들이 창문을 통해 나타나고, 땅속 요정과 악덕도 나타난다. 모든 미덕이 그들을 결합한다. 만약 덕이 존재한다면 모든 악덕이 그 자체로 드러나고 자백과 함께 사라진다. 한때 불타오르던 그들의 관심은 점차 서로의 마음속에서 차분해지고, 강렬함이 줄어드는 대신 이해의 폭이 넓어진다. 그들은 서로 불평 없이 남녀가 시간이 지남에 따라 각자 맡은 임무를 수행하게 된다.

한때 서로에게서 눈을 뗄 수 없었던 강렬했던 감정을 가라앉히고, 상대방이 곁에 있든 없든 자유롭게 계획을 실행할 수 있도록 기분 좋게 응원한다. 결국 그들은 한때 마법같이 매력적으로 보이고 신성하게 느껴졌던 모든 특성이, 마치 집을 짓는 데 사용되는 임시 설치물처럼 사라진다는 사실을 깨닫는다. 매년 지성과 감성을 정화하는 것이 진정한 결혼이며, 이것이 그들의 의식을 완전히 초월해 처음부터 예견되고 준비되어 있었다는 사실

역시 알게 된다. 결혼의 목적은 상보적인 재능을 가진 한 남성과 한 여성이 40년이나 50년을 한집에서 지내는 것이다. 이 점을 생각하면, 아주 어릴 때부터 이 중대한 시기를 예감하고 본능적으로 신혼의 침실을 아름답게 꾸미고 자연과 지성, 예술이 경쟁적으로 신혼을 축복하는 것은 당연하다.

이렇게 우리는 성별, 인물, 편견에 치우치지 않는 사랑을 위해 훈련한다. 그 사랑은 어디에서나 덕과 지혜를 추구하며, 그것들을 성장시키는 것을 목표로 한다. 우리는 본질적으로 관찰하고 배우는 존재이다. 그것이 우리의 변치 않는 상태이다. 우리는 종종 우리의 애정이 하룻밤만을 위한 임시 거처에 불과하다고 느낄 때가 있다. 애정의 대상은 사고의 대상과 마찬가지로 서서히 고통스럽게 변한다. 때로 애정이 인간을 완전히 지배하여 그의 행복이 한 사람, 또는 여러 사람에게 달리게 되는 순간이 있다. 그러나 정신이 건강을 되찾으면 변치 않는 밝은 빛의 별들로 가득한 하늘이 다시 나타난다. 그리고 우리에게 구름처럼 몰려왔던 따뜻한 사랑과 두려움이 한계를 벗어나 신과 하나가 되어 완전해진다.

우리의 영혼이 진보하며 어떤 것을 잃게 될까 두려워할 필요는 없다. 우리는 영혼을 끝까지 믿을 수 있을 것이다. 이토록 아름답고 매력적인 관계들은 오직 더 아름다운 것에 의해 계승되고 대체되는 방식으로 영원히 이어진다.

Essays, First Series
by Ralph Waldo Emerson

5장

우정
FRIENDSHIP

"우정은 우리의 영혼을 확장시키는 힘이다."

프리드리히 니체 *Friedrich Nietzsche*

순수한 선의의 즐거움

우리는 말로 표현되는 것보다 더욱 친절한 마음을 지니고 있다. 동풍처럼 세상을 차갑게 만드는 온갖 이기심에도 불구하고, 전 인류는 순수한 에테르ether[47]같은 사랑에 휩싸여 있다. 우리가 거처에서 마주치지만, 대화를 거의 나누지 않는 많은 사람 중에 서로 존경하는 경우가 얼마나 많은가! 거리에서 보거나 교회 옆자리에 앉은 사람 중 조용히 함께하는 것만으로도 즐거운 이들은 또 얼마나 많은가! 오가는 눈빛이 말하는 것을 느끼라. 마음이 알고 있다.

이런 인간의 애정을 마음껏 누림으로써 분명한 즐거움을 얻게 된다. 시나 일상의 언어에서 드러나는 타인을 향한 자비와 위안의 감정은 불의 물리적 효과와 비교할 수 있으며, 매우 즉각적이거나 훨씬 더 빠르고 활발하게 기운을 북돋운다. 가장 열정적인 사랑에서 가장 작은 선

---

[47] 고대 그리스 철학에서 영기靈氣, 천상의 순수한 물질 등을 의미한다. 근대 물리학에서는 빛이나 전자기파의 매질을 뜻하는 말로 사용되었으나, 19세기 후반 과학 실험으로 그 존재가 부정되었다.

의에 이르는 이런 감정들은 삶을 달콤하게 만든다.

우리의 지적이고 활동적인 능력은 우리의 애정과 함께 더욱 커진다. 오랜 세월 동안 사색을 해온 학자라고 해도 글을 쓰려고 앉자마자 만족스러운 표현이 떠오르지는 않는다. 하지만 친구에게 편지를 쓸 때는 금세 편안한 생각들이 자연스럽게 떠올라 적절한 단어로 표현된다. 생각해보라. 아무리 명망 있는 집안이라도 낯선 이가 방문할 때는 긴장하는 법이다. 주변 평판이 좋은 누군가를 기다릴 때 온 집안사람들은 기쁨과 고통이 뒤섞인 기대감으로 가득하다. 그가 도착하면 지나치게 긴장한 나머지 환영하는 마음은 거의 공포로 변해버릴 정도이다.

구석구석 집 안의 먼지를 털고 서둘러 물건들을 정리하며 새 옷을 입는다. 또한 가능하다면 저녁 식사를 준비한다. 누군가를 소개할 때는 항상 좋은 평가만 덧붙이는 법이므로, 우리는 그의 좋은 점과 신선함만 듣는다. 그는 우리에게 좋은 인간성의 상징이자 이상적인 존재가 된다. 그에 대해 상상하며 마음을 쏟았기 때문에 우리는 어떤 태도로 대화를 나누고 행동해야 할지 불안하고 두려워한다. 같은 생각이 그와의 대화를 격상시키기도 한다.

우리는 평소보다 말을 더 잘하게 된다. 재치 있는 상상력을 뽐내고 생생한 기억력을 발휘하는 동안 우리의 아둔함은 잠시 자취를 감춘다. 우리는 가장 오래되고 은밀한 경험에서 비롯한 진솔하고 우아하며 풍부한 대화를 오랜 시간 이어갈 수 있다. 곁에 앉아 있는 가족과 지인은 평소답지 않은 우리의 능력에 놀랄 것이다.

그러나 낯선 이가 대화 속에 자신의 편견이나 일방적인 정의定義를 밀어붙이고 결점을 드러내는 순간, 대화는 끝나버린다. 그 대화가 우리가 나눌 수 있는 가장 좋은 이야기의 처음이자 마지막이다. 그는 이제 낯선 사람이 아니다. 저속함과 무지, 오해는 우리에게 익숙하다. 이제 그가 오면 예의와 옷차림을 갖추고 식사를 대접하겠지만, 더 이상 설렘이나 영혼의 교감은 없을 것이다.

내게 다시 젊은 세상을 선사하는 이 애정의 분출만큼 그토록 즐거운 일이 있겠는가? 하나의 생각과 감정 안에서 이루어지는 두 사람의 공평하고 변치 않는 만남만큼 기분 좋은 일이 있겠는가? 두근거리는 마음으로 다가오는 재능 있고 진실한 자들의 발걸음과 모습은 얼마나 보기 좋은가! 우리가 마음껏 애정을 누리는 순간, 지구는 달라진다. 겨울과 밤, 모든 비극과 권태, 심지어 모든 의무가 사라진다. 오직 사랑하는 이들의 빛나는 모습만이 영원히 계속된다. 영혼이 우주 어딘가에서 친구와 다시 만나리라는 확신을 갖게 하라. 그러면 혼자서도 천 년을 만족하며 즐거우리라.

내 인생의 가장 큰 선물, 나의 벗

나는 오늘 아침 오래된 친구들과 새로 사귄 친구들에 대해 진심으로 감사하는 마음을 느끼며 눈을 떴다. 내가 어찌 매일 선물로써 당신의 존재를 드러내는 신을 훌륭하다 하지 않을 수 있을까? 나는 사회를 비판하고 고독을 받아들이지만, 내 곁을 지나가는 현명한 자, 사랑스러운 자, 고결한 정신을 가진 자를 알아보지 못할 정도로 은혜로움을 모르는 사람은 아니다. 내 이야기를 들어주는 자, 나를 이해하는 자는 내 사람, 즉 언제나 나의 사람이 된다.

풍요로운 자연은 내게 여러 차례 이러한 기쁨을 주고, 우리는 우리만의 사회적 실을 엮어 새로운 관계의 그물을 짠다. 이어지는 많은 생각들이 실현되면, 머지않아 우리가 창조한 새로운 세상에서 더는 전통적 세상 속 이방인도, 순례자도 아닌 존재로 서 있을 것이다. 나의 친구들은 내가 부탁하지 않았음에도 나를 찾아왔다. 위대한 신이 그들을 내게 보낸 것이다. 가장 오래된 권능, 즉 덕성과 신성한 친화력에 의해 내가 그들을 발견하거나, 어쩌면 내가 아닌 나와 그들 안에 있는 신성이 개인의 성격, 관계, 나이, 성별, 상황이라는 두꺼운 벽을 비웃듯 부숴버리고 많은 이를 하나로 만들었을 수 있다.

세상을 새롭게 만들고 고귀한 깊이를 더함으로써 내가 하는 모든 생각의 의미를 확장해준 훌륭한 당신들, 사랑하는 이들에게 깊이 감사한다. 이것들은 최초의 시인이 지은 새로운 시, 그때부터 멈추지 않고 흐르는 시이다. 아폴로와 뮤즈들이 끊임없이 노래하는 찬가이자 송시이며 서사시이다. 이런 관계들도 내게서 다시 분리되거나 일부가 사라지게 될까? 나는 알 수 없지만 두렵지 않다. 왜냐하면 나와 그들의 관계는 매우 순수해서 우리는 단순한 친밀감을 갖고 있기 때문이다. 내 삶의 사회적 본성을 통해 내가 어디에 있든 이런 친밀감이 언제나 이런 남성들과 여성들처럼 고귀한 이들에게 영향을 미칠 것이다.

이 시점에서 극단적으로 예민한 나의 본성을 고백하지 않을 수 없다. 애정이라는 "와인의 달콤한 독을 모조리 마셔버리는 것"[48]은 내게 거의 위험한 일이다. 내게 새

---

[48] 영국의 시인 존 밀턴John Milton의 시 「코무스Comus」에 나온 구절이다.

로운 사람과의 만남은 엄청난 사건으로, 나를 잠 못 이루게 한다. 또한 나는 종종 내게 달콤한 시간을 선사해준 사람들에 대해 멋진 상상을 하지만, 그 즐거움은 하루 만에 끝이 나고 그 이상의 열매는 맺지 않는다. 새로운 생각을 떠올리거나 행동의 변화를 일으키지 않는 것이다. 나는 내 친구의 성취를 마치 나의 성취처럼 자랑스럽게 여기고 그의 미덕이 나의 것인 듯이 느껴야 한다. 나는 친구가 칭찬을 받을 때 연인이 자신의 약혼자가 받는 박수에 기뻐하는 것만큼 마음이 따뜻해진다.

믿기 힘들 정도로 완벽한 그 이름

우리는 친구의 양심을 과대평가하곤 한다. 그의 선함은 우리의 선함보다 나아 보이고, 그의 본성은 더 훌륭하며 유혹에 덜 빠지는 것처럼 생각한다. 그의 이름, 자태, 옷, 책, 도구 등과 같은 그의 모든 것이 상상 속에서 더 멋지게 느껴진다. 그의 입을 통한다면 우리 자신의 생각조차 신선하고 더 분명하게 들린다.

심장의 수축과 이완은 사랑의 밀물과 썰물과 비슷한 면이 있다. 우정은 영혼의 불멸과 마찬가지로 믿기 힘들 정도로 완벽하다. 사랑하는 여인을 바라보는 연인은 그녀가 자신이 숭배하는 그 모습 그대로가 아니라는 사실을 어렴풋이 알고 있다. 우리는 우정의 황금기에 닥친 의심과 불신의 그림자에 당황한다. 우리는 우리가 영웅에게 그 빛나는 덕성을 부여했다는 것을 믿지 못하고, 우리가 부여한 신성한 지위를 숭배하게 된다. 엄밀하게 말하면, 영혼은 자기 자신을 존중하는 만큼 사람들을 존중하지 않는다.

과학적으로 생각하면, 모든 사람은 본질적으로 무한

히 떨어져 있는 상태에 있다. 이 엘리시움의 신전[49]의 형이상학적 기초를 파헤칠 경우, 우리의 사랑이 식게 될까 봐 두려워해야 하는가? 나는 내가 보고 있는 것들처럼 실재하지 않는 것인가? 내가 실재한다면, 나는 그것들의 실체를 아는 것을 두려워해선 안 된다. 그것들의 본질은 그 외형만큼이나 아름답다. 그러나 그것들을 이해하려면 더 자세히 살펴야 한다.

우리는 화관이나 꽃장식을 만들 때 식물의 줄기를 짧게 자르지만, 과학적 관점에서 식물의 뿌리는 추한 것이 아니다. 비록 진실이 마치 연회에 불쑥 등장한 이집트의 해골처럼 불편하게 느껴진다 하더라도, 나는 기분 좋은 환상 속에서 노골적인 진실을 드러내는 위험을 감수해야 한다. 자기 자신의 생각과 하나가 된 사람은 자신을 웅대하게 생각한다. 그리고 비록 전체적인 성공이 개별적인 실패를 통해 얻어진 것일지라도 그 성공을 의식한다. 어떤 권력이나 재산, 이점도 그에게 필적할 수 없다.

나는 당신의 부유함이 아니라 나의 가난에 의지할 수

---

49 지상의 고통과 분리된 이상적인 세계를 상징하는 고대 그리스 신화의 개념이다.

밖에 없다. 나는 당신의 의식을 나의 의식과 동등하게 여길 수 없다. 눈부시게 빛나는 것은 오직 별뿐이며, 행성은 달빛 같은 희미한 광채를 띤다. 나는 당신의 칭찬으로부터 누군가의 훌륭한 점과 곧은 성격을 알게 되지만, 그가 보랏빛의 망토를 걸치고 검증된 성격을 지녔다 하더라도, 나처럼 가난한 그리스인과 같은 부류가 아니라면 나는 그를 좋아할 수는 없을 것이다.[50]

오, 친구여. 현상의 거대한 그림자가 던진 다채롭고 화려한 방대함 속에 그대 역시 포함된다는 사실을 나는 부정할 수 없다. 비교하면 다른 모든 것을 그림자가 되게 하는 그대 역시 말이다. 그대는 진리나 정의正義처럼 실체 그 자체는 아니며, 나의 영혼도 아닌, 그것의 상징적 형상일 뿐이다. 그대는 내게 온 지 얼마 안 됐건만, 벌써 모자와 외투를 집어 들고 있다. 나무가 새잎을 내고 오래된 잎을 떨구듯 영혼이 친구를 보내는 것인가?

변화와 순환이 끊임없이 이어지는 것이 자연의 법칙

---

[50] 보랏빛 망토는 고대 로마의 고위 관료가 자주색 옷을 입었던 데서 부와 권력의 상징으로 자주 쓰인다. 가난한 그리스인은 이에 대비되는 표현으로, 겸손하고 소박하지만 철학적 생활을 하는 사람을 의미하는 것으로 보인다.

이다. 작용이 있으면 반작용이 있는 법. 영혼은 자신을 친구들로 둘러싸고 자기 인식을 더 잘하게 되거나 고독해진다. 그리고 한동안 계속 혼자만의 시간을 갖는데, 이러한 시간이 소통과 사회를 고양할 수 있다. 이런 방식은 우리의 개인적 인간관계의 전반적인 역사에서 드러난다. 애정에 대한 본능은 동료들과 하나가 되고 싶은 희망을 되살리고, 다시 느끼는 고립감은 그 추구를 그만두게 만든다.

모든 관계는 동등해야 한다

그렇게 사람은 누구나 우정을 추구하며 살아가고, 그가 자신의 솔직한 감정을 기록한다면, 우정을 바치게 될 새로운 벗에게 아마 다음과 같은 편지를 쓸 것이다.

친애하는 벗에게
제가 당신에 대해, 당신의 능력에 대해 확실히 안다면, 또한 우리가 똑같이 느낀다고 확신한다면, 저는 당신이 왔다 갔다 하는 일로 사소한 생각을 하지 않을 것입니다. 저는 특별히 지혜롭지도 않고 제 기분은 꽤 쉽게 드러나지만, 당신의 비범한 재능은 아직 전부를 헤아리기 어려우므로 경외심을 느낍니다. 당신이 저를 완벽히 이해하는지 감히 추측할 수 없기에 당신은 제게 달콤한 고통입니다.
- 영원한 당신의 벗, 혹은 영원한 타인이

그런데 이런 불안한 즐거움과 섬세한 고통은 잠깐의 호기심을 채워줄 뿐, 인생에 도움이 되지 않는다. 그런 감정에 탐닉해선 안 된다. 그것은 옷감이 아닌 성긴 그물을 짜는 것과 같다. 우정이 서둘러 허무한 결말을 향해가는 이유는 강인한 심장 대신 와인과 꿈으로 그것을 채우기 때문이다.

우정의 법칙은 자연과 도덕의 법칙과 함께, 하나의 맥락 안에 존재하며 엄격하고 영원하다. 그러나 우리는 즉각적인 달콤함을 취하기 위해 빠르고 시시한 이익을 목표로 세워왔다. 신의 정원에서 많은 여름과 겨울을 보내며 가장 천천히 익어가는 열매를 성급하게 따버리는 격이다. 우리는 경건한 마음이 아닌, 소유하려는 불순한 욕망으로 친구를 찾는다. 공허한 짓이다.

우리는 미묘한 적대감으로 무장하고 있는데, 이는 우리가 누군가를 만나자마자 작동하기 시작해, 모든 시를 진부한 산문으로 바꿔버린다. 거의 모든 사람은 만남을 위해 자신을 낮춘다. 모든 교제는 타협이어야 한다. 그래서 최악의 경우, 각자의 아름다운 본성이 피운 꽃과 그 향기가 서로에게 다가감에 따라 오히려 사라진다. 실제로 사회에서 이루어지는 덕망 있고 재능 있는 사람들과의 만남도 얼마나 계속 실망을 안겨주는가!

오랫동안 조심해서 준비한 만남 뒤에도 우리는 우정

과 사고의 전성기 때에조차 당황스러운 충격, 갑작스럽고 부적절한 무관심, 지성과 감성의 삐걱거림으로 인해 바로 고통받는다. 우리의 능력은 진실되게 발휘되지 않으며, 양쪽 모두 고독 속에서 안심한다.

나는 모든 관계에서 동등해야 한다. 동등하지 않은 관계가 하나라도 있다면, 얼마나 많은 친구를 두고 각각의 대화에서 어떤 만족을 느끼는지는 중요하지 않다. 만약 내가 하나의 논쟁에서 불공평하게 위축된다면, 나머지 모든 관계에서 발견하는 기쁨은 부끄럽고 비겁해진다. 그러고 나서 다른 친구들을 피난처로 삼는다면 나는 자기혐오에 빠질 것이다.

> 전투에서 명성을 떨친 용감한 전사도
> 수많은 승리 후 단 한 번의 패배만으로
> 명예의 명부에서 완전히 삭제되고
> 애써 이룬 나머지 모든 업적이 잊힌다.[51]

---

[51] 셰익스피어의 『소네트 XXV Sonnets XXV』(1906년)에서 발췌되었다.

우정은 우리가 아는 가장 단단한 것

우리의 조급함은 이렇게 신랄한 비난을 받는다. 수줍음과 무관심은 섬세한 구조가 지나치게 일찍 성숙하지 않도록 보호하는 단단한 껍질이다. 훌륭한 영혼들이 그 구조를 이해하고 소유할 만큼 성숙하기 전에 그것이 스스로를 알게 된다면 그것은 사라져버릴 것이다. 자연이 가진 느림의 미학을 존중하라. 이는 수백만 년에 걸쳐 루비를 단단히 만들고 알프스산맥과 안데스산맥이 마치 무지개처럼 나타났다 사라지는 것처럼 느껴지게 하는 긴 시간이다.

우리의 선한 영혼이 성급하게 얻을 수 있는 천국은 존재하지 않는다. 신의 본질인 사랑은 인간의 총체적 가치를 위한 것으로, 경솔하지 않다. 유치한 쾌락이 아닌 가장 준엄한 가치를 갖자. 친구의 마음속 진실과 흔들림 없는 기반을 대담하게 믿고 다가가자.

우정은 거부하기 힘든 매력적인 주제이다. 그래서 부수적인 사회 이익에 대한 논의는 잠시 미뤄두고, 절대적이며 사랑의 언어조차 의심스럽고 평범하게 만드는 이 특별하고 신성한 관계에 대해 말하고자 한다. 이 관계는 사랑보다 훨씬 더 순수하며, 세상 어떤 것도 이토록 신성하지 못하다.

나는 우정을 조심스럽게 대하고 싶지 않다. 오히려 과감히 용기 있게 대하고 싶다. 참된 우정은 유리처럼 깨지거나 서리처럼 사라지지 않는, 우리가 아는 가장 단단한 것이다. 우리는 지금까지 수많은 경험을 했다. 그러나 자연이나 자신에 대해 얼마나 알고 있는가? 인간은 자신의 운명에 대한 문제를 해결하기 위해 단 한 걸음도 나아가지 못했다. 전 인류가 어리석다는 비난에서 자유롭지 못하다.

그러나 내가 형제의 영혼과 맺은 우정에서 느끼는 기쁨과 평화의 달콤한 진심은 그 자체가 본질이며, 모든 자연과 사상은 그 껍질에 불과하다. 친구가 머무는 집은 행복으로 가득하다. 그 집은 친구를 위해 축제의 장으로 꾸며져야 할 것이다. 친구가 그 관계의 무게를 알고 원칙을 존중한다면 더 행복할 것이다.

그 약속을 지키기 위해 나서는 사람은 올림픽 선수처럼 위대한 경기에 참여하여 최고들과 경쟁한다. 그는 시간의 압박과 제한, 위험이 존재하는 경기에 출전한다. 그리고 온갖 시련 속에서도 자신의 아름다움을 잃지 않는 진실한 사람만이 진정한 승자가 된다. 행운은 있을 수도 있고 없을 수도 있다. 그러나 그 경쟁에서 모든 속도는 내면의 고귀함에, 또 사사로움에 대한 무시에 달려 있다.

우정의 두 가지 요소

우정을 구성하는 요소는 두 가지인데, 두 요소 모두 중요해서 어떤 것이 더 우월하다고 말할 수 없다. 그중 하나는 진솔함이다. 친구란 내가 진심으로 대할 수 있는 사람이다. 나는 그에게 속마음을 거리낌 없이 털어놓을 수 있다. 마침내 나는 정말 진솔하고 동등한 사람을 만나 가식과 예의, 망설임을 모두 내려놓을 수 있게 되고, 한 화학 원자가 다른 원자와 만날 때처럼 단순함과 온전함으로 그를 대할 수 있다.

진솔함은 왕관과 권위처럼, 아부하거나 따라야 하는 대상이 없는 가장 높은 위치의 사람에게만 허용된 사치이다. 모든 사람은 홀로 있을 때 진솔하다. 그러나 다른 사람이 등장하면 위선이 시작된다. 우리는 칭찬, 잡담, 오락, 일 등으로 방어하며, 다가오는 동료들과 거리를 두며 피한다. 그리고 자신의 진심이 드러나지 않도록 수백 겹 가면 아래 감춘다.

과거에 나는 종교적 열정으로 이 모든 가식과 예의를 걷어내고, 깊은 통찰과 아름다운 말로 그가 만나는 모든 사람의 양심에 호소한 한 남자를 알았다. 처음에는 사람들 모두 그를 미쳤다고 여기며 배척했다. 그러나 스스로도 정말 어쩔 수 없었던 그는 계속 이런 태도를 유지했고, 결국 덕분에 모든 지인과 솔직한 관계를 맺게 되었다. 누구도 그에게 거짓을 얘기하거나 시장이나 도서관에 대한 잡담 따위로 얼버무리려 하지 않았다. 따라서 사람들은 그와 진실한 대화를 나눌 수밖에 없었다. 그들이 생각하는 자연에 대한 사랑, 그들이 좋아하는 시, 진리의 상징을 솔직하게 보여주었다.

그러나 우리 대부분에게 사회는 얼굴과 눈이 아닌 옆모습과 등만을 보여준다. 그러므로 거짓이 만연한 시대에 진솔한 인간관계를 맺을 수만 있다면, 미친 짓이라도 할 만한 가치가 있는 것이 아니겠는가?

올곧은 자세를 유지하며 살기란 쉽지 않다. 우리가 만나는 거의 모든 사람은 우리가 일정한 예의를 차리고 그들의 기분을 맞춰주길 원한다. 그러나 그가 가진 어떤 명성과 재능, 타인이 이의를 제기할 수 없는 종교와 박애에 대한 그만의 생각이 끼어들어 모든 대화를 망친다. 친구란 나의 재주가 아닌 나의 마음을 움직이는 분별력 있는 사람이다. 나의 친구는 조건 없이 나에게 즐거움을 준다.

따라서 친구는 자연에 존재하는 역설과 같은 존재라고 할 수 있다. 오직 홀로 존재했던 나는, 자연에서 나와 같다고 확신할 수 있는 어떤 존재도 보지 못했다. 그러나 이제 내 존재의 유사성이 이방인의 형태로 다양하게 변주되어 반복되는 모습을 본다. 그러므로 친구는 능히 자연이 만든 최고의 걸작이라고 할 만하다.

우정의 또 다른 요소는 다정함이다. 우리는 혈연, 자존심, 두려움, 희망, 금전적 이익, 욕망, 증오, 존경, 그 외에도 온갖 잡다한 상황과 사소한 일로 사람들과 연결되어 있다. 그러나 다른 사람이 우리를 사랑으로 끌어당길 만큼 좋은 성품을 가질 수 있다고는 거의 믿기 어렵다. 과연 다른 이는 그토록 축복받고, 우리 또한 그토록 순수하여 다정함을 베풀 수 있을까?

누군가 한 사람이 내게 소중한 존재가 된다면, 나는 엄청난 행운을 거머쥐게 되는 것이다. 나는 이 주제의 핵심을 직접적으로 다룬 책을 거의 보지 못했지만, 그럼에도 나의 저자의 글은 기억하지 않을 수 없다. "나를 진정으로 이해하는 사람에게는 솔직하게 나 자신을 드러내지만, 내가 가장 헌신하는 사람에게는 오히려 가장 적게 나를 드러낸다."[52]

나는 우정을 말하고 지켜보는 것뿐만 아니라 실천할 수 있기를 바란다. 대단한 우정을 성취하려면 먼저 현실에 기반해야 한다. 나는 우정이 날개 달린 아기 천사의 모습으로 묘사되기에 앞서 조금은 현실적인 시민의 모습을 갖추기를 바란다. 우리는 사랑을 교환 가능한 상품처럼 만드는 시민들의 행위를 비난하곤 한다. 거기에는 선물 교환이나 요긴한 대출, 좋은 이웃 간의 교류, 병간호, 장례식에서 관을 드는 행동이 포함될 수 있다. 이런 과정에서 관계의 세련되고 우아한 모습이 사라진다. 하지만 이런 장사꾼의 변장 아래서 신을 찾을 수 없다 하더라도, 시인이 이야기를 너무 추상화하고 정의, 시간 엄수, 충성, 연민과 같은 시민적 덕목으로 구체화하지 않는다면 우리는 이를 결코 받아들일 수 없을 것이다.

---

[52] 미셸 드 몽테뉴Michel de Montaigne의 에세이 「키케로에 대한 고찰A Consideration upon Cicero」에 나오는 내용이다. 에머슨은 어린 시절에 몽테뉴의 책을 즐겨 읽었다.

우정의 완성이란

나는 우정이 세속적인 동맹을 의미하는 유행어로 변질되는 것을 혐오한다. 나는 최고급 식당에서 함께 식사하거나 이륜 마차를 함께 타며 관계를 경박하게 과시하는 만남보다 농부와 행상인의 어울림을 더 좋아한다. 우정의 진정한 목표는 우리가 현실적으로 경험할 수 있는 가장 엄격하고 소박한 관계이다. 우정은 삶과 죽음의 모든 과정에서 서로를 돕고 위로한다. 평화로운 날들과 품격 있는 선물들, 한가로운 산책에만 어울리는 것이 아니라, 거친 길과 힘든 일, 실패, 가난, 박해 속에서도 나눌 수 있어야 하는 것이다.

우리는 우정을 통해 번뜩이는 재치와 종교적 몰입의 순간을 함께 나눈다. 우리는 인간적인 삶을 위한 일상의 필요와 역할을 서로 존중하고, 그것을 용기와 지혜, 통일성으로 더 아름답게 꾸며야 한다. 그것은 결코 평범하고 진부한 무언가가 되어서는 안 되며, 창의적으로 깨어 있는 상태로 단조롭고 고된 일상에 운율과 이성을 더해야 한다.

우정에는 매우 드물고 고귀한 성품이 필요하며 각각이 서로 조화롭고 상황이 잘 맞아야 하므로 만족하기 쉽지 않다. (한 시인은 이와 더불어, 당사자들이 완벽히 짝을 이루어야 한다고 말한다.) 마음에 관한, 이 따뜻한 이치를 이해한 몇몇 사람들은 두 명을 초과한 사이에서는 이것이 완벽하게 유지되기 어렵다고 말한다. 나의 기준은 그토록 엄격하지는 않은데, 그것은 내가 그들처럼 깊은 우정을 경험하지 못했기 때문일 수 있다. 나는 높은 지성을 가진 남성들과 여성들이 모여 내 상상력을 자극하는 것이 좋다. 그러나 우정을 실천하고 완성하려면 일대일의 대화가 반드시 필수적이다.

물을 너무 많이 섞으면 본질이 흐려진다. 마찬가지로 두 사람씩 모이면 좋은 대화를 나눌 수 있지만, 셋이 모이면 진심 어린 새로운 말을 한마디도 못 할 것이다. 두 사람이 대화할 때 한 명이 듣고 있을 수는 있지만 셋이 동시에 진솔하고 깊은 대화를 나누는 것은 불가능하다. 좋은 사람들이 여럿이 모인 자리에서 테이블을 사이에 두고 두 사람이 나누는 대화는 단 둘이 있을 때 나누는 대화와 결코 같을 수 없다. 좋은 사람들과 있을 때 개인들은 자신의 자아를 그 자리에 있는 여러 의식과 정확히 같은 범위에 있는 사회적인 정신에 일치시키는 방식으로 대화에 동참하기 때문이다.

그런 자리에서는 친구나 형제자매에 대한 편애, 부부 사이의 애정은 적절한 것으로 여겨지지 않는다. 이런 상황에서는 그 자신의 생각에 제한되지 않고 오직 그 모임의 공통된 생각의 흐름을 따라가는 경우에만 말할 수 있다. 이런 상식적인 관습은 이제 위대한 대화에서 가능한 높은 수준의 자유, 즉 두 영혼이 하나로 합쳐질 수 있는 절대적 자유를 파괴한다.

친구를 통해 얻는 유일한 기쁨

우리는 단둘이 남겨졌을 때 더 정직한 관계를 시작할 수 있다. 두 사람이 대화를 나눌지 결정하는 요인은 유사성이다. 비슷하지 않은 사람들끼리 있으면 서로에게 즐거움이 되지 못하고 각자의 잠재된 능력을 알아채지도 못한다.

우리는 가끔 뛰어난 대화 능력이 마치 어떤 개인의 변치 않는 속성인 것처럼 이야기한다. 그러나 대화는 순간의 관계를 보여줄 뿐이다. 한 남자는 훌륭한 생각과 유창한 언변으로 명성이 자자하지만, 그의 사촌이나 삼촌 앞에서는 한마디도 제대로 못 한다. 그의 침묵을 비난하는 것은 해시계가 그늘 속에서 시간을 잘 표시하지 못한다고 비난하는 것과 마찬가지이다. 해시계는 태양 아래 있을 때 시간을 잘 보여준다. 그는 자기 생각에 관심이 있는 사람들과 있을 때 다시 입을 뗄 것이다.

우정에는 닮은 점과 다른 점 사이의 절묘한 균형이 필요한데, 그 균형은 상대방의 능력과 동의로 인해 서로에게 자극이 된다. 나는 자신의 진정한 공감을 넘어서는 말이나 행동을 하는 친구를 두느니 차라리 세상이 끝날 때까지 혼자로 남겠다. 나는 나에 대한 친구의 반감과 순응이 모두 불편하다. 그가 한 순간도 놓치지 않고 자기 자신이길 바란다. 내가 친구를 통해 얻는 유일한 기쁨은 그가 나와 다른 존재임에도 나의 사람이 되었다는 사실이다.

나는 강한 추진력이나, 혹은 적어도 강한 저항을 기대한 곳에서 무기력한 양보를 보게 되면 화가 난다. 나는 친구의 메아리가 되느니 손톱 밑의 가시가 되겠다. 고귀한 우정의 조건은 우정에 의존하지 않는 능력이다. 그런 고귀한 일에는 위대하고 숭고한 자질이 필요한 법이다. 완벽히 하나가 되려면, 먼저 온전히 둘이 되어야 한다. 서로를 바라보고 서로를 두려워하는 거대하고 경이로운 두 본성이, 그러한 차이점 아래 그들을 하나로 묶는 깊은 정체성을 인식하기 전에 동맹을 이루게 하라.

도량이 넓고 언제나 위대함과 선함이 효율적이라고 확신하며, 자신의 운명에 성급히 간섭하지 않는 사람만이 이런 공동체에 적합하다. 그가 성급히 나서지 않도록 해야 한다. 다이아몬드가 만들어질 때까지 기다리며, 영원의 탄생을 재촉하지 말라. 우리는 자신의 의지로 친구를 고른다고 생각하지만, 친구는 저절로 선택된다.

존경심은 우정에서 매우 중요한 부분을 차지한다. 당신의 친구를 경이로운 존재로 대하라. 당연히 그에게는 당신이 가지고 있지 않은 장점들이 있는데, 그를 지나치게 가까이한다면 그 장점들을 존중할 수 없다. 충분한 공간을 주고 그의 장점들이 크게 성장할 수 있게 하라.

당신은 친구의 단추에 신경을 쓰는가, 생각에 신경을 쓰는가? 마음이 넓은 사람은 친구의 여러 가지가 여전히 낯설더라도 가장 신성한 부분에서는 가까워질 수 있다. 친구를 소유물로 여기며 고귀한 장점이 아닌 한 순간의 혼란스러운 쾌락에 탐닉하는 것은 철없는 소년, 소녀들이나 하는 짓이다.

친구의 모든 것을 찬양하라

 충분한 시간 동안 노력하여 이런 공동체에 들어갈 자격을 얻자. 고귀하고 아름다운 영혼들의 모임에 불쑥 침입하여 그들을 모독해서야 되겠는가? 왜 친구와 성급한 관계를 맺으려 하는 것인가? 왜 그의 집에 방문하거나 어머니나 형제자매를 알아야 하는가? 왜 그가 당신의 집에 방문해야 하는가? 이런 것들이 우리의 관계에서 정말 중요한가? 이런 물리적 접촉과 집착을 그만두라. 그를 하나의 정신으로 받아들이라. 나는 그의 편지, 생각, 진심, 눈길을 원하지만, 일상적인 소식이나 속된 대화는 원하지 않는다.

 정치 이야기나 잡담, 이웃 간의 소소한 편의는 가볍게 사귀는 지인들과도 나눌 수 있다. 친구와의 만남은 시적이며 순수하고, 자연 그 자체와 같이 보편적이면서 위대해야 하지 않겠는가? 저 멀리 지평선 위에 떠 있는 구름이나 시내를 두 갈래로 나누는 흔들리는 풀밭과 비교하면 친구와의 관계가 지나치게 속되게 느껴지는가? 우리의 관계를 깎아내리는 대신 그 기준에 맞춰 끌어올리자.

친구의 위대한 반항의 눈빛, 그 태도와 행동에서 드러나는 오연한 아름다움을 억누르지 말고 오히려 더 강화하고 발전시키라. 그의 우월함을 숭배하라. 그가 퇴보하길 바라지 말고 마음속에 간직했던 그의 모든 장점을 사람들에게 말하라. 그를 당신의 상대자로서 보호하라. 그를 금방 쓰고 버릴 사소한 편리함이 아닌, 영원히 길들일 수 없고 열렬하게 숭배하는 아름다운 적으로 만들라. 오팔의 색채와 다이아몬드의 광채는 너무 가까운 곳에서는 제대로 보이지 않는다.

나는 친구에게 편지를 쓰고, 그에게서 편지를 받는다. 그것은 당신에게 별것 아닌 듯 보일 것이다. 그러나 나는 이것으로 족하다. 편지는 서로가 주고받기에 가치 있는 영적인 선물이다. 편지는 누구에게도 무례하지 않다. 입을 거치지 않는 이 따뜻한 문장들 속에서, 지금까지의 모든 영웅적 행위의 기록이 보여주지 못한 더 신성한 존재에 대한 진심 어린 예언이 흘러나올 것이다.

이 우정의 신성한 법칙을 존중하고, 그것이 완전히 꽃피기 전에 조급함으로 그 꽃을 망치지 말라. 우리는 타인의 것이 되기 전에 자기 자신의 것이 되어야 한다. '범죄는 연루된 자들을 동등한 입장에 놓는다'는 라틴 속담에서 알 수 있듯이, 범죄에는 적어도 공범이 되면 동등한 입장에서 대화할 수 있다는 만족감이 있다. 그러나 존경하고 사랑하는 사람과는 처음부터 그럴 수 없다. 자제력이 조금만 부족해도 관계를 전부 망칠 수 있다. 두 영혼이 대화를 나눌 때 각자가 세상을 온전히 보여주지 않으면 결코 군건한 평화나 상호 존중은 있을 수 없다.

무엇이 우정만큼 위대하겠는가? 우리가 할 수 있는 만큼 숭고한 정신을 발휘하자. 침묵하자. 신들의 속삭임을 들을 수 있도록. 끼어들지 말자. 누가 선택된 영혼에게 무엇을 말할지, 혹은 어떻게 말할지 고민하게 하는가? 얼마나 독창적이고, 우아하고, 부드럽게 말하든지 상관없다. 어리석음과 지혜의 단계는 무수히 많지만, 무엇을 말하든 그것은 경솔한 일이다. 기다리라. 그러면 당신의 마음이 말할 것이다. 기다리라. 필연성과 영원함이 당신을 지배하고 밤과 낮이 당신의 입을 빌려 말할 때까지.

덕의 유일한 보상은 덕이며, 친구를 얻는 유일한 방법은 친구가 되는 것이다. 그의 집에 들어간다고 그와 가까워지지 않을 것이다. 서로 다르다면 그의 영혼은 더 빠르게 달아날 것이고, 당신은 결코 그의 진실한 눈빛을 보지 못할 것이다.

우리는 멀리서 고귀한 이들을 보지만 그들은 우리를 쫓아버린다. 왜 우리가 침범하듯 다가가야 하는가? 우리는 한참, 아주 한참이 지난 후에야 깨닫는다. 계획을 세우거나 소개를 받아도, 혹은 사회적 관습을 따라도 갈망하는 관계를 맺을 수 없다는 사실을. 그리고 오직 그들과 같은 수준의 본성이 우리 안에서 발현될 때만 그러한 관계가 가능하다는 사실을.

그때 우리는 물과 물처럼 합쳐질 것이다. 설령 우리가 그들을 만날 수 없다 해도 그들을 그리워하지 않을 것이다. 왜냐하면 우리가 이미 그들이기 때문이다. 결국 사랑은 타인에게 있는 자신의 가치를 반영할 뿐이다. 그래서 사람들은 가끔 마치 친구 안에 존재하는 자신의 영혼을 사랑하듯 친구와 이름을 바꾸곤 한다.

책을 다루듯 친구를 대하라

높은 경지의 우정일수록 당연히 현실에서 실현하기가 더 어려운 법이다. 우리는 세상을 홀로 걷고 있다. 우리가 바라는 친구란 꿈이자 신화이다. 그럼에도 불구하고 신실한 마음속에는 늘 숭고한 희망이 자리한다. 전 우주의 힘이 작용하는 다른 세계에서 지금도 우리를 사랑하고, 우리가 사랑할 수 있는 영혼들이 행동하고 견디며 도전하고 있다.

우리는 미숙함과 어리석음, 큰 실수와 부끄러움의 시기가 고독 속에 지나갔음을 자축하고, 성숙한 인간이 되었을 때 영웅적인 사람들과 손을 맞잡게 될 것이다. 당신은 이미 보고 있는 현실을 통해 가르침을 얻고, 저속한 사람들과는 관계를 맺지 말아야 한다. 그런 사람들과의 우정은 존재하지 않는다.

우리의 조급함은 신이 부재한 어리석고 경솔한 동맹 속으로 자신을 내몬다. 꾸준히 자신의 길을 간다면 작은 것을 잃을지언정 위대한 것을 얻게 될 것이다. 당신은 자신을 증명하여 거짓된 관계를 벗어나고, 세상에 첫 번째로 태어난 존재들을 끌어당기게 된다. 이들은 세속적인 거창함을 그저 유령과 그림자쯤으로 취급하며 자연을 떠도는 드문 순례자들이다.

관계가 지나치게 영적이어서 진정한 사랑을 잃게 되지 않을까 두려워한다면, 그것은 어리석은 일이다. 우리가 통찰을 통해 대중의 견해를 어떻게 수정하든지, 자연은 분명 우리를 지지할 것이다. 비록 지금은 약간의 즐거움을 앗아가는 것처럼 보일지라도 결국 더 큰 기쁨으로 보상할 것이다. 인간의 절대적 고립을 느낄 수 있다면 그렇게 하자. 우리는 자신에게 필요한 모든 것이 이미 내면에 있음을 확신하고 있다.

우리는 유럽으로 떠나거나, 다른 사람을 따르거나, 책을 읽곤 한다. 이런 경험이 우리 내면의 본질을 불러내어 깨달음을 줄 것이라는 본능적인 신념 때문이다. 그러나 이런 행동은 모두 거지의 구걸 행위와 다를 바가 없다. 우리가 추종하는 사람들도 별반 다르지 않다. 유럽은 죽은 사람의 오래되고 낡은 옷이며, 책은 그들의 유령이다.

이런 우상 숭배를 그만두자. 이런 구걸도 그만두자. 가장 친한 친구들한테도 작별을 고하자. "자네는 누구인가? 나를 놔주게. 더는 그대에게 기대지 않겠네." 이렇게 말하고 돌아서자. 오 형제여, 이해하지 못하겠는가? 우리가 이렇게 헤어지는 것은 오직 더 높은 자리에서 다시 만나기 위해서이며, 자신에게 더 충실할 때 서로에게 더 가까워진다는 것을!

친구는 야누스의 얼굴을 하고 있다. 그는 과거와 미래를 동시에 보고 있는 존재이다. 그는 내 앞선 시간의 산물이며, 다가올 시간에 대한 예언자이자 더 위대한 친구의 도래를 알리는 전조이다.

나는 책을 다루듯 친구를 대한다. 그래서 그들을 필요할 때 찾을 수 있는 곳에 두지만, 찾는 일은 매우 드물다. 우리는 우리가 정한 조건에 따라 관계를 맺어야 하며, 아주 작은 이유에서도 그 관계를 받아들이거나 배제할 수 있어야 한다.

나는 친구와 많은 대화를 나눌 여유가 없다. 그가 위대한 사람이라면 나를 지나치게 위대하게 만들어, 나는 그와 대화하기에 너무 수준이 높은 상태가 된다. 어떤 예감들이 하늘을 맴도는 위대한 날에 나는 그것들에 온전히 헌신해야 한다. 그런 예감들을 붙잡기 위해 나의 내면으로 들어가기도 하고 또 외부 세계로 나가기도 한다. 나는 그것들을 놓쳐서 그저 하늘 멀리 밝게 빛나는 점으로만 남길까 두렵다. 그래서 비록 친구들을 소중히 여기지만, 나 자신의 비전을 잃을까 두렵기 때문에 그들과 대화하고 그들의 비전을 깊이 살필 여유가 없다.

이 높은 차원의 탐구, 영적인 별을 찾는 정신의 천문학을 그만두고 당신과 따뜻한 감정을 나눈다면, 나는 분명 일상의 기쁨을 누릴 수 있을 것이다. 그러나 그렇게 한다면 결국 나의 위대한 신들을 놓친 것에 대해 언제까지나 후회하며 슬퍼할 것이라는 사실을 안다.

물론 다음 주가 되면 나른한 기분이 들면서 외부의 일들을 신경 쓸 여유가 생길 것이다. 그때는 당신의 식견을 듣지 못한 것을 아쉬워하고 당신이 내 곁에 있기를 바랄 것이다. 그러나 당신이 나타날 때 당신은 새로운 비전으로만 내 마음을 가득 채울 것이다. 당신 자신이 아닌 당신의 광채로 말이다.

그러면 나는 지금과 마찬가지로 당신과 대화할 수 없을 것이다. 그래서 나의 친구들에게 이 덧없는 교류를 빚지게 될 것이다. 나는 그들의 소유물이 아닌, 그들의 본질을 받게 될 것이다. 그것은 그들이 내게 제대로 전달할 수 없지만 그들 내면에서 뿜어져 나오는 무언가이다. 그러나 그들은 미묘함과 순수함이 부족한 관계로 나를 붙잡지는 않을 것이다. 우리는 마치 만난 적이 없었던 것처럼 만나고, 헤어지지 않는 것처럼 헤어질 것이다.

최근에는 상대방의 마땅한 응답이 없이도 우정을 위대하게 키우는 것이 예전에 생각했던 것 이상으로 가능하다는 생각을 품게 되었다. 상대방의 도량이 충분하지 못하다고 후회하며 나 자신을 괴롭힐 필요가 있을까? 태양은 그 빛이 배은망덕한 우주 공간으로 헛되이 넓게 퍼지는 것을 결코 신경 쓰지 않는다. 그중 극히 일부만이 행성에 떨어져 반사된다 해도 말이다.

당신의 위대함으로 미숙하고 냉담한 친구를 일깨워야 한다. 만약 부적당하다면, 그는 금세 사라질 것이다. 하지만 당신은 당신 자신의 빛으로 크게 확장되어 더 이상 개구리나 벌레 따위의 친구가 아니고, 신들과 함께 높은 하늘에서 밝게 빛날 것이다. 사랑을 외면당하는 것은 수치스러운 일로 여겨진다. 하지만 위대한 자들은 진정한 사랑은 외면당하지 않는다는 사실을 이해할 것이다.

진정한 사랑은 가치 없는 대상을 초월하고 영원 속에 거하며 성찰하는 법이다. 그리고 초라한 가면이 부서질 때, 슬퍼하기보다 지나친 세속의 무게에서 벗어난 확실한 독립성을 느낀다. 이런 것들은 관계에 대한 일종의 배신 없이는 말하기 어려울 것이다. 그러나 우정의 본질은 온전함, 완전한 아량, 신뢰이다. 허약함을 미리 짐작하거나 대비해서는 안 된다. 우정은 그 대상을 신으로 받들며, 그리하여 서로가 신성한 존재가 되는 것이다.

Essays, First Series
by Ralph Waldo Emerson

6장

신중함
PRUDENCE

"신중함은 진정한 지혜의 기초다."

플라톤 *Plato*

감각의 덕목

내가 신중함에 대해 쓸 자격이 있는가? 그나마 내게 조금 있는 것도 부정적인 종류의 신중함이다. 나의 신중함은 피하고 견디는 것이지, 수단과 방법을 창조하거나 빈틈없이 처신하고 조심스럽게 수정하는 것이 아니다. 나는 돈을 잘 쓸 줄도 모르고, 경제적인 능력이 탁월하지도 않다. 누가 내 정원을 본다면 내게 다른 정원이 필요하다고 생각할 것이다.

그러나 나는 진실을 사랑하고, 정신적 불확실성과 지각이 없는 사람을 혐오한다. 그렇다면 나는 시나 성스러움에 대해 쓸 자격이 있는 만큼 신중함에 대해서도 쓸 자격이 있다. 우리는 자신의 경험만이 아니라 열망과 반감의 대상에 대해서도 글을 쓰기 때문이다. 우리는 우리가 소유하지 못한 자질을 미화한다.

시인은 힘과 전략을 가진 인간을 동경하고, 상인은 자기 아들을 자신과는 달리 성직자나 법조인으로 키운다. 허영을 부리지 않고 이기적이지 않은 사람은 자기가 갖지 못한 것을 칭찬한다. 게다가 사랑과 우정을 말할 때

섬세하고 시적인 표현만 사용하며 현실적인 면을 언급하지 않는 것은 정직하게 느껴지지 않는다. 나는 실제적이고 지속적으로 감각에 빚을 지고 있으므로, 잠깐이나마 이를 인정할 필요가 있다.

신중함은 감각의 덕목, 현상의 과학이다. 그것은 내면의 삶이 가장 바깥으로 드러나는 행위이다. 그것은 마치 신이 소에 대해서도 신경 쓰는 것과 같다. 그것은 물질의 법칙에 따라 움직인다. 그것은 물리적 조건에 따라 신체의 건강을 추구하고, 지성의 법칙에 따라 정신의 건강을 추구하는 것에 만족한다.

감각적인 세계는 보이는 것들의 세계이며, 그 자체로 존재하는 것이 아니라 상징적인 특징을 가진다. 진정한 신중함이나 현상의 법칙은 다른 법칙과의 공존을 인지하고, 그것의 역할이 부차적이라는 사실을 안다. 그것은 자신이 작용하는 곳이 표면일 뿐 중심이 아니라는 점도 안다. 신중함은 핵심과 분리될 때 거짓이 된다. 자연의 역사 속에서 영혼이 구현되고 감각의 좁은 범위 안에서 아름다움의 법칙이 펼쳐질 때 신중함은 정당성을 얻게 된다.

세상에 대한 지식의 수준은 사람마다 다양하다. 그러나 현재의 목적을 위해서는 세 부류만 언급하면 충분할 것이다. 첫 번째는 상징이 주는 유용함을 얻기 위해 살며, 부와 건강을 궁극적 선으로 여기는 사람들이다. 두 번째는 이 수준을 넘어 시인, 예술가, 박물학자, 과학자처럼 상징의 아름다움을 추구하는 경우이다. 세 번째는 상징의 아름다움을 넘어 그 의미를 추구하는데, 이들이 현자이다. 첫 번째 부류는 상식을, 두 번째 부류는 미감을, 세 번째 부류는 영적 인식을 지닌 사람들이다.

아주 드물게 한 사람이 이 모든 단계를 거치는 경우도 있다. 그는 먼저 상징을 보고 음미하고, 아름다움을 명확히 볼 줄 아는 눈을 갖고, 그 뒤 최종적으로 자연의 이 신성한 화산섬에 천막을 친다. 그러면서도 그 위에 집과 헛간을 만들지 않는데, 이는 온갖 틈새와 구멍을 통해 분출하는 신의 탁월함을 숭배하기 때문이다.

거짓된 신중함

세상은 마치 우리에게 미각, 후각, 촉각, 시각, 청각 외에 다른 능력은 없다는 듯 물질에 집착하는 저속한 신중함에 대한 격언, 행동, 눈짓으로 가득 차 있다. 계산적 실용주의를 숭배하는 신중함은 결코 동참도, 지원도 하지 않고, 거의 대여도 하지 않으며, 모든 일에 대해 단 하나의 질문만 던진다. "그것으로 빵을 만들 수 있는가?" 이는 우리를 무감각하게 만들어 주요 장기가 손상될 때까지 모르게 하는 질병이나 마찬가지이다.

그러나 문화는 겉으로 보이는 세계의 높은 기원을 드러내고 인간의 완전성을 목표로 지향하며, 건강과 육체적 삶을 포함한 다른 모든 것을 수단으로 격하시킨다. 신중함을 별개의 능력이 아니라 신체 및 그 욕구와 소통하는 지혜와 덕성을 가리키는 명칭으로 보는 것이다. 교양인은 마치 막대한 재산, 시민적 혹은 사회적 방법으로 얻은 성취, 개인의 큰 영향력, 우아하고 당당한 태도가 모두 정신적 힘의 증거로서 가치를 지니는 것처럼 느끼고 말한다. 만약 누군가 균형을 잃고 자신만의 이익이나 즐거움에 빠진다면, 그는 좋은 부속품은 될지 몰라도 교양인은 아니다.

감각을 궁극적 목표로 만드는 거짓된 신중함은 어리석은 자들과 겁쟁이들의 신이자 모든 코미디의 주제이다. 그것은 자연의 농담이며, 따라서 문학의 농담도 된다. 진정한 신중함은 내적이고 실재하는 세계의 지식을 받아들임으로써, 이 감각주의에 한계를 긋는다. 일단 이런 인식이 이루어지면, 세계의 질서, 사건과 시간의 분배가 그 부차적인 위치와 함께 이해된다. 이러한 이해는 각자가 주의를 기울이는 정도에 대한 보상을 할 것이다. 우리의 존재는 자연에서 태양과 달의 주기에 연결되어 있어 기후와 환경에 쉽게 영향을 받기 때문이다. 또한 우리는 사회적 선과 악을 의식하고 화려함을 동경하며, 굶주림과 추위, 빚에 약하다. 그리하여 이 모든 것에서 교훈을 얻는다.

신중함이란 세계의 법칙을 존중하는 것이다

 신중함은 자연의 근원을 따져 묻지 않으며, 인간의 존재를 규정하는 세계의 법칙을 그대로 받아들이고 이를 지킴으로써 적절하고 유익한 삶을 누리게 한다. 신중함은 시간과 공간, 기후, 결핍, 수면, 양극성의 법칙, 성장과 죽음을 존중한다.

 하늘의 위대한 형식주의자인 태양과 달이 저 위를 돌면서 인간 존재에 경계와 한계를 부여한다. 완고하게 변하지 않는 물질은 결코 화학적 법칙을 거스르지 않으며, 자연법칙에서 자유롭지 않은 지구는 문명의 구획과 소유물을 통해 외적으로 나뉘며 젊은 거주자에게 새로운 제약을 가한다.

 우리는 들판의 곡식으로 만든 빵을 먹으며 주변에서 불어오는 공기로 살아간다. 너무 차거나 뜨겁고, 너무 건조하거나 습한 공기는 우리에게 해롭다. 다가올 때 텅 비어 있고 나눌 수 없으며 신성해 보이던 시간은 가리가리 쪼개져 하찮은 것들과 넝마로 팔려나간다. 문을 칠하고 자물쇠를 고치는 일, 장작이나 기름, 곡식, 소금을 마련하는 일에도 시간이 쓰인다. 세금 문제, 진심이 아니거나 생각이 없는 사람을 상대하며 처리해야 할 일, 모욕적이거나 어이없는 말에 대한 고통스러운 기억도 시간을 잡아먹는다.

우리가 할 일을 다 해도 여름이면 파리가 생길 것이고, 숲을 걷는다면 모기에게 물릴 것이며, 낚시를 가면 옷이 젖을 것이 뻔하다. 기후는 게으른 사람에게 큰 걸림돌이다. 우리는 종종 날씨 따위를 신경 쓰지 않기로 마음먹고도, 여전히 구름과 비를 신경 쓴다.

우리는 시간과 세월을 소모하는 이 사소한 경험을 통해 가르침을 얻는다. 척박한 땅과 넉 달 동안 내리는 눈은 우리를 늘 웃을 수 있는 열대 기후에 사는 사람보다 더 현명하고 유능하게 만든다. 열대 섬에 사는 사람은 하루 종일 자유롭게 돌아다닐 수 있다. 밤에는 달빛 아래 깔개를 깔고 잘 수 있으며, 야생 대추야자 나무가 자라는 어느 곳에서든 자연은 기도하지 않아도 풍족한 아침을 선사해준다.

그러나 북쪽에 사는 사람에게는 어쩔 수 없이 집이 필요하다. 음식을 끓이고, 굽고, 절이고, 저장해야 하며, 장작과 석탄을 쌓아두어야 한다. 이러한 노동은 자연에 대한 새로운 지식 없이는 불가능하며, 자연은 영원히 중요한 존재였으므로 이 지역에 사는 사람들은 남쪽에 사는 사람들보다 더 큰 힘을 발휘해왔다. 다른 분야를 잘 아는 사람일지라도 이런 일들에 대해서는 아무리 많이 알아도 지나치지 않다. 그러니 정확한 지각을 가지라. 손이 있다면 다루고, 눈이 있다면 측정하고 구별하라. 과학과 자연사, 경제학의 모든 지식을 받아들이고 축적하라. 더 많이 알수록 하나도 놓치고 싶지 않을 것이다. 그 가치를 밝혀줄 시간은 언제든 찾아온다. 지혜는 모든 자연스럽고 순수한 행위에서 드러나는 법이다.

부엌의 시계 소리와 장작이 타오르는 소리를 그 어떤 음악보다 사랑하는 사람은 다른 이들은 절대 꿈꾸지 못할 위안을 얻는다. 목표를 위해 적절한 수단을 적용한다면 분명 성공을 거두게 될 것이다. 농장이나 가게에서 울려 퍼지는 승리의 노래는 정당에서, 혹은 전쟁 중에 울리는 찬가 못지않을 것이다. 훌륭한 가장은 헛간에 장작을 쌓거나 지하실에 과일을 보관할 때에도 전투를 하거나 공문서를 다룰 때 못지않게 효율적인 방법을 찾는다.

그는 비가 오는 날에는 작업대를 만들거나 헛간의 한구석에 공구 상자를 두고 못, 송곳, 렌치, 드라이버, 끌 등을 정리한다. 그러면서 젊은 시절과 어린 시절의 오래된 기쁨, 다락에 대한 고양이 같은 애정, 수납장과 옥수수 저장고, 오래된 살림의 편리함 등을 다시금 맛본다. 정원이나 닭장은 그에게 큰 기쁨을 주는 해독제이다.

선한 세상 구석구석에 존재하는 풍요롭고 달콤한 것들 속에서 누군가는 낙관의 이유를 발견하게 되는 것이다. 법칙을 지키라. 어떤 법칙이든 지키면 당신의 길은 만족으로 가득 찰 것이다. 즐거움의 질은 양보다 더 큰 차이가 있다. 반면에, 자연은 신중함을 등한시한 사람에게 벌을 준다. 감각을 최종 목표로 여긴다면 감각의 법칙을 따르라. 그러나 영혼을 믿는다면, 천천히 자라는 인과법칙의 나무에서 자란 열매가 무르익기 전까지 감각적 달콤함에 굴복하여 그 열매를 움켜쥐지 않도록 조심하라. 허술하고 불완전한 인식을 하는 사람을 상대하면 눈살이 찌푸려진다. 새뮤얼 존슨[Samuel Johnson][53] 박사는 아

---

[53] 18세기 잉글랜드의 문학가로 영문학의 발전에 크게 기여한 인물이다.

이가 '저' 창문을 보며 '이' 창문을 봤다고 하면 아이에게 매를 들어야 한다고 말했다고 한다.

특히 우리 미국인은 정확한 인식을 평균 이상으로 중요하게 생각하며, 이는 '분명하다'는 말버릇이 통용되는 데서도 드러난다. 시간 약속을 어기거나 사실을 혼동하고, 미래의 과제를 소홀히 하는 것은 어느 나라에서나 탐탁지 않게 여겨진다. 시간과 공간에 대한 완벽한 법칙이 우리의 무능함으로 어긋난다면 혼란스러운 상황이 벌어질 수 있다. 성급하고 서툰 손길로 벌집을 다룬다면 꿀을 얻기는커녕 벌에 쏘이기 십상이다.

신중한 사람이 되고 싶다면

 우리의 말과 행동이 공정하려면 반드시 시기적절해야 한다. 6월의 아침에 들리는 낫을 가는 소리는 경쾌하고 기분이 좋다. 이에 반해, 건초를 만들기에 너무 늦은 계절에 들리는 숫돌 가는 소리만큼 쓸쓸하고 슬픈 소리는 없을 것이다.

 정신이 산만하고 게으른 사람들은 자신들의 일만 망치는 것이 아니라, 그들과 거래하는 다른 이들의 기분까지 망친다. 나는 몇몇 그림에 대한 한 비평을 읽은 적이 있는데, 게으르고 불행하며 자신의 감각에 충실하지 않은 사람들을 볼 때면 그 비평이 떠오른다. 그것은 바이마르의 마지막 대공의 비평으로, 탁월한 식견을 지닌 그는 이렇게 말했다.

 "나는 위대한 예술 작품 앞에서, 특히 바로 지금 여기 드레스덴에서, 하나의 속성이 형상에 생명을 불어넣고 그 생명에 부정할 수 없는 진리를 부여하는 데 얼마나 기여하는지 깨닫게 된다. 이 속성이란 모든 형상이 정확한 무게 중심을 잡는 것을 말한다. 즉, 형상들은 발을 단단히 딛고 서고 손은 무언가를 쥐고 시선은 정확한 지점을 바라봐야 한다는 뜻이다. 그릇이나 의자 같은 무생물의 형상 역시 아무리 정확하게 그려졌어도, 무게 중심이 잡혀 있지 않으면 떠다니고 흔들리는 것처럼 보인다. 지금까지 본 것 중 가장 큰 감동을 준 작품은 드레스덴 미술관에 있는 라파엘로Raphael의 작품이다. 성모와 아기 예수를 경배하는 두 명의 성인을 그린, 당신이 상상할 수 있는 가장 조용하고 차분한 그림이다. 그러나 이 작품은 열 명의 순교자가 몸을 뒤틀며 십자가에 못 박힌 모습보다 더 깊은 감동을 불러일으킨다. 이는 그 작품이 모든 형상의 저항할 수 없는 아름다움뿐만 아니라 매우 수직적인 구도를 보여주기 때문이다."

우리는 인생이라는 그림 속 모든 인물에게서 이러한 수직성을 기대한다. 그들이 두 발로 땅을 단단히 딛고서 떠다니거나 흔들리지 않기를 바란다. 그런 자들을 찾아, 그들이 기억하는 것과 꿈꾸는 것을 구별할 수 있게 하자. 우리가 진실을 알 수 있도록 사실을 있는 그대로 말하게 하며, 신뢰를 통해 자신들의 감각을 존중할 수 있도록 하자.

그런데 누가 감히 타인을 경솔하다고 비난할 수 있을까? 어떤 사람이 신중한 사람인가? 신중함에 있어서 최고의 경지에 이르렀다고 할 만한 사람은 극히 드물다. 우리는 자연과의 관계에서 삶을 방식을 왜곡하고 모든 법칙을 우리의 적으로 만드는 치명적인 혼란을 겪고 있다. 그로 인해 결국 세상의 모든 지혜와 덕이 개혁의 문제를 숙고하게 된 듯하다. 우리는 최고의 신중함을 조언자 삼아 소환해야 하며, 왜 건강과 아름다움, 천재성이 이제 인간 본성의 법칙이 아니라 예외가 되었는지 질문해야 한다.

우리는 동물과 식물이 가진 본질적 특성과 자연의 법칙을 공감할 수 없지만, 시인은 여전히 이를 꿈꾼다. 시와 신중함은 일치해야 하며 시인은 입법자가 되어야 한다. 이 말은 가장 대담한 서정적 영감은 시민의 법칙과 일상을 꾸짖거나 모욕하는 것이 아니라, 그것들을 선언하고 이끌어야 한다는 뜻이다. 그러나 이제 둘은 조화를 이룰 수 없을 정도로 너무 멀리 떨어진 듯하다.

작은 것을 경멸한 자는 조금씩 멸망할 것이다

우리는 끊임없이 법칙을 위반하여 결국 폐허 속에 서 있다. 그리고 이성과 현상이 일치하는 경험을 할 때면 놀라곤 한다. 아름다움은 감각처럼 모든 남성과 여성에게 당연히 주어져야 하는 속성이건만, 실제로 그런 경우는 드물다. 건강하거나 건전한 몸은 보편적이어야 한다. 천재성은 천재성으로 이어져 모든 아이가 영감을 받아야 한다. 그러나 이제는 어떤 아이에게도 이를 기대할 수 없으며 어디에서도 그 재능은 온전하지 않다.

그래서 우리는 희미한 재능을 예의상 천재성이라 부르지만, 그것은 돈벌이의 수단이 된 재능, 즉 내일 잘 먹고 잘 살기 위해 오늘 반짝이는 재능일 뿐이다. 사회는 신성한 사람들이 아닌 적당한 재주를 가진 사람들에 의해 돌아가고 있다. 이들은 사치를 없애는 것이 아니라 더 세련되게 만드는 데 재능을 발휘한다. 하지만 천재성은 항상 금욕적이고 경건하며 사랑으로 가득 차 있는 법이다. 고귀한 영혼들에게 욕망은 질병으로 보이며, 그들은 이 욕망을 거스르는 규율과 경계에서 아름다움을 찾는다.

우리는 우리의 관능적 욕망을 그럴듯한 말로 포장하려고 하지만, 어떤 재주를 부려도 방종을 격조 있게 만들 수는 없다. 재능 있는 사람은 감각의 법칙을 어기는 일을 사소하게 취급하고, 예술에 대한 그의 헌신과 비교하여 별것 아닌 듯 치부하려 한다. 하지만 그의 예술은 결코 그에게 외설이나 와인에 대한 집착, 노력 없이 무언가를 얻으려는 욕망을 가르친 적이 없다. 그의 예술은 그가 거룩함을 잃고 상식을 저버릴 때마다 그 가치가 줄어든다. 세상을 경멸한다고 말했던 그에게, 경멸받던 세상이 앙갚음을 한다.

작은 것을 경멸한 자는 조금씩 멸망할 것이다. 역사를 꽤 공정하게 묘사했을 가능성이 높은 괴테Goethe의 『타소Tasso』는 진정한 비극을 보여준다. 폭압적인 리처드 3세Richard III가 무고한 사람 수십 명을 억압하고 학살한 사건도, 둘 다 옳지만 상반된 입장을 가진 타소와 안토니오Antonio의 상황과 비교하면 나에게는 진정한 슬픔으로 느껴지지 않는다.

한 사람은 세속의 법칙에 따라 일관되고 진실하게 살

고, 다른 사람은 모든 신성한 감정에 불타지만 감각적 쾌락에 집착하여 감각의 법칙을 따르지 않으려 한다. 이는 우리 모두가 느끼는 슬픔이자 풀 수 없는 매듭이다. 타소와 같은 이야기는 현대 전기에서도 흔히 볼 수 있다. 열정적인 천재성을 지닌 한 인간은 감각의 법칙을 무시하고 자기 탐닉에 빠져 결국 불행해지고, 불평을 일삼으며 자기 자신과 타인에게 가시 같은 존재가 되어버린다.

가난한 리처드의 연감

학자의 이중적인 삶은 우리에게 부끄러움을 안긴다. 신중함을 넘어서는 무언가가 작동하는 동안 그는 존경할 만한 인간이지만, 상식이 요구되는 순간 그는 짐이 된다. 어제는 카이사르처럼 위대했던 그가 오늘은 교수대에 선 죄수보다 비참하다. 어제의 그는 이상적인 세계의 광채를 내뿜는 최고의 인간이었으나, 지금은 자신이 초래한 욕구와 병에 억눌려 있다.

그의 모습은 여행자들이 콘스탄티노플의 장터에서 흔히 마주치는 초라한 떠돌이 헛소리꾼들을 닮았다. 얼굴이 누렇게 뜨고 비쩍 마른 그들은 누더기를 걸치고 숨어 다니다가, 저녁에 장이 서면 몰래 아편 가게로 향한다. 아편을 한 모금 빨고 나면, 마치 평온하고 영화로운 예언자라도 된 듯한 착각에 빠지는 것이다. 수년 동안 사소한 재정적 어려움에 시달리다가, 결국 차가워지고 지쳐서 아무런 성과도 없이 마치 핀에 찔려 죽는 거인처럼 침몰하는 무분별한 천재의 비극은 드문 일이 아니다.

인간은 자연이 보내는 이런 첫 번째 고통과 굴욕을 받

아들이는 것이 낫지 않을까? 자신의 노력과 절제에 대한 정당한 결실을 제외한 다른 선을 기대하지 말라는 경고로서 말이다. 건강, 생계, 환경, 사회적 지위는 각각 중요성을 지니며, 인간은 그것들에 마땅한 가치를 부여해야 한다.

자연을 영원한 조언자로 여기고 그 완벽함을 척도로 삼아 우리의 일탈을 평가하라. 밤을 밤답게 낮을 낮답게 만들라. 지출 습관을 잘 관리하라. 제국을 다스리는 데 쓰는 지혜만큼 개인 경제에도 많은 지혜를 쏟아야 하며, 또 이를 통해 지혜를 얻기도 한다는 사실을 깨달아야 한다.

인간이 손에 쥔 모든 돈에는 그를 위한 세상의 법칙이 새겨져 있다. 벤자민 프랭클린Benjamin Franklin이 '가난한 리처드Poor Richard'[54]라는 이름으로 전하는 지혜나, 대량 구매 후 소매로 판매하는 시장의 지혜, 자는 동안에도 자라날 나무를 틈틈이 심는 농부의 부지런함, 작은 도구나 시간을 아껴 쓰는 습관 등은 배워서 손해가 날 일이 없다. 우

---

[54] 벤저민 프랭클린은 1732년부터 1758년까지 리처드 손더스Richard Saunders 라는 가명으로 농업, 기상, 천문 정보와 함께 금언을 적어 넣은 『가난한 리처드의 연감Poor Richard's Almanack』을 발행했다.

리는 항상 사려 깊고 신중하게 상황을 바라보아야 한다.

철은 방치하면 녹슬고, 맥주는 적절한 환경에서 양조하지 않으면 상한다. 배의 목재는 바닷물에 젖어도 썩지만, 건조하고 높은 곳에 보관해도 뒤틀리고 말라비틀어지기 마련이다. 돈은 그냥 두면 이익이 생기지 않고 손실 위험이 따르며, 투자하면 주식 가치가 하락할 수 있다. 대장장이는 철이 하얗게 달아올랐을 때를 놓치지 말고 두드리라고 말한다. 건초 만드는 사람은 갈퀴를 되도록 가까이 두고, 그 옆에는 건초를 실어 나를 수레를 두라고 한다.

미국인은 이렇게 철저한 준비성과 신중함으로 유명하다. 좋은 것이든 나쁜 것이든, 깨끗하든 낡았든 상관없이 돈을 빠르게 유통함으로써 손해를 보지 않는다. 그들은 소유하는 그 짧은 순간에도 철은 녹슬지 않고, 맥주는 상하지 않으며, 목재는 썩지 않게 한다. 또한 옷감은 유행에서 벗어나지 않으며, 돈과 주식 역시 가치가 떨어지지 않게 한다. 얇은 얼음 위에서 스케이트를 탈 때는 빠른 속도가 우리를 안전하게 지켜주는 법이다.

솔직하라, 신뢰하라, 진실할 것이니

　인간은 더 깊고 정제된 신중함을 배워야 한다. 자연의 모든 것, 티끌이나 깃털까지도 우연이 아닌 법칙에 따라 움직이고 뿌린 대로 거두게 된다는 사실을 알아야 한다. 근면하게 스스로 생계를 꾸린다면, 다른 사람에게 쓸데없는 원망을 사지 않으며 가식적인 관계를 맺지 않는다. 이는 부가 주는 최고의 이익이 자유이기 때문이다. 우리는 작은 덕목들도 꾸준히 실천해야 한다. 얼마나 많은 시간이 기다림에 낭비되는가! 주변의 동료들을 기다리게 하지 말자.

　얼마나 많은 빈말과 허황된 약속이 대화 속을 오가는가! 말에 운명의 무게를 담으라. 전 세계를 돌아다니는 나무 배 안에 접힌 채 봉인되었던 종잇조각이 수많은 사람 중에서 정확히 수신자에게 전달되는 것을 보며, 우리는 여러 혼란과 방해 속에서도 자신을 하나로 통합해야 한다. 그렇게 함으로써 인간의 미약한 한마디 말이 폭풍과 먼 거리, 이곳저곳에서 몰아치는 우연 속에서도 지켜질 수 있게 해야 한다.

한 가지 덕목에만 집중해서 원칙을 정하려 해선 안 된다. 인간 본성은 모순이 아닌 조화를 사랑한다. 외적인 행복을 확보하려는 신중함과 영웅적 정신, 거룩함은 각기 따로 연구되는 것이 아니라 서로 조화를 이룬다. 신중함은 현재의 시간, 사람, 재산 그리고 현존하는 형태에 신경 쓴다. 그러나 모든 사실은 영혼에 뿌리를 두고 있어, 영혼이 바뀌면 존재하지 않거나 다른 무언가가 된다. 따라서 외적인 것들은 언제나 그 원인과 기원을 올바로 인식해야 적절하게 관리할 수 있다. 즉, 좋은 사람이란 현명한 사람이고 성실한 사람이란 정치적인 사람일 것이다.

진리를 위반하는 행위는 거짓말쟁이의 자살과 같을 뿐만 아니라, 인간 사회의 건전함을 해치는 일이다. 가장 이익이 되는 거짓말도 결국 사건의 흐름에 따라 큰 대가를 치르게 된다. 반면에, 솔직함은 솔직함을 낳아 사람들의 관계를 편하게 하고 사업을 우정으로 만든다. 사람들을 신뢰하라. 그러면 그들은 당신에게 진실할 것이다. 그들을 위대한 사람으로 대하라. 그러면 그들은 당신을 위해 거래 규칙에 예외를 두더라도 자신의 위대함을 증명할 것이다.

두려움은 나쁜 조언자일 뿐이다

불쾌하고 두려운 문제를 신중히 처리한다는 것은 회피하거나 도망치는 것이 아니라 용기로 맞선다는 뜻이다. 평정심을 가지고 평화로운 인생을 보내고자 하는 사람은 결의를 다져야 한다. 가장 두려운 대상에 맞서고 나면, 그 용기를 통해 대개 두려움에는 근거가 없다는 사실을 깨닫게 될 것이다.

라틴 속담에 "전투에서 가장 먼저 굴복하는 것은 눈이다"라는 말이 있다. 완전한 침착함은 전투를 펜싱이나 축구 경기만큼 안전하게 만들 수 있다. 군인들은 대포가 겨누어지고 점화되는 것을 보고 포탄이 날아오는 경로를 피한 사람들의 사례를 이야기한다. 폭풍에 대한 두려움은 주로 실내에 있는 사람들이 느끼는 법이다. 가축 몰이꾼이나 선원은 하루 종일 폭풍과 대면하며 진눈깨비에도 6월의 햇빛에도 상관없이 언제나 건강을 유지한다.

이웃 간에 불편한 일이 생기면 두려운 마음이 쉬이 자리를 잡고 상대방의 영향력을 과장한다. 그러나 두려움은 나쁜 조언자일 뿐이다. 모든 인간은 사실 연약하지만 겉으로는 강해 보이기 마련이다. 즉, 자신이 스스로에게는 약해 보이고 타인에게는 위협적으로 보이는 것이다. 당신은 강해 보이는 그 사람을 두려워하지만, 그 사람 역시 당신을 두려워한다. 당신은 가장 비열한 사람의 호의조차 신경 쓰고 그의 반감을 두려워한다.

그러나 상대가 당신과 당신이 사는 동네의 평화를 가장 많이 해치는 사람이라 할지라도, 그의 요구를 뜯어보면 그 역시 다른 사람과 마찬가지로 연약하고 소심한 존재라는 사실이 드러난다. 그래서 사회의 평화는 종종 아이들의 말마따나 '한 사람은 겁을 먹고 다른 사람은 감히 맞서지 않아서' 유지된다. 멀리서 허세를 부리고 위협하는 인간도 가까이에서 보면 아주 약한 존재일 뿐이다.

'호의는 돈이 들지 않는다'는 속담이 있다. 그러나 굳이 계산을 하자면, 얻을 수 있는 이익을 통해 사랑의 가치도 평가할 수 있을 것이다. 사랑은 맹목적이라고 하지만, 우리는 그 친절을 볼 줄 알아야 한다. 따라서 사랑은 눈을 가리는 것이 아니라 눈을 맑게 해주는 과정이다. 당신이 다른 종파의 신자나 적대적 당파의 사람을 만나게 된다면, 차이를 의식하지 말고 남아 있는 공통의 토대를 바탕으로 그를 대하라. 비록 그 공통점이 태양이 빛나고 비가 내리는 날씨뿐일지라도, 그 영역은 매우 빠르게 확장될 것이며 당신이 알아차리기도 전에 그 차이는 사라질 것이다.

논쟁 중에는 성 바울도 거짓말을 하고 성 요한St. John도 남을 미워하기 마련이다. 종교 논쟁이 순수하고 선택받은 영혼들까지 얼마나 비천하고 위선적으로 만드는지! 얼버무리거나 허세를 부릴 뿐만 아니라, 속이거나 숨기기도 하고, 다른 곳에서 자랑하고 이기기 위해 여기서는 인정하는 척한다. 그러나 이런 논쟁에서는 어떤 생각도 서로를 풍요롭게 하지 않으며, 용기나 겸손, 희망의 감정도 생기지 않는다.

그러므로 적대감과 원망에 빠져 친구들과 자신을 잘못된 상황에 빠뜨려서는 안 된다. 당신의 견해가 그들의 견해와 정면으로 배치되더라도, 사람들 사이에 감정이 일치하고 모든 사람들이 당신의 말처럼 생각한다고 가정하라. 그리고 망설이지 않고 재치와 애정이 묻어나는 역설을 과감히 펼치라. 그렇게 한다면 최소한 적절한 의견 표명은 할 수 있을 것이다.

오래된 신발이 편한 법

영혼의 자연스러운 움직임은 의식적인 움직임보다 훨씬 나아서, 당신은 논쟁 중에는 제대로 실력을 발휘할 수 없을 것이다. 생각이 올바른 방식으로 다루어지지 않을 뿐만 아니라 균형 있거나 참된 모습으로 드러나지 않으며, 대신 강요되고 왜곡된, 쉰 목소리로 내뱉는 모호한 증언처럼 들릴 것이다. 그러나 동의를 전제로 한다면, 그것은 이내 받아들여질 것이다. 왜냐하면 모든 인간은 밖으로 드러나는 다양성 아래 하나의 마음과 하나의 뜻을 공유하고 있기 때문이다.

지혜는 우리가 그 누구와도 적대적인 관계를 맺도록 허락하지 않을 것이다. 우리는 앞으로 맺게 될 더 교감할 수 있고 더 친밀한 관계를 기다리느라 지금 내 곁의 사람들과 교감하고 친밀해지기를 거부한다. 하지만 그런 관계는 대체 언제, 어디에서 시작되는가? 내일도 오늘과 다르지 않을 것이다. 우리가 삶을 준비하는 동안에도 인생은 흘러가고, 친구들과 동료들은 하나둘 우리 곁을 떠난다. 살면서 새로운 사람을 만나게 되는 경우는 드물다.

우리는 유행을 따르거나 더 훌륭하고 강한 사람의 후원을 기대하기에는 너무 늦었다.

우리 가까이에서 커져가는 애정과 관습의 달콤함을 음미하자. 오래 신은 신발이 편한 법이다. 물론 우리는 주변 사람들의 결점을 쉽게 지적하며, 더 자랑스럽고 상상력을 자극하는 이름을 쉽게 속삭일 수 있다. 모든 인간에게는 상상하는 친구들이 있고, 그런 동료들과 함께라면 삶은 더 소중해질 것이다. 그러나 양쪽 모두에게 좋은 관계가 아니라면, 그 관계는 진심으로 좋다고 할 수 없다. 만약 신이 아닌 우리의 야망이 새로운 관계를 형성하는 데 관여한다면, 관계의 미덕은 정원의 딸기가 맛을 잃듯 사라질 것이다.

그래서 진리와 솔직함, 용기, 사랑, 겸손 그리고 다른 모든 미덕이 신중함의 영역, 즉 현재의 행복을 지키는 기술의 영역에 속한다. 모든 물질이 결국 산소나 수소 같은 하나의 원소로 만들어졌다고 밝혀지게 될 것인지는 모른다. 하지만 태도와 행위의 세계는 단일한 본질로 연결되어 있으며, 어디에서 시작하든 우리는 곧 십계명을 중얼거리게 될 것이다.

Essays, First Series
by Ralph Waldo Emerson

7장

초영혼
THE OVER-SOUL

"자아를 찾는 것이 곧 영혼을 찾는 것이다."

임마누엘 칸트*Immanuel Kant*

최고의 법칙

삶의 각 순간은 그 지위와 영향력이 다르다. 우리의 신념은 순간적으로 드러나며 죄는 습관적으로 나타난다. 그러나 그 짧은 순간은 그 어떤 경험보다 생생하고 깊이가 있다. 그래서 인간에 대한 특별한 희망을 품는 이들을 항상 침묵하게 만들려는 주장, 즉 경험에 대한 호소는 언제나 근거가 약하고 무의미한 것이다. 우리는 반대자에게 과거를 양보하면서도 희망을 버리지 않는다. 그가 이 희망을 설명해야 한다.

우리는 인간의 삶이 비천하다는 사실을 인정하지만, 그 비천함을 애초에 어떻게 알았던 것일까? 이 오랜 불만과 불안은 어디에서 비롯된 것일까? 결핍과 무지에 대한 보편적인 감각은 영혼의 위대한 요구를 암시하는 것이 아닐까? 왜 사람들은 인간의 자연사가 한 번도 제대로 쓰인 적이 없으며, 우리가 언제나 자신에 대한 말을 남기고 있는 것일 뿐이라고 느끼는가? 또 왜 그런 말은 고리타분해지고 형이상학 책들을 쓸모가 없어진다고 느끼는가?

6천 년의 철학도 영혼의 방과 자원을 전부 탐색하지는 못했다. 그러한 시도 끝에는 언제나 해결되지 않은 무언가가 남아 있다. 인간은 수원이 감춰진 물줄기와 같은 존재이다. 우리 존재는 알 수 없는 곳에서 시작해 지금에 이르렀다. 가장 정확한 예언가도 당장 어떤 일이 벌어져 우리를 방해할지 알지 못한다. 나는 나의 의지라고 부르는 것보다 더 높은 사건의 근원을 매 순간 인정하지 않을 수 없다.

사건처럼, 생각도 그렇다. 내가 볼 수 없는 곳에서 시작해 한 시절 내게 흘러드는 강물을 보고 있으면, 나는 스스로가 원인이 아니라 이 천상의 물을 경이로운 눈으로 바라보는 구경꾼이자 한 명의 수혜자일 뿐이라는 사실을 깨닫는다. 나는 갈망하고 기대하며 받아들일 뿐, 그 통찰은 외부의 낯선 힘에서 비롯된다는 사실 또한 깨닫게 된다.

과거와 현재의 오류를 지적할 자격이 있는 '최고의 비평가'이자 반드시 일어날 일을 예견하는 유일한 예언자는 바로 대자연이다. 우리는 마치 지구가 대기의 부드러운 품속에 안겨 있듯 이 자연의 품 안에 머문다. 이 합일체unity, 즉 각각의 개별자들이 자연 안에 포함되어 서로 하나가 되는 초영혼over-soul은 우리의 모든 진정한 대화와 올바른 행동이 지향하는 존재이다. 이 압도적 실체는 우리의 책략과 기교를 무색하게 하여, 각자가 자신답게 행동하고 혀가 아닌 인격으로 말하게 한다. 또한 언제나 우리의 생각과 행동에 깃들어 지혜와 미덕, 힘과 아름다움이 되려고 한다.

우리는 연속적이면서도 구분되어 부분으로, 또 아주 작은 입자로서 살아간다. 동시에, 내면에는 전체의 영혼이 있다. 그것은 지혜로운 침묵, 모든 부분과 입자가 동등하게 연결된 보편적 아름다움으로, 곧 영원한 '하나'이다. 우리는 모두 이 깊은 힘 안에 존재하며, 그것과 그 지복至福에 접근할 수 있다. 이 힘은 매 순간 자족적이고 완전할 뿐 아니라, 보는 행위이자 그 대상이며 지켜보는 이이자 그 광경으로, 주체와 객체가 결합된 것이기도 하다.

우리는 태양, 달, 동물, 나무 등으로 세계를 조각조각 나누어 보지만, 이런 것들은 전체의 부분으로서 빛나며 그 전체가 곧 영혼이다. 오직 지혜의 관점으로만 시대의 운명을 읽을 수 있으며, 우리의 더 나은 생각에 기대어 모든 인간에게 내재하는 예언의 정신을 따름으로써 그것이 말하는 바를 이해할 수 있다. 그러한 삶에서 말하는 모든 사람의 말은 같은 생각을 품지 않은 사람에게는 분명 공허하게 들릴 것이다.

나는 그런 말을 감히 대신하여 할 수 없다. 나의 말은 그것이 품고 있던 위엄을 온전히 전달하지 못하고, 어딘가 모자라고 딱딱하게 느껴지리라. 그 지혜는 오직 그것이 선택한 사람에게만 영감을 줄 수 있으므로, 보라! 그 사람이 하는 말은 시적이고 달콤하며 마치 바람이 일어나듯 보편적일 것이다. 나는 비록 신성한 말을 할 수 없을지라도, 세속적인 언어를 통해서나마 이 신성한 천국을 알리고 '최고의 법칙'이 지닌 초월적 단순함과 힘에 대해 내가 수집한 단서를 전하고 싶다.

영원한 한 시간, 한 시간의 영원

우리는 종종 가면무도회에 참석한 것 같다고 느껴지는 대화나 공상, 후회, 열정의 순간, 놀라움, 꿈 등을 경험할 때가 있다. 그 익살스러운 가면들은 어떤 진짜 요소를 극대화하고 강조해서 우리의 주목을 끄는 역할을 하는데, 우리는 이런 경험 속에서 자연의 비밀에 대한 지식을 넓히고 밝혀줄 많은 단서를 얻을 수 있을 것이다.

이 모든 단서는 인간의 영혼이 단순한 하나의 기관이 아니라, 모든 기관을 움직이는 존재임을 보여준다. 영혼은 기억력, 산술력, 비교력 같은 기능이 아니라 이런 능력을 손발로 다루는 존재이며 능력이 아닌 빛이다. 지능이나 의지가 아니라 이를 발휘하는 주체이며, 우리 존재의 배경이자 소유하지 않고 소유되지 않는 무한함이다.

빛은 우리의 내면에서든 뒤에서든 우리를 통해 세상을 비추며, 우리의 존재는 아무것도 아니고 빛이 전부라는 사실을 깨닫게 한다. 인간은 모든 지혜와 선이 깃든 신전의 외형과 같다. 우리가 보통 인간이라고 부르는 먹고, 마시고, 재배하고, 계산하는 존재는 인간의 참모습을 대변하기보다 오히려 왜곡한다. 우리는 그런 외형적 인간을 존경하지 않지만, 주인인 그의 영혼이 행동을 통해 드러난다면 경외심으로 무릎을 꿇게 된다. 영혼은 인간의 지성을 통해 숨 쉴 때 천재성이 되고, 의지를 통해 숨 쉴 때 미덕이 되며, 감정을 통해 흐르면 사랑이 된다. 영혼과 떨어져, 지성이 홀로 존재하면 눈이 멀고, 의지가 독립적으로 행동하면 나약해진다. 모든 개혁은 영혼이 우리를 통해 드러나게 하는 것을 목표로 하는데, 이는 곧 우리가 영혼에 순종하게 된다는 뜻이다.

인간은 누구나 어느 순간 이 순수한 본성을 감지하지만, 언어로는 그것을 적절하게 묘사할 수 없다. 그 본성은 너무 미묘해서 정의할 수도, 측정할 수도 없기 때문이다. 그러나 우리는 이것이 널리 퍼져 우리를 감싸고 있음을 안다. 모든 영적인 존재가 인간 안에 있음을 안다. 옛 격언에 '신은 벨을 울리지 않고 우리를 찾아온다'라는 말이 있다. 이는 우리의 머리와 끝없는 하늘 사이에 가림막이나 천장이 없는 것처럼, 인간의 영혼 속에도 결과인 인간과 원인인 신을 가로막는 빗장이나 장벽이 존재하지 않는다는 뜻이다. 장벽은 사라지고 우리는 영적 본성의 깊은 곳을 향해, 신의 속성을 향해 열려 있다. 우리는 정의, 사랑, 자유, 힘을 인식한다. 인간은 이 속성들 위에 올라선 적이 없지만, 이 속성들은 우리 위로 우뚝 솟아 있으며, 특히 우리가 이익을 위해 그것들을 해하려는 순간 더욱 크게 느껴진다.

우리가 말하는 이 본성의 최고 권위는 우리를 사방에서 둘러싼 제약에 대한 독립성으로 드러난다. 영혼은 만물을 포괄한다. 앞서 말한 바와 같이, 모든 경험을 반박한다. 마찬가지로 시간과 공간 역시 제거한다. 대부분의 사람에게 감각은 정신을 압도하여 시간과 공간의 벽이 극복할 수 없는 실체처럼 보이게 한다. 세상에서 이러한 한계를 대수롭지 않게 말하면 제정신이 아니라는 증거가 된다. 그러나 시간과 공간은 영혼의 힘을 역으로 보여주는 척도일 뿐이다. 정신은 시간을 자유자재로 다룬다.

영원을 한 시간에 압축할 수도,

한 시간을 영원으로 늘릴 수도 있다.[55]

---

[55] 바이런의 희곡 『카인Cain』에서 시간과 영원에 대해 말하는 부분이다.

도덕과 정신의 성장 법칙

우리는 출생 연도와 무관한 젊음과 나이가 있다고 느낄 때가 종종 있다. 어떤 생각들은 우리를 항상 젊게 만들고 계속해서 그 젊음을 유지하게 해준다. 보편적이고 영원한 아름다움에 대한 사랑도 그중 하나이다. 사람들은 그것에 대한 사색으로부터 그것이 필멸의 삶이 아닌 영원의 영역에 속한다고 느낀다.

최소한의 지성을 발휘함으로써 우리는 시간의 제약에서 어느 정도 해방된다. 병에 걸리거나 무기력할 때, 한 구절의 시나 심오한 문장을 읽고 나면 활력을 되찾는다. 플라톤이나 셰익스피어의 책을 펼치거나 그들의 이름을 떠올리기만 해도 우리는 곧바로 아주 오랜 세월을 산 듯한 느낌을 받는다.

심오하고 신성한 생각이 수 세기와 수천 년의 시간을 압축하고 모든 시대를 넘어 현존하는 것을 보라. 그리스도가 처음 가르침을 주었을 때보다 지금 그 영향력이 줄어들었는가? 나의 사고 안에서 사실과 인물의 중요성은 시간과 무관하다. 그래서 영혼의 척도는 언제나 감각과 이해의 척도와는 다르다. 영혼의 계시 앞에서 시간과 공간 그리고 자연은 물러난다.

일상의 언어에서 우리는 모든 것을 시간과 연결 짓지만, 이는 마치 엄청나게 멀리 떨어진 별들을 하나의 오목한 구체 안에 넣고 바라보는 것과 같다. 그래서 우리는 심판의 날이 한참 멀었거나 가깝다고 말하고, 천년 왕국이 다가온다거나, 특정 정치적, 도덕적, 사회적 개혁이 임박했다고 말한다.

그러나 이는 사물의 본질상 우리가 생각하는 사실 중 하나는 외적이고 일시적이며, 다른 하나는 영원하고 영혼과 내재적으로 연결되어 있다는 것을 의미한다. 우리가 지금 고정된 것이라 여기는 것들은 무르익은 과일처럼 하나씩 우리의 경험에서 떨어져 나가게 될 것이다. 그리고 바람이 불어 그것들을 아무도 모르는 곳으로 날려 보낼 것이다.

풍경, 인물, 혹은 보스턴이나 런던 같은 도시는 과거의 제도나 안개와 연기처럼 덧없는 것들이다. 사회와 세상도 마찬가지이다. 영혼은 과거의 세상을 뒤로하고 끊임없이 미래를 바라보며 새로운 세상을 창조해낸다. 영혼에는 날짜도, 의식儀式도, 인격도, 특수성도 없으며, 인간이라는 개념도 없다. 영혼은 오로지 자신만을 인식할 뿐이다. 사건의 연결망은 영혼을 부드럽게 감싸는 옷과 같다.

영혼이 진보하는 속도는 산술적 계산이 아닌, 영혼 고유의 법칙에 따라 측정되어야 한다. 영혼의 진보는 선형적 움직임으로 표현될 수 있는 연속적 단계가 아니라, 마치 변태變態 상태의 상승을 통해 이루어진다. 즉, 알에서 애벌레로, 애벌레에서 성충으로 변하는 과정과 같다.

천재의 성장은 특정한 총체적 성격을 띤다. 선택된 개인이 먼저 존과 아담을 뛰어넘고, 그다음에는 리처드를 뛰어넘어 그들에게 열등감의 고통을 안겨주는 식이 아니다. 오히려 천재는 성장의 고통을 통해 자신이 일하는 곳에서 확장하며, 매번 박동하는 순간마다 인간의 계층과 집단을 넘어서는 식으로 탄생한다.

신성한 충동이 생길 때마다, 마음은 유한하고 눈에 보이는 것들의 얇은 껍질을 찢고 나와 영원의 공기 속으로 들어가 호흡한다. 영혼은 세상에서 늘 언급된 진리들과 소통하고, 같은 공간의 사람들보다 제논Zeno과 아리아노스Arrian 같은 철학자들[56]과 더 가까이 공감한다.

이것이 도덕과 정신의 성장 법칙이다. 단순한 자들은 특유의 가벼움으로 인해 특정한 덕이 아닌, 모든 덕의 영역으로 올라간다. 그들은 모든 덕목을 포괄하는 정신 안에 있다. 영혼은 순수해야 하지만, 순수함이 곧 영혼은 아니다. 영혼은 정의로워야 하지만, 정의가 곧 영혼은 아니다. 영혼은 자비로워야 하지만, 그보다 더 나은 무언가이다.

그래서 도덕적 본성을 이야기하다 말고 그것이 요구하는 하나의 덕목만을 주장하게 될 때, 일종의 하향 조정처럼 느껴진다. 잘 태어난 아이는 모든 덕목을 자연스럽게 지니고 있으며 어렵게 습득하지 않는다. 그 아이의 마음에 호소하면, 갑자기 그 마음에 덕이 생겨난다.

---

56 제논은 고대 그리스 철학자로서 기원전 4세기 말 스토아철학을 창시했다. 아리아노스는 2세기 로마의 정치가이자 역사가로, 후기 스토아철학자 에피테토스Epictetus의 가르침을 담은 『담화Discourses of Epictetus』와 『엥케이리디온Enchiridion』을 저술하기도 했다.

지혜의 빛

이와 똑같은 정서 안에서 지적 성장이 움트기 시작하고, 그것은 동일한 법칙을 따른다. 겸손, 정의, 사랑, 열망을 느낄 줄 아는 사람은 이미 과학과 예술, 말과 시, 행동과 우아함을 지배하는 발판 위에 서 있다. 이러한 도덕적 축복을 받은 사람은 인간이 칭찬하며 매우 높이 평가하는 특별한 능력을 이미 지니고 있는 셈이기 때문이다.

어떤 남성이 재능도 기술도 없더라도 그를 사랑하는 연인에게는 별문제가 되지 않는다. 이는 그 연인이 관련 능력을 아무리 적게 가지고 있다 해도 마찬가지이다. 그리고 최고의 지성에 자신을 맡긴 마음은 그것의 모든 작업과 연결된 자신을 발견하고, 특별한 지식과 능력을 얻는 왕도를 걷게 될 것이다. 우리가 이 가장 중요한 근원적 정서에 도달하게 되면 외딴 가장자리에서 곧장 세계의 중심으로 이동하며, 마치 신의 밀실에서 세상을 바라보듯 원인을 이해하고 단지 느린 결과일 뿐인 우주를 예견한다.

신성한 가르침이 이루어지는 방식 중 하나는 영혼이

나와 같은 구체적인 형상을 취하는 것이다. 나는 내 생각에 반응하는 사람들, 또는 내가 따르는 위대한 본능에 대한 복종을 드러내는 사람들과 함께 사회를 살아간다. 나는 그들에게서 그 존재를 본다. 그리고 공통된 본성을 확신한다. 이 다른 영혼들, 이 분리된 자아들이 그 어떤 다른 것들보다 나를 끌어당긴다. 그들은 내 안에서 열정이라고 부르는 새로운 감정들, 즉 사랑, 증오, 두려움, 존경, 연민을 불러일으킨다. 여기에서 대화, 경쟁, 설득, 도시, 전쟁 등이 생겨난다. 개인들은 영혼이 전하는 근본적인 가르침을 보완하는 존재이다.

젊은 시절에 우리는 사람들에게 집착한다. 유년기와 청소년기에는 사람들을 통해 온 세상을 본다. 그러나 인간에 대해 더 많은 경험을 하게 되면, 모든 사람에게 드러나는 동일한 본성을 발견하게 된다. 각각의 개인들은 그 자체로 비인격적인 속성을 드러낸다. 두 사람 사이의 모든 대화에서는 암묵적으로 공통된 본성이라는 제삼자가 언급된다. 그 제삼자, 즉 공통 본성은 사회적인 것이 아니다. 그것은 비인격인 것, 곧 신이다.

진지한 논쟁이 벌어지는 집단에서는, 특히 고차원적

인 질문이 논의될 때 모든 사람의 마음속에서 생각이 동일한 수준으로 상승함을 알게 되고, 발언자뿐 아니라 모든 이가 발언된 말의 영적인 속성을 공유하고 있음을 깨닫는다. 그들은 모두 이전보다 더 현명해진다. 이 사고의 통합은 마치 사원의 아치처럼 그들 위로 놓인다. 그곳에서 모든 마음은 더 고귀한 힘과 의무감으로 뛰고, 평소와는 다른 엄숙함으로 생각하고 행동한다.

모두가 더 높은 수준의 침착함에 도달했음을 의식하며, 이 깨달음은 모두에게 빛이 된다. 가장 위대한 사람들과 가장 비천한 사람들 모두가 공유하는 인간의 지혜가 있다. 그러나 우리의 일반적인 교육은 종종 이 지혜를 억누르고 방해하려 한다. 마음은 하나이며, 진리를 있는 그대로 추구하는 자들은 진리를 소유하는 데에는 별 관심이 없다.

그들은 진리를 발견할 때마다 감사히 받아들일 뿐, 그것에 소유권을 주장하지 않는다. 왜냐하면 그것은 예전부터 영원히 그들의 것이기 때문이다. 학자나 사색가들이 지혜를 독점하는 것이 아니다. 그들은 때때로 지나치게 집중한 나머지 오히려 제대로 된 사고를 하지 못할 때도 있다.

그러므로 우리는 그다지 예리하거나 심오하지 않은 사람들에게 귀중한 통찰을 빚질 때가 많다. 그들은 우리가 갈망하며 애써 찾던 것을 아무렇지 않게 알려주곤 한다. 영혼의 움직임은 대화에서 말로 표현되는 것보다 느낌이나 표현되지 않은 것 속에서 더 자주 나타난다. 영혼은 모든 사회를 감싸고 있으며, 사람들은 무의식적으로 서로에게서 영혼을 찾는다.

우리는 우리가 아는 것 이상으로 더 잘 알고 있다. 우리는 아직 자신을 완전히 소유하지는 못했지만, 훨씬 많은 가능성이 있다는 것은 안다. 나는 이웃과의 사소한 대화 가운데에서도 같은 진리를 자주 발견한다. 우리 각자에게 깃든 더 높은 존재가 우리의 소소한 대화를 내려다보며 서로에게 고개를 끄덕이는 것이다.

영혼을 가진 자는 진리를 알아본다

사람들은 서로 만나기 위해 자신을 낮춘다. 세상에 대한 관습적이고 비천한 봉사를 하면서 타고난 고귀함을 포기한다. 이런 점에서 그들은 마치 초라한 집에 살며 겉으로 가난을 가장하는 아라비아 족장들과도 같다. 그들은 고위관리의 탐욕을 피하고자 자신들의 부를 모두 내부의 안전한 은신처에 숨긴다.

영혼은 모든 사람 안에 존재하듯, 인생의 모든 시기에도 함께한다. 갓 태어난 아이 안에서도 이미 성숙한 상태로 존재한다. 나의 라틴어와 그리스어 실력, 그동안 이룬 성취와 재력은 아이를 대할 때 아무런 도움이 되지 않지만 내가 가진 나의 영혼만큼은 유용하다.

내가 나의 의지를 내세운다면, 아이는 자신의 의지로 똑같이 나에게 맞설 것이다. 내가 원한다면 힘의 우위를 이용해 그를 제압할 수는 있겠지만, 이에 대해 스스로 비참함을 느끼게 될 것이다. 그러나 내가 나의 의지를 꺾고 영혼을 우리의 중재자로 삼아 따른다면, 똑같은 영혼이 아이의 눈에도 비칠 것이고, 아이는 나와 함께 존경하며 사랑할 것이다.

영혼은 진리를 인식하고 드러내는 존재이다. 우리는 진리를 알아볼 수 있으며, 회의론자나 냉소적인 자들이 뭐라고 떠들든 개의치 않는다. 어리석은 사람들은 듣기 싫은 말을 듣고는, "그것이 진리라는 것을 당신이 어떻게 아는가? 당신이 잘못 안 것이 아닌가?"라고 반문한다.

그러나 깨어 있을 때 깨어 있다는 사실을 아는 것처럼 우리는 진리도 의견과 구분하여 그 자체로 안다. 스베덴보리는 다음과 같은 말로 그의 지각의 위대함을 보여주었다. "사람이 무엇이든 원하는 것을 확인할 수 있다는 사실이 그 사람의 이해력을 증명하지는 않는다. 진실을 진실로, 거짓을 거짓으로 식별할 수 있는 능력이 바로 지성의 표식이자 특성이다."

내가 책 속에서 발견한 좋은 생각은 모든 진리가 그러하듯이 온전한 영혼의 표상이 되어 나에게 돌아온다. 그러나 책에서 발견한 나쁜 생각에 대해서는 같은 영혼이 분별력 있는 칼이 되어 그것을 잘라버린다. 우리는 우리가 아는 것 이상으로 더 지혜롭다. 생각을 방해하지 않고 온전히 행동하거나 신의 시선으로 바라보면 특정한 것과 모든 것, 모든 인간을 알게 된다. 우리 뒤에 서 있는 만물과 만인의 창조자는 우리를 통해 경외할 만한 전지적 능력을 만물에 발휘하기 때문이다.

영혼은 개인이 경험하는 구체적인 순간에 이루어지는 그 자체의 인식만이 아니라 진리 또한 드러낸다. 그러므로 우리는 그 존재를 통해 우리 자신을 보강하고, 그것의 출현에 대해 더 많은 가치를 부여하며 격조 있게 언급해야 한다. 영혼이 진리와 소통하는 것은 자연에서 일어나는 가장 위대한 사건이다. 왜냐하면 영혼은 자신의 일부를 주는 것이 아니라 전부를 주며, 깨우친 인간에게 들어가 그가 되거나, 그가 받은 진리에 상응하는 만큼 그를 자신으로 삼기 때문이다.

세속적인 호기심에 관하여

 우리는 이 영혼의 선언, 즉 그 본성의 발현을 '계시revelation'라는 용어로 구별한다. 이런 경험을 할 때면 언제나 숭고한 감정을 느낀다. 왜냐하면 이러한 소통은 신성한 정신이 우리의 정신으로 들어오는 것이기 때문이다. 그것은 삶의 바다에 밀려드는 파도 앞에서 작은 물줄기가 물러나는 것과 같다.

 이 중요한 계율을 명확히 이해할 때마다 인간은 경외와 기쁨으로 흥분한다. 모든 사람은 새로운 진리를 받아들이거나 자연의 중심에서 비롯한 위대한 행위를 수행할 때 전율한다. 이런 소통 속에서 통찰력과 행동하려는 의지는 별개로 나뉘지 않지만 통찰력은 순종에서, 그 순종은 즐거운 인식에서 시작된다.

 인간이 그런 인식에 사로잡히는 순간은 기억에 남는 법이다. 우리의 본성상, 개인이 신성한 존재를 의식하는 순간에는 자연스럽게 내면에서 열정이 동반된다. 이 열정의 성격과 지속 시간은 개인의 상태에 따라 달라서 무아지경이나 황홀감, 예언적 영감과 같이 상대적으로 드문 경우부터 희미하게 빛나는 도덕적 감정에 이르기까지 다양하게 나타난다. 이런 감정은 가정에 있는 벽난로처럼 모든 가족과 인간관계를 따뜻하게 함으로써 사회를 가능하게 만든다. 우리가 이러한 감정을 통해 다른 사람들과 연결될 때, 그 연결이 바로 진정한 인간다움을 실현하는 순간이 된다.

사람들에게서 종교적 감각이 열릴 때면 마치 "엄청난 빛으로 폭발하는"[57] 듯한 일종의 광기가 늘 동반된다. 소크라테스가 경험한 황홀경, 플로티노스Plotinus의 합일, 포르피리오스Porphyry의 환영, 바울의 회심, 야코프 뵈메Jakob Behmen의 오로라, 조지 폭스George Fox와 퀘이커 교도들의 경련, 스베덴보리가 본 강한 빛 등이 그 예이다.[58]

이러한 뛰어난 인물들이 겪은 강렬한 경험은 다소 덜 극적인 방식으로 일상 속에서도 빈번하게 나타난다. 역사 속에서 종교는 끊임없이 열광의 경향을 보여준다. 모

---

[57] 18세기 잉글랜드의 시인 토머스 그레이Thomas Gray의 『시의 발전: 핀다릭 오드The Progress of Poesy: A Pindaric Ode』의 구절을 인용한 것이다.
[58] 플로티노스는 3세기에 활동한 그리스의 철학자로 신플라톤주의의 창시자이고, 포르피리오스는 그의 제자로 그 사상을 전파했다. 야코프 뵈메는 16~17세기 독일의 신비주의 철학자이며 조지 폭스는 17세기 영국의 성직자로 퀘이커교의 창시자이다.

라비아파Moravian와 정적주의자Quietist[59]의 환희, 새예루살렘 선교회가 주장하는 말씀의 내면적 의미 개방, 칼뱅주의의 부흥, 감리교 신자들의 경험 등은 개인의 영혼이 보편적 영혼과 늘 연결되는 경외와 기쁨의 전율을 다양한 형태로 보여준다.

이런 계시들의 본질은 하나같이 절대적인 법칙에 대한 인식을 보여준다. 이러한 계시들은 영혼이 스스로 던지는 질문에 대한 대답이지만, 지성의 질문에 대한 답은 아니다. 영혼은 결코 언어로 답하지 않으며 질문의 대상 그 자체를 통해 답한다.

영혼은 계시를 통해 자신의 존재를 드러낸다. 사람들은 흔히 계시를 운명에 대한 예언으로 받아들인다. 과거의 영혼의 신탁에서는 총명한 자가 신으로부터 세속적인 질문에 대한 답을 구했다. 그래서 인간이 얼마나 오래 살 것인지, 무엇을 할 것인지, 누구와 함께할 것인지 등을 알려고 하고, 심지어 구체적인 이름과 날짜, 장소까지

---

59 모라비아 교회Moravian Church는 15세기에 설립된 개신교 교단으로 개인의 회심, 경건, 선행 등을 중시한다. 정적주의Quietism는 17세기에 나타났던 가톨릭 신비주의 운동으로 신의 의지에 자신을 내맡기는 정신적 자기 소멸을 주장했다.

예측하려 했다.

그러나 우리는 이런 비밀을 캐려고 해서는 안 되며, 저급한 호기심을 자제해야 한다. 말로 된 답은 망상을 불러일으킬 뿐이다. 그것은 당신의 질문에 대한 진정한 답이 아니다. 당신이 항해하는 세상에 대한 구체적인 설명을 요구하지 말라. 그렇게 해서 진정한 모습을 알 수 없으며, 내일이면 그곳에 도착해 직접 경험함으로써 알게 되리라. 인간은 영혼의 불멸성, 천국의 일, 죄인의 운명 등에 관심을 갖는다. 심지어 예수가 이런 질문에 대해 구체적인 답을 남겼다고 믿는다. 그 숭고한 정신은 단 한 순간도 일상적인 언어를 사용한 적이 없다.

진리와 정의 그리고 사랑이라는 영혼의 특성들은 본질적으로 불변성의 개념과 연결되어 있다. 예수는 이런 가치에 따라 살며, 세속적인 운명은 신경 쓰지 않고 오로지 이런 가치를 드러내는 일에만 마음을 썼다. 그는 이런 속성들의 본질에서 지속성의 개념을 분리한 적이 없으며, 영혼의 지속성에 대해서 직접적으로 언급한 적도 없다. 지속성을 도덕적 요소에서 분리하고 영혼의 불멸을 교리로 가르치며, 증거로 이를 유지하는 것은 그의 제자들에게 맡겨졌다.

불멸의 교리를 따로 가르친 바로 그 순간 인간은 곧바로 타락하고 만다. 사랑을 전하고 겸손을 숭상할 때 지속성에 대한 의문은 생기지 않는다. 진정으로 깨달음을 얻은 영혼은 결코 이런 질문을 하지 않으며, 증거에 의존해 자신을 낮추지도 않는다. 왜냐하면 영혼은 자신에게 늘 진실하며, 자신 안에 영혼이 풍부한 사랑은 무한한 현재를 벗어나 유한한 미래에서 방황할 수 없기 때문이다.

영혼의 판별자

미래를 알고자 하는 우리의 질문은 곧 죄에 대한 고백이다. 신은 그런 질문에 답하지 않는다. 사물에 대한 질문에 언어로 답할 수는 없다. 내일의 사실들이 가려진 이유는 신의 독단적 명령이 아닌 인간의 본성 때문이다. 영혼은 우리가 원인과 결과 이외의 다른 암호를 읽도록 허락하지 않는다. 사건들을 가리는 이 장막을 통해 영혼은 인간의 아이들에게 오늘을 살라고 가르치는 것이다.

이런 감각의 질문에 답을 얻는 유일한 방법은 저급한 호기심을 버리고, 우리를 자연의 비밀 속으로 데려가는 흐름을 받아들이며 계속해서 열심히 일하며 살아가는 것뿐이다. 그러면 영혼은 자신도 의식하지 못하는 사이 새로운 상태에 이르러 질문과 답은 하나가 된다.

동일한 불, 즉 모든 것을 빛의 파도와 거센 물결 속에 녹여버릴 듯 타오르는 천상의 생명력 넘치는 불을 통해, 우리는 서로를 알아보고 서로가 각자의 영혼을 파악한다. 친구들의 성격에 대한 근본적인 판단 이유를 정확히 설명할 수 있는 사람이 있을까? 아마 없을 것이다. 그러나 그들의 행동과 말은 기대를 배신하지 않는다. 우리는 어떤 사람에 대해서는, 나쁜 점을 모르더라도 신뢰하지 않는다. 또 다른 사람의 경우에는, 자주 만나지는 않아도 그가 인격에 신경 쓰는 신뢰할 수 있는 사람임을 암시하는 신호를 본다. 우리는 서로를 매우 잘 알고 있다. 누가 자기 자신에게 얼마나 정직한지, 우리가 가르치거나 관찰하는 것을 단지 열망하기만 하는지 아니면 진정한 노력을 하는지 알 수 있다.

우리는 모두 영혼의 판별자이다. 우리의 판단은 삶이나 무의식의 힘에 자리 잡고 있다. 상업, 종교, 우정, 다툼과 같은 사회적 교류는 성격을 판단하기 위한 일종의 광범위한 탐구 행위인 셈이다. 법정에서나 회의에서나 원고와 피고인이 일대일로 대면한 상황에서나 사람들은 자신을 평가의 대상으로 내보인다. 그들은 자신들의 의지에 반하여 성격을 파악할 수 있는 작지만 결정적인 단서들을 드러낸다. 하지만 누가 판단하는가? 무엇이 판단하는가? 우리의 오성은 아니다. 학습이나 기술을 통해 판단하는 것이 아니다. 지혜로운 자는 직접 그들을 평가하는 대신, 그들이 스스로 자신들을 평가하게 두고 그저 이를 지켜보며 기록할 뿐이다.

이 불가피한 본성으로 인해 개인의 의지는 억제되며, 우리의 노력이나 결점에도 불구하고 당신의 천재성은 당신으로부터, 나의 천재성은 나로부터 드러난다. 우리는 우리가 누군지 우리 의지대로 알려주는 것이 아니라 무의식적으로 드러낼 것이다. 생각은 우리가 열어둔 적 없는 길을 통해 우리의 마음속에 들어오고, 자발적으로 열지 않은 길로 사라질 것이다. 인격은 우리의 의식적 통제를 넘어 우리에게 가르침을 준다. 참된 진보에 대한 확실한 표식은 인간이 취하는 태도에서 드러난다.

나이나 교양, 친구, 책, 행동, 재능 그리고 이 모든 것을 합친 것도 그가 자신보다 더 높은 정신에 경의를 표하는 것을 막을 수 없다. 그가 신으로부터 안식을 얻지 못한다면, 그의 태도와 말투, 내뱉는 문장의 구조, 그의 의견 전반에서 그것이 자신도 모르는 사이에 드러난다. 이는 결코 노력으로 숨길 수 없다. 그가 만일 신 안에서 중심을 찾았다면, 무지, 마음에 안 드는 기질, 우호적이지 않은 상황 속에서도 신성은 그를 통해 빛날 것이다. 구하는 자의 분위기와 이미 구한 자의 분위기는 다르다.

진정한 천재성이란

철학이나 문학 교사들 사이, 예를 들어 허버트^{Herbert} 같은 시인과 포프^{Pope} 같은 시인 사이, 스피노자^{Spinoza}, 칸트, 콜리지^{Coleridge} 같은 철학자와 로크, 페일리^{Paley}, 매킨토시^{Mackintosh}, 스튜어트^{Stuart} 같은 철학자 사이, 즉 세상에서 인정받은 성공한 변사辯士와 무한한 사상 속에서 반쯤 미쳐 여기저기 떠돌며 예언하는 신비주의자 사이에는 큰 차이가 존재한다.

바로 한 부류는 어떤 사실의 일부나 전부를 경험한 당사자이자 소유자로서 내부에서 말하는 반면에, 다른 부류는 단지 구경꾼으로서 말하거나 제삼자의 경험을 근거로 외부에서 말한다는 것이다. 타인이 외부자로서 내게 설교하는 것은 아무런 소용이 없다. 그것은 나 역시 쉽게 할 수 있는 일이기 때문이다.

예수는 언제나 내면에서 우러나오는 말을 전했으며, 그 깊이는 누구도 따라갈 수 없을 정도로 모든 이를 초월했다. 그 안에 기적이 있다. 이전부터 나는 틀림없이 그렇게 되어야 한다고 믿고 있다. 모든 사람은 늘 그런 선지자의 출현을 기대한다. 만약 어떤 이가 자기 내면의 장막에서 비롯된 말을 하지 않는다면, 즉 말이 그 내용과 하나가 되는 곳에서 말하지 않는다면, 그는 겸허하게 그것을 인정해야 한다.

마찬가지의 전지적 능력이 지성에 스며들면 우리는 그것을 천재성이라 부르는 것을 만든다. 세상에서 흔히 지혜라고 불리는 것 중 상당수는 진정한 지혜가 아니다. 가장 계몽된 이들 중에는 문학적 명성을 넘어서면서도 작가가 아닌 이들이 많다. 다수의 학자와 저술가 사이에서 우리는 신성함을 느끼지 못한다. 그들의 작업에서 발견되는 것은 영감이라기보다는 재주와 기술이다.

그들은 빛을 가지고는 있지만 그것이 어디에서 비롯됐는지 모르고, 그러면서도 그것을 자신의 것이라고 주장한다. 그들의 재능은 과장된 능력, 웃자란 사지와 같아서 그들의 힘이 오히려 하나의 질병이 된다. 이런 사례들 속에서 지적인 재능은 미덕이라기보다는 악덕처럼 보이며, 우리는 한 인간의 재능이 그가 진리를 향해 나아가는 길을 방해한다고 느낀다.

천재성은 종교적이다. 그것은 인간의 보편적인 마음

을 더 많이 수용하므로, 이례적이라기보다 오히려 타인들과 닮은 점이 더 많다. 모든 위대한 시인에게는 그들이 보여주는 재능 이상의 인간적 지혜가 있다. 아무리 뛰어난 작가나 재치 있는 사람, 열정적인 사람, 세련된 신사라도 그 자리를 대신할 수는 없다. 인간성은 호머와 초서Chaucer, 스펜서, 셰익스피어, 밀턴의 작품 안에서 빛난다. 그들은 진실에 만족하며 간결하게 표현한다.

그러므로 그들보다 덜 뛰어나지만 인기가 있는 작가들의 과장된 열정과 극단적인 표현에 익숙한 사람들에게는, 그 작품들이 딱딱하고 냉담하게 보일 수 있다. 왜냐하면 그들은 영감을 주는 영혼에 자유로운 흐름을 허용하는 시인이기 때문이다. 영혼은 그들의 눈을 통해 자신의 창조물을 다시 한번 바라보며 축복한다.

영혼은 자신의 지식보다 우월하고, 자신이 창조한 어떤 작품보다도 지혜롭다. 위대한 시인은 우리 내면의 풍요로움을 느끼게 하고, 그 결과 우리는 그의 작품에 대해서 덜 생각하게 된다. 그가 우리의 정신과 소통하는 최고의 방식은 우리에게 그의 모든 작업을 경멸하는 법을 가르치는 것이다.

셰익스피어는 우리의 지적 활동을 높은 수준으로 고양함으로써 그 자신의 작품을 초월하는 풍요로움을 제시한다. 그리하여 우리는 다른 때에는 자존적인 시로 칭송하는 그의 작품들이 참된 자연을 드러내는 데 있어서는 바위에 드리우는 지나가는 여행자의 그림자보다 못하다고 느끼게 된다.

『햄릿Hamlet』과 『리어왕King Lear』에서 스스로 드러난 영감은 언제까지나 또 다른 훌륭한 것들을 보여줄 수 있을 것이다. 이러한데 왜 우리가 『햄릿』과 『리어왕』을 대단히 여기겠는가? 그 작품들은 혀에서 음절이 떨어져 나오듯 영혼에서 떨어져 나온 것이며, 우리도 그 영혼을 가지고 있는데 말이다.

누구도 함부로 대하지 못하게 하는 법

이 에너지는 개인의 삶에 완전히 깃들지 않고는 임하지 않는다. 그것은 겸손하고 소박한 자, 자만심과 외적인 것들을 떨쳐버린 자에게 통찰, 평온함, 장엄함으로 다가온다. 우리는 이러한 에너지가 깃든 사람을 보며 위대함의 새로운 경지를 발견한다. 그 영감을 통해 그의 태도는 달라진다. 이제 그는 남들의 의견을 신경 쓰지 않으며, 오히려 그들을 평가한다. 이 에너지는 우리에게 소박하고 진솔해지기를 요구한다.

허영심 많은 여행자는 왕족이나 왕자, 백작 부인이 그에게 했던 말을 인용하며 자신의 삶을 꾸미려 한다. 야망에 찬 속물은 숟가락, 브로치, 반지 같은 사소한 것들을 뽐내며, 명함이나 칭찬을 소중히 간직한다. 보다 교양 있는 사람은 로마 여행, 천재와의 만남, 뛰어난 친구들과의 관계 같은 즐겁고 시적인 상황을 골라서 들려준다. 나아가 아름다운 경치나 산의 빛깔, 어제 산을 타는 동안 떠오른 심오한 생각 등을 언급하며 자신의 삶에 낭만을 덧칠하려 한다.

그러나 위대한 신을 숭배하는 영혼은 소박하고 진실하여 장밋빛 채색은 필요 없다. 멋진 친구나, 명예, 모험, 칭찬도 원하지 않는다. 현재의 순간과 사소한 일이 생각에 젖고 빛의 바다를 흡수함으로써, 지금 이 시각에 머물며 평범한 하루의 진지한 경험 속에서 살아가기 때문이다.

기품 있고 담백한 마음과 소통하다 보면, 문학은 언어유희처럼 느껴진다. 가장 단순한 발언들이 기록할 가치가 가장 크다. 하지만 너무 당연하고 흔해서 이미 온 세상과 공기가 모두 우리의 것일 때 영혼의 무한하고 풍요로운 해변에서 조약돌을 줍는 것과 같고 병에 공기를 담는 것과 같다. 허울을 전부 벗어버리고 순수한 진실, 정직한 고백, 전지적 확신을 가지고 인간을 대하지 않는 한, 어떤 방법으로도 그 무리의 일원이 될 수 없다.

이런 영혼들은 신이 인간을 대하듯 당신을 대하며 신으로서 이 세상을 거닌다. 그들은 당신의 재치와 너그러움, 심지어 덕성조차 당연한 의무인 듯 감탄하지 않고 받아들인다. 그들이 당신의 덕을 자신의 혈육으로 여기고, 자신들만큼 고귀하며 그 이상의 존재이자 신들의 아버지 같은 존재라고 생각하기 때문이다. 그들은 단순하고 형제 같은 태도로, 작가들이 아첨으로 서로를 위로하며 스스로를 해치는 방식을 강력하게 비판한다. 이 영혼들은 아첨하지 않는다. 나는 이들이 크롬웰Cromwell, 크리스티나Christina, 찰스 2세Charles II, 제임스 1세James I, 터키 황제를 만난다고 해도 전혀 놀라지 않을 것이다. 자신만의 고귀함을 지닌 이들은 왕들과 동등할 것이며 세속의 대화에서 굴종적인 어조를 느낄 것이기 때문이다.

이들은 왕자들에게 언제나 축복과도 같은 존재일 것이다. 왕대 왕으로서 동등하게 마주하고, 몸을 굽히거나 양보하지 않으며, 고귀한 성품에게 저항과 순수한 인간성, 동반자 관계, 새로운 아이디어를 통한 활력과 만족을 선사하기 때문이다. 이 영혼들은 왕자들을 더 지혜롭고 뛰어난 존재가 되게 한다. 그리하여 아첨보다 진심이 더 훌륭한 가치임을 느끼게 해준다.

모든 남자들과 여자들을 솔직하게 대하라. 그러면 그들도 최대한 진심을 다하며, 감히 당신을 가볍게 여기지 못할 것이다. 이것이 당신이 사람들에게 해줄 수 있는 가장 큰 칭찬이다. 밀턴은 이렇게 말했다. "최고의 찬사는 아첨이 아니며, 가장 단순한 조언조차 일종의 칭찬이다."

영혼은 스스로를 믿는다

영혼의 모든 행위 가운데 이루어지는 인간과 신의 결합은 형언할 수 없을 만큼 신성하다. 진심으로 신을 경배하는 가장 정직한 이는 신이 된다. 그러나 이 더 나은 보편적 자아의 유입은 언제나 새롭고 헤아릴 수 없다. 그것은 우리에게 경외감과 놀라움을 불러일으킨다. 신의 개념을 떠올리며 고독한 마음을 채우고, 실수와 실망의 상처를 지울 수 있다는 사실이 얼마나 소중하고 위로가 되는가!

우리가 전통적인 신을 파괴하고 수사적인 신의 개념에서 벗어날 때, 신은 존재를 드러내고 우리 마음에 진리의 불을 밝힐 것이다. 그것은 마음이 단순히 두 배가 되는 것에 그치지 않고 모든 방향을 향해 영원히 확장되는 것을 의미한다. 그 확장은 인간에게 흔들리지 않는 신뢰를 불어넣는다. 그리하여 그는 가장 최고의 것이 진리임을 확신하는 것이 아니라 목격하게 된다.

그 생각 속에서 모든 구체적인 불확실성과 두려움을 쉽게 떨쳐낼 수 있으며, 개인적인 궁금증은 시간이 흘러감에 따라 언젠가 반드시 풀릴 것임을 믿는다. 그는 자신의 행복이 존재의 마음에 소중하다고 확신한다. 그의 정신에 신성한 법이 자리할 때, 그는 소중한 희망과 필멸의 삶에서 가장 확고한 계획마저 휩쓸어버리는 보편적인 신뢰로 넘친다. 그는 자기에게 주어진 선이 결코 사라지지 않을 것이라고 믿는다. 진정 그대를 위한 것이라면 결국 그대에게 이끌려오기 마련이다.

그대는 친구를 찾아 뛰어다닌다. 이때 발걸음이 바빠져도 마음은 평온해야 한다. 친구를 찾지 못한다면, 그것이 오히려 최선이라고 받아들여야 하지 않을까? 그대 안에 있는 힘은 그에게도 있어서, 둘이 함께하는 것이 최선이라면 두 사람은 분명 만나게 될 것이기 때문이다. 그대는 자신의 재능과 취향이 초대하고, 사람들의 사랑과 명성을 얻을 수 있는 곳으로 가기 위해 열정적으로 준비하고 있다. 그러나 그곳으로 가지 못하는 상황을 받아들일 준비가 되어 있지 않다면 갈 자격도 없다고 생각해야 한다.

오, 그대가 살아있는 한, 그대가 들어야 할 세상의 모든 소리가 그대의 귀에 닿을 것임을 믿으라! 그대에게 속하며 도움이나 위로가 되는 격언, 책, 속담은 바로 오든 돌아오든 결국 그대에게 도달할 것이다. 그대의 공상적인 의지가 아닌, 위대하고 다정한 마음이 갈망하는 모든 친구가 그대를 따뜻하게 품어줄 것이다. 이는 그대의 마음이 곧 모두의 마음이기 때문이다. 자연 어디에도 그 마음을 가로막을 구획도, 벽도, 분기점도 없으며, 지구의 물이 모두 하나의 바다를 이루듯 하나의 피가 끊임없이 모든 이에게 흐르며 순환한다.

인간은 모든 자연과 모든 사상의 계시를 마음 깊이 깨달아야 한다. 즉, 최고의 정신이 자신과 함께 거한다는 사실을, 사명감이 있는 한, 자연의 근원이 자기 마음속에 있다는 사실을 깨달아야 한다. 그러나 위대한 신의 목소리를 듣고자 한다면 예수가 말한 것처럼 "은둔의 공간으로 들어가 문을 닫아야 한다."

신은 겁쟁이 앞에 자신을 드러내지 않는다. 인간은 타인의 신앙적 주장에서 벗어나 자신의 깊은 곳에 귀를 기울여야 한다. 자신만의 기도를 하기 전에는 다른 사람의 기도조차 해롭다. 우리는 통상 신자들의 수로 종교를 평가한다. 그러나 아무리 간접적이더라도, 신자의 수에 의

존하는 것은 종교가 존재하지 않는다는 선언과 다름없다. 신이 다정한 위안을 주는 존재라고 생각하는 이는 결코 그와 함께하는 사람의 수를 헤아리지 않는다. 내가 신과 함께할 때 감히 누가 끼어들 수 있겠는가? 내가 완벽히 겸손한 자세로 순수한 사랑을 불태울 때, 칼뱅^{Calvin}이나 스베덴보리가 무슨 말을 할 수 있겠는가?

그 호소가 다수를 향하든 한 사람에게 향하든 달라질 것은 없다. 권위에 기반한 신앙은 진정한 신앙이 아니다. 권위에 대한 의존은 곧 종교의 쇠락과 영혼의 위축을 의미한다. 인간은 오랜 세월 동안 예수에게 권위를 부여해 왔다. 그러나 그것은 인간 자신의 특징을 보여줄 뿐이며, 영원한 진리는 바뀌지 않는다.

영혼은 위대하고 소박하다. 아첨하지 않으며, 추종하지 않는다. 결코 자기 밖의 존재에 호소하지 않는다. 영혼은 스스로를 믿는다. 인간의 무한한 가능성 앞에서, 과거의 모든 단순한 경험과 일대기는 아무리 흠잡을 데 없고 성스럽다할지라도 위축되어 사라져버린다. 우리가 예감하는 천국 앞에서는 과거에 보거나 읽은 적 있는 어떤 모습의 삶도 쉽게 칭송할 수 없다.

우리는 그저 위대한 인물이 거의 없다고 인정할 것이 아니라, 엄밀하게 말하자면 하나도 없다고 해야 한다. 우리에게는 완벽히 만족을 주는 인물이나 삶의 방식에 대한 역사가 없고, 기록이 없다. 따라서 우리는 역사 속에서 숭배되는 성인과 신격화된 영웅들을 아쉬운 대로 받아들인다. 비록 고독한 시기에 그들에 대한 이야기에서 힘을 얻기도 하지만, 생각 없고 관습적인 자들이 그들에 대한 주목을 강요할 때 우리는 피로와 부담을 느낀다.

영혼은 고독하고 고유하며 순수한 자신을 마찬가지의 존재에게 내주며, 그 존재는 그 조건하에 기꺼이 영혼 안에 머물고 영혼을 이끌며 영혼을 통해 말한다. 그러면 영혼은 기뻐하며 새롭고 민첩해진다. 지혜롭다기보다는 모든 것을 꿰뚫어 보는 것이다. 그것은 종교적이라 불리지는 않지만 순수하다. 영혼은 빛을 자신의 것이라 여기고, 풀이 자라고 돌이 떨어지는 것과 같은 자연 법칙이 자신의 본성에 의지하며 자신보다 낮은 차원의 법칙이라고 느낀다.

보라, 영혼이 말한다. 나는 위대하고 보편적인 정신 속에 태어났다고. 불완전한 나는 나의 완전함을 숭배한다. 나는 어떻게든 위대한 영혼을 받아들여, 해와 별을 내려다본다. 그리고 그것들을 변하고 사라지는 당연한 사건과 결과일 뿐이라고 느낀다. 영원한 자연의 파도가 점점 더 내게 밀려들며, 나의 생각과 행동은 사회적이고 인간적으로 변해간다. 결국 나는 불멸의 생각 속에 살며 불멸의 힘으로 행동하게 된다.

이처럼 영혼을 숭배하며 고대인들이 말하듯 그 아름다움이 엄청나다는 사실을 깨닫는다면, 인간은 세상이 영혼이 만들어낸 영원한 기적임을 깨닫고 더 이상 개별적인 경이로움에 놀라지 않게 될 것이다. 인간에게는 세속적인 역사가 따로 존재하지 않으며, 따라서 모든 역사는 성스럽고, 우주가 하나의 원자와 찰나의 순간에 담겨 있다는 사실을 깨닫게 될 것이다.

그러면 인간은 더 이상 조각난 삶이 아닌 신성하고 통합된 삶을 살게 될 것이다. 인간은 자신의 삶에서 천하고 경박한 행위를 그만두고 어디에 있든, 어떤 봉사를 하든 만족할 수 있을 것이다. 신성한 신뢰 속에서 차분히 미래를 맞이하는 그의 마음 깊은 곳에는 이미 온전한 미래가 담겨 있다.

Essays, First Series
by Ralph Waldo Emerson

8장

원
CIRCLES

*"삶의 모든 것은 원처럼 연결되어 있다.
우리의 행동은 결국 우리에게 되돌아온다."*

랄프 왈도 에머슨*Ralph Waldo Emerson*

우주의 법칙

첫 번째 원은 눈이요, 그 눈으로 만들어내는 지평선은 두 번째 원이 된다. 이 중요한 형상은 자연 곳곳에서 무한히 반복된다. 이는 세상을 보여주는 가장 높은 상징성을 가진 기호이다. 성 아우구스티누스^{St. Augustine}는 중심이 모든 곳에 있고 경계는 존재하지 않는 원을 신의 본성으로 묘사했다.

우리는 평생 이 최초의 형상이 지닌 풍부한 의미를 읽고 있다. 인간의 행위가 갖는 순환적이고 보상적인 특성을 고려하여 한 가지 가르침은 이미 얻었다. 이제 모든 행위가 초월될 수 있다는 또 다른 비유를 살펴보려고 한다.

우리의 삶은 지금의 원 외곽에 또 다른 원이 그려질 수 있다는 진리를 배워나가는 과정이다. 자연에 진정한 끝은 존재하지 않으며, 모든 끝은 또 하나의 시작이 된다. 한낮에도 또 다른 새벽이 떠오르고, 모든 심연 아래는 더 깊은 심연이 열려 있다.

이 사실은 도달 불가능한 도덕적 사실, 그러니까 인간의 손이 도저히 범접할 수 없는 완벽함을 상징한다. 따라서 모든 성공에 영감을 주는 동시에 그것을 비판하는 존재가 되어, 모든 영역에서 인간의 능력을 보여주는 많은 사례를 설명하는 연결 고리로 유용하게 사용될 수 있다.

자연에는 고정된 것이 없다. 우주는 유동적이고 변화무쌍하다. 영원함이란 단지 정도의 차이를 보여주는 단어일 뿐이다. 신의 관점에서 바라보는 우리 세상은 단순한 사실들의 집합체가 아닌 명료한 법칙이다. 이 법칙은 사실을 녹여 유동적으로 유지한다.

우리의 문화는 도시와 제도를 줄줄이 이끄는 지배적인 사상이다. 그 사상은 우리가 새로운 사상으로 나아감에 따라 사라질 것이다. 그리스 조각들은 마치 얼음으로 만든 것처럼 모두 녹아버렸다. 6월과 7월의 산골짜기에 남아 있는 눈처럼, 외로운 형상이나 파편들만이 듬성듬성 남아 있다. 그 조각들을 만들었던 천재성은 이제 새로운 무언가에 관심을 돌리고 있다. 그리스 문자는 조금 더 오래 남아 있겠지만, 그 역시 새로운 사상이 오래된 모든 것을 위해 파놓은 구덩이를 향해 굴러 떨어지는 불가피한 운명을 맞이하고 있다.

새로운 대륙은 오래된 행성의 폐허 위에 형성되고, 새

로운 인종은 이전 존재가 해체된 토대 위에 성장한다. 새로운 기술은 낡은 기술을 파괴한다. 자본이 투자된 수도교가 수력 기술의 발전으로 무용지물이 되고, 요새는 화약으로 파괴되었다. 도로와 운하가 철도에 의해, 돛은 증기에 의해, 그리고 이제 증기가 전기에 의해 대체된 것을 생각해보라.

당신은 오랜 세월 풍파를 견뎌온 화강암 탑을 보고 감탄할 것이다. 그러나 그 돌을 쌓은 것은 작은 손이며, 그 건축물을 만든 자가 건축물 자체보다 더 위대하다. 이 거대한 벽을 세운 손은 그것을 더 빨리 허물 수도 있다. 그 손보다 더 뛰어나고 더 민첩한 것은 손을 움직이게 한 생각이었다. 이는 언제나 투박한 결과 뒤에 정교한 원인이 존재한다는 사실을 보여준다. 더 깊이 들여다보면 그 원인조차 더 정교한 원인의 결과임을 알 수 있다. 모든 것은 그 비밀이 드러나기 전까지만 영구적인 듯이 보인다.

부유한 재산은 상인이 아닌 자들에게는 변치 않는 것처럼 보이지만, 상인에게는 어떤 물질로든 쉽게 만들어지고 쉽게 사라질 수 있는 것이다. 도시에 사는 사람들에게 과수원이나 비옥한 땅은 금광이나 강처럼 고정되고 영속적인 것으로 보이지만, 대규모 농사를 짓는 농부에게는 작물의 상태만큼이나 불안정한 것이다. 자연은 답답할 정도로 안정되고 영속적인 것으로 보일지라도, 다른 모든 것과 마찬가지로 원인에 의해 좌우된다. 그런데 내가 그 원인을 이해하게 되었을 때, 이 들판이 그렇게 요지부동으로 넓게 펼쳐지고 잎들이 그렇게 낱낱이 풍성하게 매달려 있을까? 영속이란 그저 정도의 차이일 뿐이다. 모든 것은 중간 상태에 있다. 야구공과 마찬가지로, 달도 영적 힘의 한계가 되지 못한다.

인간의 삶은 스스로 진화하는 원

모든 인간의 핵심은 그의 생각이다. 완고하고 반항적으로 보일지라도 그는 자신의 모든 사실을 분류하는 하나의 생각을 따른다. 그의 머릿속을 지배하는 새로운 생각만이 그를 변화시킬 수 있다. 인간의 삶은 스스로 진화하는 원과 같다. 이 원은 눈에 띄지 않을 정도로 작은 것에서 시작해 온 방향으로 확장하며 끝없이 계속해서 커진다.

이 세대의 바퀴 없는 바퀴가 어디까지 확장될 것인지는 개인의 영혼이 지닌 힘과 진리에 달려 있다. 제국, 예술 법칙, 지역 관습, 종교의식과 같이 일단 원형을 이루는 상황의 파동을 형성한 각각의 생각은, 모두 관성적으로 그 등마루에 쌓여 삶을 고착하고 가두려고 하기 때문이다.

강하고 민첩한 영혼이라면 모든 방향의 경계를 넘어 깊은 곳에서 또 다른 궤도로 확장할 것이다. 이번에도 이를 제한하려는 높은 파도를 또다시 마주치게 되지만, 그 마음은 한계에 갇히기를 거부한다. 그것은 아주 작게 최초로 박동할 때부터 이미 엄청난 힘으로 거대하고 무한한 확장을 향해 나아가고 있기 때문이다.

모든 궁극적 사실은 그저 새로운 연속의 첫 번째 사실일 뿐이다. 모든 보편 법칙은 곧 드러날 더 보편적인 법칙을 설명하는 특정한 사실에 불과하다. 우리에게는 바깥도, 장벽도, 경계도 존재하지 않는다. 인간은 자신의 이야기를 마친 후 이렇게 생각한다. '얼마나 멋진가! 얼마나 결정적인가! 모든 것에 대한 우리의 관점을 변화시켰다!' 그는 마치 하늘에 닿은 듯한 기분을 느낀다.

그러나 보라! 또 다른 인간이 등장해 방금 우리가 선언한 모든 것의 경계 밖에 다시 더 큰 원을 그린다. 그 순간 첫 번째 화자는 단지 먼저 선언했을 뿐, 더 이상 인간 전체를 대표하지 않는다. 그의 유일한 대응책은 상대보다 더 큰 원을 그리는 것뿐이다.

이것이 사람들이 언제나 해온 일이다. 마음에 확고히 자리 잡아 벗어날 수 없을 것 같은 오늘의 결론도 곧 하나의 단어로 축약될 것이며, 자연을 설명하는 듯 보이던 그 법칙도 더 큰 이론을 위한 하나의 사례가 될 것이다. 내일의 생각은 그대의 신념을 포함한 모든 신념과 모든 나라의 문헌을 뒤엎으며, 지금껏 누구도 꿈꿔본 적 없는 천국으로 이끄는 힘을 품고 있다. 모든 인간은 단지 이 세상의 단순한 일꾼이라기보다는 자신의 가능성을 암시하는 존재이다. 인간은 마치 다음 시대를 예언하듯 걸어 다닌다.

우리는 이 신비로운 사다리의 단을 하나씩 오른다. 각 단은 곧 행동을 의미하며, 새로운 전망은 힘을 제공한다. 뒤따르는 결과는 모든 기존의 결과를 위협하고 평가한다. 모든 것은 새로운 것에 의해 반박되는 듯 보이며, 오직 새로운 것만이 그 한계를 정한다.

새로운 선언은 언제나 옛것의 반감을 사며, 옛것에 집착하는 사람들은 새로운 것에 대해 깊은 회의를 느낀다. 그러나 새로움은 곧 눈에 익숙해지는데, 이는 눈과 새로움이 한 원인의 결과이기 때문이다. 이제 그것의 순수함과 이점이 드러나고, 얼마 지나지 않아 에너지가 모두 소진되어 새로운 시간의 계시 앞에서 점차 희미해지다가 결국 사라진다.

새로운 일반화를 두려워하지 말라. 그 사실이 세속적이고 물질적으로 보여, 그대의 영혼에 대한 이론의 품위를 떨어뜨릴까 두려운가? 저항하지 말라. 그것은 물질에 대한 그대의 이론을 정제하고 향상하는 데 마찬가지로 기여할 것이다.

의식적으로 생각해보면, 인간에게는 고정된 것이란 존재하지 않는다. 모든 인간은 자신이 완벽히 이해받지 못한다고 생각한다. 만약 인간의 내면에 진정한 진리가 있고, 궁극적으로 신성한 영혼에 의지하고 있다면, 그렇지 않을 수 없을 것이다. 인간은 분명 마지막까지 열리지 않은 마지막 방, 즉 밀실이 자신 안에 있다고 느낄 것이다. 언제나 분석할 수 없는 미지의 무언가가 남아 있는 법이다. 그래서 모든 인간은 자신이 더 큰 가능성을 지니고 있다고 믿는다.

생각은 어떻게 발전하는가

우리의 기분은 시시각각 달라진다. 오늘의 나는 생각이 많고 원하는 대로 쓸 수 있다. 내일도 같은 생각을 하고, 똑같은 표현력을 발휘하지 말란 법은 없다. 내가 무언가를 쓸 때는 그것이 세상에서 가장 자연스럽게 느껴진다.

그러나 어제의 나는, 지금은 이토록 많은 것이 보이는 위치에서 서글픈 공허감만 느꼈다. 한 달이 지나면 이토록 많은 글을 쓴 이가 과연 누구였는지 의아해할 것이다. 아아, 이 연약한 신념이여, 굳세지 못한 의지, 거대한 조수의 거대한 썰물이여! 나는 자연에 존재하는 신이요, 돌담 옆에 핀 잡초라.

계속해서 자신을 뛰어넘어 전보다 더 높은 위치에 오르려는 노력은 인간관계에서 고스란히 드러난다. 우리는 인정을 갈망하면서도 인정해준 이를 용서하지 못한다. 자연의 달콤함은 사랑이다. 그러나 내게 친구가 있을 때 나는 나의 결점 때문에 괴로워한다. 나 자신에 대한 사랑으로 상대방을 탓한다. 만약 그가 나를 무시할 정도로 높은 위치에 있다면, 나는 새로운 위치에 대한 갈망으로 그를 사랑할 수 있을지도 모른다. 한 인간의 성장은 그가 관계를 유지하는 친구 무리의 변화를 통해 알 수 있다.

진리를 위해 친구를 잃는다면 더 나은 친구를 얻게 되는 법이다. 숲을 걸으며 친구들에 대해 생각하다가, 왜 내가 그들과 맹목적인 게임을 하고 있는지 의문이 들었다. 내가 못 본 척하지 않는다면, 고귀하고 가치 있다고 여겨지는 사람들의 명백한 한계가 너무나 잘 보인다.

우리는 말로써 그들이 부유하고 고귀하며 위대하다고 후하게 칭찬하지만, 진실은 실망스럽다. 오, 축복받은 영혼이여, 이들을 위해 그대를 버렸건만, 이들은 그대가 아닌 것을! 개인적인 욕망을 허용할 때마다 우리는 천상의 지위를 대가로 내놓는다. 덧없는 혼돈의 쾌락을 위해 천사의 자리를 팔아버리는 것이다.

우리는 이 교훈을 얼마나 더 반복해서 깨달아야 할까? 우리는 사람들의 한계를 발견하면 그들에 대한 흥미를 잃는다. 한계가 그들의 유일한 죄인 것이다. 일단 한 인간의 한계를 알고 나면, 그와의 관계는 곧바로 끝이 난다. 그에게 재능이 있는가? 그가 진취적인가? 그가 지적인가? 그렇다 해도 소용없다. 어제의 그는 당신에게 한없이 유혹적이고 매력적이며, 위대한 희망이자 뛰어들고 싶은 바다와 같았을 것이다. 그러나 오늘 당신은 그의 한계를 보고 그가 바다가 아닌 연못이란 사실을 깨닫게 되었으며, 그를 다시 보지 못해도 아쉽지 않다고 생각한다.

우리의 사고가 발전하는 단계마다, 서로 충돌하는 여러 사실이 하나의 법칙 안에서 조화를 이룬다. 아리스토텔레스와 플라톤은 각각 두 학파의 대표로 여겨진다. 철학을 잘 아는 사람이라면 아리스토텔레스가 플라톤의 사상을 수용했음을 알 것이다. 한 단계 더 나아가 생각해보면 서로 일치하지 않는 의견들이 하나의 법칙 안에 존재하는 양극단으로 여겨지므로, 우리는 더 큰 통찰을 향한 사고를 멈출 수 없게 된다.

위대한 신이 이 세상에 사상가를 탄생시키는 순간을 경계하라. 그때에 모든 것이 위험해진다. 마치 큰 도시에 대화재가 발생했을 때처럼 어디가 안전하고 언제 끝날지 아무도 장담할 수 없는 위험이다. 하루아침에 뒤집히지 않는다고 장담할 수 있는 과학 분야는 없다. 수정되거나 비판받지 않을 문학적 명성이나 불멸의 명예 따위도 없다. 인간의 희망 그 자체, 그의 마음속 깊은 사고, 국가의 종교, 인류의 관습과 도덕은 모두 새로운 일반화의 과정을 거친다. 일반화는 늘 인간의 정신에 새로운 신성을 불어넣는다. 그래서 우리는 늘 전율하게 된다.

침묵은 어떤 대화보다 낫다

 진정한 용기는 자기 회복력 self-recovery에서 비롯된다. 그리하여 진정한 용기를 가진 자는 기습이나 술책에 굴복하지 않으며, 어떤 어려움에도 굳건히 선다. 이는 진리에 대한 과거의 이해에 천착하지 않고 진리 자체를 우선시하며, 출처에 상관없이 그것을 재빨리 받아들이는 태도를 가져야 가능하다. 또한 자신의 원칙, 자신이 사회와 맺은 관계, 기독교 정신 그리고 자신이 살고 있는 세상이 언제든지 대체되고 소멸할 수 있다는 사실에 대한 두려움 없는 확신도 있어야 한다.

 관념론에는 단계가 있다. 마치 한때 자석을 신기한 물체로 여기던 것처럼, 처음에는 관념론을 학문적으로 다루는 법을 배우게 된다. 젊음과 시적 감수성으로 넘치는 시기에는, 그것이 진리로서 가능성을 지니고 있으며 희미하게 부분적으로 진리를 보여준다는 사실을 알아차린다. 그러다 점차 관념론은 준엄하고 웅대한 모습을 갖추고, 결국 우리는 그것이 진리일 수밖에 없음을 깨닫게 된다. 이제 관념론은 윤리적이고 실용적인 면모를 보여준다.

우리는 신이 존재하며, 그가 내 안에 있고 모든 것이 그의 그림자라는 사실을 배운다. 조지 버클리$^{George\ Berkeley}$의 관념론[60]은 예수의 관념론을 투박하게 표현한 것에 불과하고, 예수의 이상주의조차도 자연이 빠르게 선을 조직하고 행하는 현상을 투박하게 보여준 것이다. 이보다 더 명백한 것은 역사와 세상의 상태가 언제나 그 당시 인간의 사고 체계에 직접적으로 의존한다는 점이다.

사람들이 지금 소중히 여기는 것들은 모두 사고의 지평에 떠오른 관념에서 비롯된 것이며, 이 관념들이 지금 사물의 질서를 형성한다. 이는 나무가 열매를 맺는 것과 같다. 새로운 문화의 단계에 도달하면 인간이 추구하는 체계 전체가 대변혁을 일으킬 것이다.

대화는 원처럼 돌고 도는 게임과 같다. 대화를 통해 우리는 사방을 둘러싼 보편적 침묵의 경계를 없앤다. 대화의 참여자들은 대화 당시의 열정이나 정신 상태로 평가받아서는 안 된다. 내일이 되면 이 정점에서 후퇴할 것

---

60 18세기 아일랜드의 철학자로, 우리가 지각하는 것만이 존재하는 것이라는 경험론을 펼쳤다.

이기 때문이다. 내일이 되면 우리는 오래된 짐을 지고 몸을 구부린 그들의 모습을 보게 될 것이다.

그러나 불꽃이 빛나는 동안에는 그것을 즐기자. 매번 새로운 화자가 나타나 새로운 불을 밝히며 이전 화자의 억압에서 우리를 해방한다. 그러나 곧 그 자신의 거대하고 배타적인 사상으로 다시 우리를 억압하게 되고, 결국 우리는 다음 구원자에게 넘어간다. 그러면 우리는 권리를 되찾고 인간이 되는 것처럼 보인다.

오, 모든 진리의 발표에 담겨 있는 시대와 천체에서만 실행 가능한 심오한 진실은 무엇인가! 보통 때에 사회는 차갑고 조각상처럼 앉아 있다. 우리는 모두 텅 빈 채 기다리며 서 있다. 우리에게 상징이 아닌 산문과 사소한 장난감으로 여겨지는 강력한 상징으로 둘러싸인 채 서 있지만, 우리가 충만해질 수 있다는 것을 아마도 알고 있을 것이다.

그때 신이 나타나 조각상들을 열정적인 인간으로 변화시키고, 한 번의 눈빛으로 모든 것을 감싸고 있던 장막을 불태운다. 그리하여 컵과 받침, 의자와 시계, 침대의 캐노피와 같은 집기들의 의미가 분명하게 드러난다. 어제까지 안개 속에서 크게 느껴졌던 재산, 기후, 혈통, 외모와 같은 사실들의 크기가 이상하게 달라 보인다.

우리가 고정된 사실이라 여겼던 모든 것이 덜컹거리며 요동친다. 문학, 도시, 기후, 종교가 기반을 잃고 눈앞에서 흔들린다. 그러나 보라. 우리가 얼마나 빨리 신중함을 되찾는가! 침묵은 대화 못지않게 가치 있으며, 심지어 훨씬 더 낫다고도 할 수 있다. 그래서 대화가 부끄러워진다. 담론의 길이는 화자와 청자 사이에 존재하는 사고의 차이를 보여주는 법이다. 어떤 부분에서든 두 사람이 서로를 완벽하게 이해한다면 더 이상 말이 필요 없을 것이다. 모든 부분이 일치한다면 아무 말도 필요치 않을 것이다.

누군가의 정의는 누군가의 불의가 된다

문학은 우리의 일상적 원 밖에 위치하며, 우리가 새로운 원을 그릴 수 있게 해준다. 문학의 쓰임은 현재 삶을 조망할 수 있는 기반과 그것을 변화시킬 수 있는 도구를 제공하는 데 있다. 우리가 고대의 가르침을 내면화하고, 그리스와 카르타고, 로마의 문화에 익숙해지려는 이유는 프랑스, 영국, 미국의 문화와 삶의 방식을 더 현명하게 이해하기 위해서이다.

마찬가지로, 생생한 자연의 한가운데, 혹은 일상의 혼란이나 깊이 있는 종교적 삶 속에서 문학을 가장 잘 이해할 수 있다. 내부에서는 그 영역을 제대로 볼 수 없는 법이다. 이는 천문학자가 별의 시차視差를 측정하기 위해 지구 궤도의 지름을 기준으로 삼아야 하는 것과 같다.

그러므로 우리는 시인을 가치 있는 존재로 여긴다. 모든 논리와 지혜는 백과사전이나 철학 논문, 신학 서적이 아니라 소네트나 연극에 담겨 있다. 나는 일상적인 일을 할 때 오래된 방식을 고수하는 경향이 있으며, 변화와 개혁을 통한 개선의 힘을 쉽게 믿지 않는다. 하지만 페트라

르카Petrarch와 아리오스토Ariosto처럼 상상력이 넘치는 누군가가 대담한 생각과 행동의 묘사로 가득 찬 서정시나 밝은 중세기사의 모험담을 써서 나에게 영감을 준다. 그의 날카로운 어조가 나를 매혹하고 자극하여 내 오래된 습관의 사슬을 모두 끊어내고 나면, 나는 비로소 나의 가능성에 눈을 뜬다. 그가 세상의 모든 낡고 무거운 것에 날개를 달아주면, 나는 한 번 더 이론과 실천에서 올바른 길을 선택할 수 있게 된다.

세상의 종교 역시 똑같이 조망할 필요가 있다. 기독교를 교리문답서만으로 완전히 이해할 수는 없다. 오히려 목초지나 연못 위를 떠다니는 배에서라면, 혹은 새들의 노랫소리가 들리는 숲속에서라면 이해할 수 있을지도 모른다. 자연의 빛과 바람에 정화되고 들판이 보여주는 아름다운 풍경에 잠겨 있다 보면 지난 인생을 제대로 돌아볼 수 있을 것이다.

훌륭한 사람들은 기독교를 진정 소중히 여긴다. 그리고 기독교 안에서 자란 젊은 철학자라면 누구나 바울의 다음 구절을 특별히 소중히 여길 것이다. "그러나 모든 것이 하나님께 복종하는 그때에는, 아들조차 모든 것을 자기에게 복종시킨 분에게 복종하실 것입니다. 그래서 하나님은 만유의 주님이 되실 것입니다."[61] 한 인간의 덕성이 아무리 대단하고 존경받을 만할지라도, 인간의 본능은 언제나 비인격성과 무한을 향하며, 성경의 이 너그러운 구절은 고집스러운 이들의 독단주의에 저항하는 힘을 준다.

자연 세계는 동심원 체계로 상정해볼 수 있다. 이따금 자연에서 약간의 위치 이동을 감지함으로써, 우리가 딛고 서 있는 표면이 고정된 것이 아니라 흐르고 있다는 사실을 깨닫게 된다. 여러 가지 지속적인 성질들, 화학, 식물, 금속, 동물 등 자기 자신을 위해 존재하는 것처럼 보이는 그 모든 것들은 그저 수단과 방법이다. 그것들은 신의 말씀이며, 다른 말씀처럼 덧없다.

박물학자나 화학자가 원자의 인력과 선택적 친화력을 탐구하면서도 모든 것은 유사한 것끼리 서로 끌리고, 당신에게 속한 것은 노력하지 않고도 당신에게 끌린다는 근본적인 법칙을 모른 채 부분적이고 대략적인 설명만

---

[61] 「고린도전서 First Corinthians」 15장 28절에 나오는 구절이다.

을 이해하고 있다면, 자신의 기술을 제대로 익혔다고 할 수 있을까? 하지만 이 진술 역시 대략적인 것일 뿐 궁극적인 진리는 아니다.

보다 근본적인 진리는 어디에나 존재하는 법이다. 친구와 사실은 미묘하고 숨겨진 경로를 통해 연결될 필요가 없다. 올바르게 생각하면, 모든 것은 영혼의 영원한 생성에서 비롯된다. 원인과 결과는 하나의 사실의 두 가지 측면이다.

마찬가지로, 영원한 생성의 법칙은 우리가 덕이라 부르는 모든 것을 경계로 배열하고, 더 나은 빛 속에서 각각을 소멸시킨다. 위대한 사람은 일반적인 의미에서 신중하지 않을 것이다. 그가 신중할수록 위대함이 바래기 때문이다. 그러나 신중함을 희생한다면 어떤 신을 위해 그렇게 하는지가 중요하다. 안락함과 쾌락을 위해서라면 여전히 신중해야 한다. 고귀한 신뢰를 위한 목적이라면, 마치 날개 달린 전차를 얻기 위해 노새와 짐 꾸러미를 버리듯 신중함을 버릴 수도 있을 것이다.

제프리는 숲에 갈 때 뱀에게 물리지 않도록 부츠를 챙겨 신는다. 아론은 그런 위험을 염두에 두지 않는다. 수

년 동안 두 사람 모두 그런 사고를 당하지 않았다. 그런데 내게는 그러한 악에 대해 모든 대비를 하는 것이 오히려 악의 힘에 휘둘리는 일 같아 보인다. 나는 지나친 신중함이야말로 가장 신중하지 못한 태도라고 생각한다. 생각이 너무 갑작스럽게 중심 궤도에서 경계로 도약하는 것일까 염려되는가? 하지만 위대한 생각에 도달하거나 오늘의 경계를 새로운 중심으로 삼기 전까지 얼마나 안타까운 계산을 반복하게 될지 생각해보라.

게다가 당신의 가장 대담한 생각은 가장 초라한 사람들에게도 익숙한 생각이다. 가난하고 미천한 이들도 당신처럼 철학의 궁극적 진리를 나름의 방식으로 표현한다. '없는 것이 축복이다', '나쁠수록 더 좋다' 같은 속담에 평범한 삶의 초월주의가 담겨 있다.

누군가의 정의가 다른 이에게는 불의가 되고, 누군가의 아름다움이 다른 이에게는 추함으로 보이며, 누군가의 지혜가 다른 이에게 어리석음이 될 수 있다. 이는 어떤 이는 같은 대상을 더 높은 관점에서 바라보기 때문이다.

어떤 이는 빚을 갚는 것이 정의라고 생각하므로 이 의

무를 게을리하고 채권자를 마냥 기다리게 하는 사람을 매우 못마땅하게 여긴다. 하지만 또 다른 사람은 자신만의 기준에서 이렇게 자문한다. 내가 가장 먼저 갚아야 할 빚은 부자에게 진 빚인가, 가난한 이에게 진 빚인가? 돈에 대한 빚인가, 사람들에 대한 빚인가, 아니면 자연에 대한 빚인가?

오, 당신이 상인이라면 계산 외에 다른 기준이 없을 것이다. 하지만 나에게 거래는 별로 중요한 일이 아니다. 나는 사랑, 신념, 인격의 진실, 인간의 열망, 이런 것들을 신성하게 여긴다. 그러므로 모든 의무 중 하나만 따로 떼어 돈을 갚는 일에만 매달릴 수는 없다.

내가 내 방식대로 살아간다면, 비록 더딜지라도 더 큰 책임을 소홀히 하지 않으면서 결국 모든 빚을 갚게 될 것이다. 만약 한 인간이 오로지 돈을 갚는 데에만 몰두한다면, 이것이야말로 부당한 일이 아니겠는가? 그에게는 돈 말고 다른 빚은 없는가? 그가 져야 할 다른 모든 책임을 은행이나 지주를 위해 미뤄야 한다는 말인가?

궁극적인 덕이란 없다. 모든 덕은 단지 시작일 뿐이다. 사회에서 미덕으로 여겨지는 것이 성인에게는 오히려 악덕이 될 수 있다. 개혁의 두려움이란 우리가 항상 미덕이라고 간주했던 것조차 더 큰 악과 함께 내던져야 한다는 깨달음에서 비롯된다.

모든 것은 새로워진다

그의 죄를 사하고, 그의 덕도 사하라.
애매하게 옳은 길로 인도하는 그 작은 결점들까지.[62]

신성한 순간이 가진 가장 위대한 힘은 우리 안에서 후회의 감정을 완전히 없애는 데 있다. 나는 매일 게으르고 쓸모없는 자신을 자책하지만, 신의 물결이 내 안에 흘러들어올 때면 더 이상 잃어버린 시간을 따지지 않는다. 그리하여 더 이상 내게 남은 시간에 무엇을 성취할 수 있을지 어설프게 계산하지 않게 된다. 이런 순간들은 지속성을 요구하지 않으며, 마음의 에너지가 시간 없이도 해야 할 일과 딱 맞아떨어진다는 것을 깨닫게 하는 일종의 편재성과 전능함을 부여하기 때문이다.

나는 어떤 독자가 이렇게 주장하는 것을 듣는다. "아아, 순환적 사고의 철학자여, 그대는 모든 행위를 동등하게 취급하며 냉담하게 보는 절대적 회의주의에 도달했

---

[62] 18세기 잉글랜드의 시인 에드워드 영Edward Young의 시 「참회Penitence」에서 발췌되었다.

다. 그래서 우리가 정말 진실하기만 하다면 우리의 죄가 참된 신의 성전을 짓는 데 쓰이는 돌이 될 수 있다고 가르치려는 것이 아닌가!"

나는 나를 정당화하는 데 관심이 없다. 나는 초목의 자연 속에 단맛의 원리가 퍼져 있는 모습을 보고 기뻐하듯, 이기심이 남긴 모든 틈새와 구멍, 더 나아가 이기심과 죄악 그 자체에까지 선의 원리가 흘러드는 것을 보며 기뻐한다. 그리하여 순수한 악은 존재하지 않으며 극단적인 만족이 없는 지옥도 존재하지 않는다.

그러나 내가 마음 내키는 대로 변덕을 부리게 될 때 독자들이 오해하지 않도록, 나는 그저 실험자일 뿐이라는 사실을 상기시킬 필요가 있을 것이다. 내가 어떤 것을 참이나 거짓으로 결정짓는다고 생각하며, 내가 하는 일에 지나친 가치를 두거나, 내가 하지 않는 일에 대해 의심하지 말라. 나는 모든 것에 대해 확정하지 않는 태도를 가지고 있다. 내게 절대적으로 신성하거나 불경스러운 사실은 없다. 나는 단지 과거에 얽매이지 않고, 그저 꾸준히 실험하는 탐구자일 뿐이다.

모든 것이 멈추지 않고 움직이며 발전한다는 사실은

오히려 영혼의 고정성이나 안정성의 원리와 대조됨으로써 감지되는 것이다. 끊임없이 원이 생성되는 동안 영원의 창조자는 변치 않고 머물러 있다. 중심에 존재하는 그 생명은 창조와 지식, 생각보다 더 우월하며 자신이 생성한 모든 원을 품고 있다. 그것은 자신과 똑같이 크고 훌륭한 생명과 생각을 창조하려고 끊임없이 노력하지만, 이러한 노력은 소용이 없다. 왜냐하면 만들어진 것이 더 나은 것을 창조하는 방법을 보여주기 때문이다.

따라서 모든 것은 잠들거나 멈춰 있지 않고 새로워지며 싹이 튼다. 왜 새로운 시간 속에 넝마와 유물을 가져오는가? 자연은 낡은 것을 혐오한다. 노쇠함이야말로 유일한 질병처럼 보인다. 다른 것들은 모두 결국 이 노쇠함이라는 한 가지로 귀결될 뿐이다. 우리가 열광, 방종, 광기, 어리석음, 범죄 등 여러 가지 이름으로 부르는 것들은 모두 노쇠의 여러 형태이다.

안주, 보수주의, 착복, 타성도 마찬가지이다. 그것은 새로움도 아니요, 진보의 길도 아니다. 우리의 흰머리는 날로 늘어간다. 왜 그래야 하는지 나는 알 수 없다. 그런데 위대함과 소통하는 동안 우리는 늙지 않고 오히려 젊어진다. 어린아이와 젊은이는 수용적이고 열망에 가득 차 있다. 그들은 신앙의 눈으로 높은 곳을 바라보며 자기 자신을 아무것도 아닌 존재로 여기고 모든 것으로부터 배운다.

이에 반해, 일흔이 된 노인은 모든 것을 다 안다고 여긴다. 희망을 소진하고, 열망을 포기한 채 현실을 필연으로 받아들이며, 젊은이에게 거만하게 충고한다. 그들을 성령의 일부가 되게 하자. 사랑에 빠지게 하고, 진리를 바라보게 하자. 그러면 그들도 다시 높은 곳을 바라보고, 주름이 펴지며, 희망과 열정을 되찾게 될 것이다.

노쇠함이 인간의 마음에 스며들어서는 안 된다. 자연에서는 모든 순간이 새롭다. 우리는 언제나 과거를 삼키고 잇는다. 우리에게는 오직 미래만이 신성하다. 생명과 변화, 활기찬 정신 외에 확실한 것은 없다. 어떤 사랑도 맹세나 계약 따위로 더 위대한 사랑을 막을 수 없다. 어떤 진리도 내일이 되면 새로운 사상의 빛 속에서 숭고함을 잃을 수 있다. 사람들은 안정되길 바라지만, 희망은 오직 불안정한 상태에서만 존재한다.

새로운 길을 개척하는 용기가 곧 품격이다

 삶은 놀라움의 연속이다. 우리가 오늘 우리의 존재를 구축하고 있을 때는 내일의 기분과 즐거움, 힘을 예측하지 않는다. 낮은 수준의 상태나 일상적이고 감각적인 행동에 대해서는 어느 정도 말할 수 있지만, 신이 숨겨놓은 걸작, 영혼의 광범위한 움직임은 헤아릴 수 없다. 나는 진리가 신성하며 유용하다는 것은 알지만 어떤 방식으로 도움이 되는지는 짐작할 수 없다. 존재 자체만이 앎에 이르는 유일한 통로이기 때문이다.

 발전하는 사람의 새로운 위치는 이전 위치에서 가지고 있던 모든 힘을 전부 가지고 있지만 그 방식은 전혀 새로운 것이다. 그것은 과거의 모든 에너지를 품고 있지만, 그 자체가 상쾌한 아침의 공기이다. 이 새로운 순간, 나는 한때 지녔던 모든 지식을 마치 공허하고 무의미한 것인 양 완전히 던져버린다. 이제야 난생처음 무엇인가를 제대로 아는 듯한 기분이 든다. 가장 단순한 말조차 우리가 사랑하고 열망할 때가 아니라면 그 의미를 알 수 없다.

재능과 품격의 차이는 오래되고 익숙한 원을 유지하는 능숙함과 새롭고 더 나은 목표를 향한 새 길을 만드는 힘과 용기에 있다. 품격은 이전에 상상도 못 했던 많은 것이 가능하고 훌륭하다는 것을 보여줌으로써, 모두를 강하게 만드는 기운차고 단호한 시간인 압도적인 현재를 만든다.

품격은 특정 사건들이 남기는 인상을 흐릿하게 만든다. 우리는 승리자를 보며 어떤 하나의 전투나 성공을 크게 생각하지 않는다. 우리는 우리가 어려움을 과장했었다는 사실을 깨닫는다. 같은 일이 그에게는 쉬웠던 것이다. 위대한 사람은 법석을 떨거나 쉽게 고통받지 않으며, 따라서 사건들은 그에게 크게 인상을 남기지 않고 지나간다.

사람들은 가끔 이렇게 말한다. "내가 극복한 것을 보라. 얼마나 기쁜지 보라. 힘든 사건들을 얼마나 완벽하게 극복했는지 보라." 그러나 그들이 여전히 그 어두운 사건을 떠올리는 말을 한다면, 정말로 극복한 것이 아니다. 진정한 승리는 그 재앙을 마치 희미해지다 사라지는 이른 아침 구름처럼 역사라는 거대한 흐름 속의 사소한 결과로 만드는 법이다.

우리가 끝없이 갈망하는 한 가지는 바로 자기 자신을 잊고 적당함을 벗어나 놀라움을 경험하고 영원한 기억을 잃어버리고 방법도, 이유도 모르는 채 무언가를 하는 것이다. 즉, 새로운 원을 그리는 것이다. 열정 없이는 어떤 위대한 것도 이루어지지 않는다. 삶은 경이로운 방식으로 작동하며, 그것은 포기를 통해 가능해진다.

역사의 위대한 순간들은 마치 천재의 성취와 종교적 작품처럼 생각의 힘에서 비롯한다. 올리버 크롬웰Oliver Cromwell은 이렇게 말했다. "인간은 자신이 어디로 향하는지 모를 때 가장 높은 곳에 도달한다." 꿈을 꾸거나 술과 아편에 취한 상태는 이런 예언적인 천재성을 모방하거나 거짓으로 표현한 것에 불과하지만 사람들은 이런 위험한 매력에 끌린다. 비슷한 이유로 사람들은 도박과 전쟁 속에서 격정을 구하며, 마음속 열정과 고결함을 흉내 내려 한다.

Essays, First Series
by Ralph Waldo Emerson

9장

지성
INTELLECT

"진리의 실현은 우리를 자유롭게 만든다."

장자크 루소 Jean-Jacques Rousseau

진리에 관하여

모든 물질은 원소 주기율표에서 자기보다 위에 있는 것에 대해서는 음전하를, 아래 있는 것에 대해서는 양전하를 띤다. 물은 나무, 철, 소금을 녹이고 공기는 물을 말리며, 전기적 불은 공기를 없앤다. 그러나 지성은 저항할 수 없는 용매가 되어 불, 중력, 법칙, 체계 그리고 자연의 가장 미묘하고 이름 없는 관계들까지도 모두 녹인다.

지성은 천재성의 바탕이며, 천재성은 창조적 지성이다. 지성은 모든 행동이나 창조에 앞서는 단순한 힘이다. 나는 기꺼이 지성의 자연사를 탐구해보고 싶다. 하지만 그 투명한 본질의 단계와 한계를 분명하게 보여줄 수 있는 사람이 과연 있을까? 언제나 첫 번째 질문이 제기되어야 하며, 아무리 현명한 학자도 아이의 끝없는 호기심에는 난처할 수밖에 없다.

어떻게 정신의 작용을 지식, 윤리, 행위 등과 관련하여 구분하여 말할 수 있겠는가? 그것이 의지는 지각에, 지식은 행동에 녹아들게 하는데 말이다. 각각은 다른 것으로 변화하고, 정신만이 그대로 존재할 뿐이다. 정신적

시각은 물리적 시각과 다르며, 알려진 모든 것과 합일을 이룬다.

대부분의 사람에게 지성과 지적 작용은 추상적 진리의 고찰을 의미한다. 시간과 장소, 너와 나, 이익과 손해에 관한 생각이 대부분 인간의 사고를 지배한다. 지성은 고찰의 대상이 되는 사실을 당신뿐만 아니라 모든 고유하고 개인적인 관계로부터 분리하고, 마치 그 자체로 존재하는 것처럼 바라본다.

헤라클레이토스Heraclitus[63]는 감정들을 마치 색이 있는 짙은 안개처럼 여겼다. 좋거나 나쁜 감정의 안개 속에서 똑바로 앞을 향해 나아가기는 쉽지 않다. 지성은 감정 없이 냉철하고 초연한 과학적 관점에서 대상을 이해한다. 지성은 개인으로부터 떨어져 나와 자신의 성격을 초월한다. 그리고 그것을 '나'와 '나의 것'이 아닌 하나의 사실로서 여긴다. 사람이나 장소와의 관계에 얽매인 사람은 존재의 문제를 보지 못한다.

지성은 이를 언제나 성찰한다. 자연은 모든 것을 이미

---

[63] 기원전 6~5세기에 활동한 고대 그리스의 철학자로 만물은 생성하고 변화하며 만물의 근원을 불이라고 주장했다.

형성되고 제한된 상태로 보여준다. 그러나 지성은 그 형태를 관통하고 장벽을 넘어, 멀리 있는 것들의 본질적인 유사성을 파악하고 만물을 몇 가지 원리로 요약한다.

하나의 사실을 생각의 주제로 삼게 되면 그 사실의 가치는 고양된다. 우리가 자발적 사고의 대상으로 만들지 않는 그 모든 정신적이고 도덕적인 현상은 운명의 힘에 의해 결정된다. 그것들은 일상의 상황을 구성하고 변화와 두려움 그리고 희망의 영향을 받는다.

모든 인간은 자신의 인간적인 조건을 어느 정도 우울하게 생각한다. 마치 파도에 시달리다 좌초된 한 척의 배처럼, 필멸의 삶에 얽매인 인간은 자비를 기대하며 미래의 사건에 무방비한 상태로 놓여 있다. 그러나 지성이 분리한 진리는 더 이상 운명의 지배를 받지 않는다.

자연스러운 행동이 언제나 최선이다

우리는 지성이 분리한 진리를 걱정과 두려움을 넘어선 신적인 존재로 바라본다. 그래서 무의식의 그물에서 풀려난 우리 삶의 어떤 사실, 혹은 상상이나 성찰의 기록은 비인격적인 불멸의 존재가 된다. 그것은 복원한 과거이지만 방부 처리가 되어 있다. 이집트의 기술을 능가하는 기술이 두려움과 부패를 제거한 것이다. 그것은 걱정을 도려내고 과학적 탐구의 대상이 된다. 사유의 대상으로 우리에게 주어진 것은 우리를 두렵게 하지 않고, 우리를 지적인 존재로 만든다.

지성은 모든 면에서 자발적으로 확장하며 성장한다. 성장하는 정신은 언제, 어떻게, 어떤 수단을 통해 자발성이 일어날지 예측할 수 없다. 신은 개인마다 각각 다른 방식으로 임한다. 정신의 생각은 성찰이 일어나기 한참 전에 시작되어, 어두운 곳에서부터 서서히 오늘의 경이로운 빛으로 들어왔다. 정신은 초창기에 주변의 창조물로부터 모든 인상을 받아들이고 처리했다. 정신이 행하거나 말하는 것은 무엇이든 하나의 법칙을 따른다. 이 타고난 법칙은 그것이 성찰이나 의식적 사고에 도달한 뒤에도 그것을 지배한다. 가장 닳고, 현학적이며, 내적으로 자신을 괴롭히는 자의 삶 속에서 가장 많은 부분은 그가 헤아릴 수도, 예측할 수도, 상상할 수도 없다.

이는 마치 그가 자신의 귀로 자신을 들어 올릴 수 없는 것과 같이 당연한 일이다. 나는 무엇인가? 지금의 내가 되도록 나의 의지가 한 일이 무엇이란 말인가? 아무것도 없다. 나는 힘과 정신의 감춰진 흐름에 의해 이 생각, 이 시간, 이 사건들의 연결로 흘러들어 오게 되었으며, 나의 기지와 고집은 그다지 크게 방해하지도 않았고 도움을 주지도 않았다.

자연스러운 행동이 언제나 최선이다. 아무리 신중하고 주의 깊게 한 생각도 다음 날 아침 눈을 떴을 때, 혹은 산책을 할 때 저절로 떠오르는 통찰만큼 어떤 문제의 진실에 가까이 다가갈 수는 없다. 우리의 사고는 진리를 경건하게 수용하는 과정이다. 의지를 가지고 강압적으로 방향을 설정하거나 지나치게 태만한 태도를 취하면 진리가 훼손된다. 우리가 생각할 대상을 정하는 것이 아니다. 단지 감각을 열고, 사실의 가림막을 모두 제거하여 지성이 자유롭게 볼 수 있도록 할 뿐이다.

생각은 통제가 거의 불가능하며, 우리는 관념의 이데아에 사로잡혀 있다. 관념은 잠시 동안 우리를 그것의 천국으로 들어올리고 완전히 몰입하게 하여 내일을 생각하지 않게 한다. 그리고 우리가 그것을 소유하려 하지 않고, 어린아이처럼 바라보게 만든다. 우리는 그 황홀경에서 깨어나, 우리가 어디에 있었고 무엇을 보았는지 되돌아보고, 우리가 경험한 것을 가능한 한 진실하게 반복하려고 한다.

우리가 이 황홀경을 기억하는 한 그 경험은 지워지지 않는 기억 속에 남으며, 모든 사람과 시대가 그것을 받아들인다. 그것은 '진리'라 불린다. 그러나 우리가 단순히 전하는 것을 멈추고 수정하거나 조작하려고 의도하는 순간, 그것은 진리가 아니다.

우리가 어떤 사람들로부터 자극을 받고 이익을 얻었는지 생각해보면, 자발적이거나 직관적인 원리가 수리적 계산이나 논리법칙보다 탁월하다는 것을 깨닫게 된다. 직관의 원리에는 논리법칙이 잠재적이고 은밀하게 포함되어 있다. 우리는 모든 사람에게 자세한 논리를 요구하고 논리의 부재를 용납할 수 없지만, 그것을 드러내서 말해서는 안 된다. 논리는 직관이 점진적으로 밝혀지는 과정이지만 조용한 방식으로 이루어져야 한다. 논리가 명제로서 드러나고 독립된 가치를 지니는 순간 그 가치는 사라진다.

모든 사람의 정신에는 본인이 굳이 노력하지 않아도 다른 사람은 잊게 되는 심상이나 단어, 사실이 남는다. 그것은 이후 그에게 중요한 법칙을 보여준다. 우리는 마치 식물의 싹이 자라듯 점진적으로 발전한다. 우리에게는 가장 먼저 본능이 존재하며, 그다음으로 의견이 생기고, 마지막으로 지식을 오게 된다. 식물이 뿌리가 생기고, 그다음 싹이 나며, 마지막에 열매를 맺는 것과 같은 이치이다. 비록 이유를 댈 수 없다고 하더라도 본능을 끝까지 믿으라. 재촉해도 소용없다. 끝까지 신뢰한다면 그것은 진리의 열매로 무르익어 믿음의 이유를 알려줄 것이다.

모든 사람에게는 저마다의 방식이 있다. 진리를 추구하는 사람은 결코 제도권 교육의 틀을 내면화하지 않는다. 자연스러운 방식으로 축적된 것은 드러날 때 우리에게 경이와 기쁨을 준다. 우리는 서로의 숨겨진 비밀을 들여다볼 수 없기 때문이다. 따라서 사람들 사이의 타고난 재능의 차이는 공통적인 풍요로움과 비교하면 중요하지 않다. 문지기나 요리사에게도 당신이 모르는 이야기나 경험, 경이로운 면이 있지 않을까? 모든 사람은 학자 못지않은 다양한 지식을 가지고 있다. 미숙한 정신의 벽에도 사실과 생각 들이 잔뜩 적혀 있다. 언젠가 그들은 등불을 가져와 그것들을 읽어낼 것이다.

모든 사람은 각자의 지혜와 교양의 수준에 따라, 타인의 삶과 사고방식, 특히 정형화된 학교 교육에 길들여지지 않은 사람들의 삶과 사고방식에 대해 불타오르는 호기심을 갖게 된다.

건강한 정신 안에 있는 이런 본능적인 활동은 결코 멈추지 않으며, 온갖 문화에서 얻은 다양한 정보를 통해 더욱더 풍부하고 빈번해진다. 우리가 그저 관찰만 하는 것이 아니라 관찰하기 위해 애를 쓸 때, 명확한 목적을 가지고 추상적 진리를 차분히 생각할 때, 어떤 사실에 대해 비밀스러운 법칙을 배우기 위해 대화하거나 무언가를 읽고 행동하며 마음의 눈을 뜰 때, 마침내 성찰의 시간이 도래한다.

우리는 모두 현명하다

세상에서 가장 어려운 과제는 무엇일까? 바로 생각하는 것이다. 나는 추상적인 진리를 똑바로 바라보고 싶지만 그럴 수 없다. 겁이 나서 이리저리 피할 뿐이다. 나는 이제야 '신의 얼굴을 마주하고 살 수 있는 인간은 없다'는 말의 의미를 알 것 같다.

시민 정부의 기초를 탐구하려는 자가 있다고 하자. 그가 불철주야 한 방향으로 아무리 오랜 시간 집중해도 아무 소용이 없다. 하지만 그의 앞에는 여전히 생각들이 아른거린다. 우리 모두 진리를 희미하게만 짐작할 뿐이다. 우리는 밖으로 나가 조금 걷다 보면 진리가 형태를 갖추고 분명해진다고 말하지만, 밖으로 나가 걸어도 소용이 없다. 또 생각을 붙잡기 위해서는 도서관의 고요한 분위기가 필요한 것처럼 느껴진다. 그러나 막상 도서관에 가도 진리는 처음만큼 멀게만 느껴진다.

그러다가 돌연, 예고도 없이 진리가 등장한다. 종잡을 수 없는 어떤 빛이 나타나 우리가 원했던 뚜렷한 원칙을 보여준다. 사실 이 계시는 우리가 이전에 진리의 성전을 포위하며 구했기 때문에 내려진 것이다. 지성의 법칙은 자연의 법칙과 비슷한 듯하다. 우리가 숨을 들이마시고 내쉬는 법칙, 심장이 피를 빨아들이고 내뿜는 자연의 법칙, 즉 파동의 법칙 말이다. 따라서 지금 당신은 열심히 생각해야 하고, 활동을 멈추고 위대한 영혼이 보여주는 바를 보아야 한다.

인간의 불멸은 도덕적 의지만큼이나 지성에 의한 통찰에 의해서도 적절하게 설파된다. 모든 지성은 주로 미래 지향적으로, 그것의 현재의 가치는 최소한만 존재한다. 플루타르코스, 셰익스피어, 세르반테스^{Cervantes}의 작품을 통해 얻게 되는 즐거움을 찬찬히 살펴보라. 작가가 얻은 각 진리는 하나의 등불이 되어 그의 마음속에 이미 존재하는 사실과 생각을 온전히 비춘다. 보라. 그러면 다락방에 처박아둔 잡동사니들이 귀중한 것으로 변한다.

작가가 직접 경험한 사소한 사실들이 새로운 원칙을 보여주는 예시가 되고, 통렬하고 신선한 매력으로 모든 사람에게 즐거움을 준다. 사람들은 말한다. "그는 어떻게 이런 것을 쓸 수 있었을까?" 그러면서 작가의 삶에는 신성한 무엇인가가 존재했을 것이라고 생각한다. 하지만 틀렸다. 그 사람들에게도 가치 있는 사실들이 무수히 많다. 단지 다락방 구석구석을 비출 등불만 있으면 된다.

우리는 모두 현명하다. 개인의 차이는 지혜가 아닌 표현하는 기술에 있다. 한 학술 모임에서 항상 나에게 존경을 표하던 사람이 있었다. 그는 글쓰기에 대한 나의 영감을 보고, 내가 뭔가 대단한 경험을 했을 것이라고 생각했다. 그러나 나의 경험은 그의 경험과 별반 다르지 않았다. 그의 경험을 준다면 나는 마찬가지 방식으로 활용했을 것이다. 그는 옛것을 간직했고, 새로운 것도 간직한다. 그러나 나는 그가 사용하지 않는 옛것과 새것을 결합하는 습성이 있었다. 위대한 인물의 경우에도 다르지 않다.

우리가 셰익스피어를 직접 만났다면, 큰 열등감을 느끼기보다 오히려 대단한 동질감을 느꼈을 것이다. 단지 그에게는 우리에게 낯선 방식으로 자신이 경험한 사실들을 사용하고 분류할 줄 아는 능력이 있었을 뿐이다. 우리가 『햄릿』이나 『오셀로Othello』 같은 작품을 만들어내지는 못해도, 그 삶의 재치와 엄청난 지식, 유려한 주장을 완벽하게 수용할 줄은 알지 않는가.

햇볕 아래서 사과를 따거나, 건초를 만들거나, 옥수수를 수확한 뒤 돌아와 눈을 감고 손으로 지그시 누르면, 밝은 빛 속에서 잎과 함께 가지에 달린 사과, 지푸라기, 옥수숫대가 여전히 아른거리곤 한다. 이런 잔상은 대여섯 시간 동안 지속될 것이다. 또 우리가 인식하지 못하더라도 기억에 계속 남는다. 살면서 익숙해진 모든 자연의 심상 역시 인식하지 못하더라도 기억에 남아 있다. 그러다가 짜릿한 전율이 일며 기억의 어두운 방에 빛을 비추면, 활동적인 정신은 순간적인 생각에 맞는 적절한 이미지를 즉각 포착한다.

우리가 얼마나 큰 풍요를 가지고 있는지 깨닫기까지는 오랜 세월이 걸린다. 우리는 우리 역사가 별 볼 일 없다고 확신하며, 글감으로 삼거나 무엇인가를 유추할 만한 것은 찾을 수 없다고 생각한다. 그러나 더 지혜로운 시절이 되었을 때조차 하찮게 여겼던 어린 시절의 기억으로 여전히 돌아가며, 그 추억의 연못에서 언제나 놀라운 것을 건져 올린다. 결국 우리는 우리가 알고 있는 어리석은 한 사람의 일대기가 사실은 세계사 수백 권을 축약한 것과 다름없다는 생각을 점차 굳히게 된다.

천재성에 관하여

우리가 '천재성'이라고 부르는 창조적 지성에서도 수용적 지성에서 볼 수 있는 것과 같은 두 요소의 균형이 존재한다. 창조적인 지성은 생각, 문장, 시, 계획, 설계, 체계를 만들어낸다. 이는 생각과 자연의 결합으로 이루어지는 정신의 창조물이다. 천재성에는 언제나 생각과 그에 대한 표현이라는 두 가지 재능이 필요하다.

생각은 곧 계시를 의미한다. 계시는 항상 기적적이며, 아무리 빈번하게 나타나고 끊임없이 살펴보아도 익숙해지지 않으며, 항상 탐구자를 경이로움에 빠뜨리고 멍하게 만든다. 그것은 진리의 출현이자, 지금 처음으로 우주로 폭발하는 생각이며, 오래되고 영원한 영혼의 자식인 동시에 참되고 불가해한 위대함의 한 조각이다.

그 순간은 지금까지 존재해온 모든 것을 계승하고 태어나지 않은 후세에게 지침을 내리는 것처럼 보인다. 그러나 이것이 가능해지려면 이를 인간에게 전달할 매체나 예술이 필요하다. 전달이 가능하려면 심상이나 감각적인 대상이 되어야 하기 때문이다.

우리는 구체적인 사실들을 이용해 소통하는 법을 배워야 한다. 가장 멋진 영감일지라도 감각이 감지할 수 있도록 묘사할 수단이 없다면 영감의 주체와 함께 사라지는 법이다. 광선은 공간을 가로지르는 동안 눈에 띄지 않다가 물체에 닿을 때 비로소 보인다. 어떤 정신적인 힘이 외부의 무엇인가를 향하게 될 때 비로소 생각이 된다. 그 생각과 당신이 맺는 관계가 처음으로 내게 당신과 당신의 가치를 분명하게 보이게 한다.

화가의 풍부한 창의력은 그림을 그릴 능력이 없다면 억제되고 사라질 것이다. 행복한 시간에 침묵을 깨고 적절한 운율을 만들어낼 수 있다면 우리는 지칠 줄 모르는 시인이 될 것이다. 우리 모두 근본적인 진리에 접근할 수 있는 것처럼 머릿속에는 예술이나 소통의 힘이 있다.

그러나 그것은 오직 예술가의 손에서만 구현된다. 이 능력에 있어 두 사람 사이 그리고 한 사람의 두 순간 사이에는 우리가 아직 그 원리를 모르는 불균형이 존재한다. 우리한테는 평소에도 비범하거나 영감을 얻을 때와 똑같은 사실이 있지만, 그 사실들은 저절로 드러나지 않으며 그물처럼 얽혀 있어 개별적으로 분리되지 않는다.

천재적인 생각은 어디서 오는가

천재적인 생각은 저절로 떠오른다. 그러나 그리거나 표현하는 힘은 매우 풍요롭고 유연한 본성 안에서 의지의 혼합, 즉 자발적인 상태에 가한 어떤 통제를 내포한다. 이것이 없다면 창작은 불가능하다. 즉, 판단력에 따라 힘든 선택의 과정을 거쳐 모든 자연을 사고의 수사적 표현으로 전환한다는 말이다.

상상력의 어휘 역시 저절로 떠오르는 듯하다. 이는 단순히 경험에서만 나오거나 주로 경험에서 나오는 것이 아니라, 더 깊은 원천에서 비롯된 것이다. 화가의 위대한 붓질은 특정 형태를 의도적으로 모방하는 것이 아니라, 마음속 모든 형식의 원천으로 돌아가는 것에서 비롯된다.

누가 인간에게 처음으로 미술을 가르쳤을까? 가르침 없이도 우리는 인간의 이상적인 형태를 아주 잘 알고 있다. 아이들은 그림을 보고 팔이나 다리가 뒤틀렸는지, 자세가 자연스러운지, 웅장한지 소박한지 등을 알 수 있다. 미술 교육을 받은 적도 없고 이 주제에 대한 대화를 들어

본 적도 없으며 한 가지 특징조차 정확하게 그릴 수 없더라도 말이다.

좋은 형태는 관련한 과학적 지식을 얻기 한참 전부터 모든 이의 눈을 즐겁게 하고, 아름다운 얼굴은 그 특징과 비율을 고려하기에 앞서 많은 이의 가슴을 두근거리게 한다. 어쩌면 우리는 꿈에서 이 기술의 원천을 발견할 수 있을지도 모른다. 의지를 내려놓고 편안하게 무의식적 상태가 되는 순간, 놀라울 만큼 능숙한 화가가 되는 우리의 모습을 보라! 우리는 남자, 여자, 동물, 정원, 숲, 괴물들의 완벽하고 멋진 형태를 그리며 즐거워한다.

이 신비한 붓으로 능숙하게 그린 그림에는 어색함이나 경험 부족, 결핍이나 부족함이 없다. 밑그림도 훌륭하고 구성도 멋지다. 구도 역시 예술적이고, 색감은 아름답게 표현되어 있다. 우리는 완성된 캔버스를 보며 공포와 부드러움, 욕망과 슬픔을 느낀다. 예술가가 자신의 경험을 모사한 것은 단순한 복제품이 아니라, 언제나 이상적인 세계의 색조가 더해져 다듬어지고 부드러워진 작품이다.

창조적인 정신에 필수적인 조건들이 전부 갖춰지는

경우는 드물기 때문에 좋은 문장이나 시구는 오랫동안 신선하게 느껴지며 기억에 남는다. 하지만 우리가 편안하게 글을 쓰며 자유롭게 사고할 때는 이런 소통을 지속하는 것만큼 쉬운 일이 없다고 확신하게 되는 것 같다.

사고의 왕국은 위와 아래, 그 둘레 어디에도 경계가 없으며, 뮤즈는 그녀의 도시에서 우리가 자유를 누릴 수 있게 해준다. 이 세상에는 수많은 작가가 있다. 따라서 누군가는 좋은 생각이 공기나 물처럼 흔하며, 새로운 시간이 오면 각 재능이 이전의 재능을 대체할 것이라고 생각한다. 그러나 좋은 책은 우리가 헤아릴 수 있는 정도이다.

나는 어떤 좋은 시구를 이십 년 동안 기억하기도 한다. 이 세상에서 안목 있는 지성은 언제나 창조적 지성보다 훨씬 앞서 있다. 훌륭한 책을 평가하는 유능한 평론가는 많아도 훌륭한 책을 쓰는 작가는 드문데, 그것은 바로 이런 이유 때문이다.

지적 창조를 위해 필요한 조건 중에는 갖추기 힘든 것도 있다. 지성은 하나의 완전체로 모든 작업에서 온전함을 요구한다. 단 하나의 사고에만 몰두하는 헌신과 지나치게 많은 사고를 결합하려는 야망 모두 그런 요구가 충족되는 것을 방해한다.

지적 의무의 원칙

진리는 우리 삶의 본질적 요소이다. 하지만 진리의 한 측면에만 지나치게 집중하며 오랫동안 그것에만 투신하면, 그 진리는 왜곡되고 본래의 모습이 아닌 거짓이 되고 만다. 이 점은 우리 자연의 요소인 공기와도 비슷하다. 한동안 같은 공기의 흐름이 몸에 집중되면 감기에 걸려 열이 나고 심지어 죽음에 이르기도 하지 않는가.

문법학자나 골상학자, 정치적 또는 종교적 광신자, 그 밖의 한 가지 주제를 과장하여 균형을 잃은 사람들은 우리를 피곤하게 만든다. 그것은 광기의 시작이다. 모든 사고는 감옥이기도 하다. 강한 바람에 휩쓸려 한쪽으로 멀리 날아가 버린 사람은 당신의 지평선에서 벗어나고, 더 이상 당신이 보는 것을 제대로 볼 수 없다.

학생들이 이런 잘못을 피하고 스스로를 자유롭게 만들기 위해서는 어떻게 해야 할까? 시야에 들어오는 모든 사실을 산술적으로 더함으로써 역사나 과학, 혹은 철학을 기계적으로 통합하는 것이 더 나은 것일까? 그러나 세상은 단순한 덧셈과 뺄셈으로 이해되지 않는다.

젊을 때 우리는 종교, 사랑, 시, 정치, 예술의 온갖 정의를 노트에 가득 써 넣는다. 몇 년 안에 세상의 모든 이론을 백과사전처럼 압축해 핵심적 가치를 얻게 되리라는 희망을 품고 많은 시간과 노력을 쏟는다. 그러나 시간이 지나도 빈칸은 다 채워지지 않으며, 결국 영원히 원이 아닌 포물선을 그리고 있다는 사실을 깨닫는다.

지성이 온전히 능력을 발휘하려면 단순히 사실의 종합이나 분리가 아니라, 그것을 매 순간 최상의 상태로 깨어 있게 하는 경계심이 필요하다. 지성은 자연처럼 완전해야 한다. 세부 사항들을 최선으로 축척하여 배열해도 우주를 완벽하게 재건할 수는 없지만, 세상은 모든 사건 속에서 축소된 형태로 다시 나타나므로 가장 규모가 작은 사실 속에서도 자연의 법칙은 드러나는 법이다. 지성은 이해와 작동 과정 모두에서 동일한 완전함을 가져야 한다.

이런 이유로 정체성을 인식하는 능력이 지적 능력을 보여주는 지표나 척도가 된다. 우리는 때때로 유능하지만 자연과 거리가 있어 보이는 사람과 대화를 나누게 된다. 구름이나 나무, 잔디, 새는 그의 삶과 무관하며, 세상은 그들이 먹고 자는 공간일 뿐이다. 그러나 조화롭고 완벽한 시를 쓰는 시인은 자연이 어떤 기이한 가면을 쓰더라도 속지 않는다. 그는 자연과 깊은 유대감을 느끼며, 자연의 모든 변화 속에서 차이점보다 유사성을 더 많이 발견한다.

우리는 새로운 생각에 대한 열망에 사로잡혀 있지만, 새로운 생각이란 새로운 외관을 갖춘 오래된 생각일 뿐이다. 그것을 받아들이고 나면 금세 또 다른 것을 갈망하게 되며 진정한 충만감은 느껴지지 않는다. 이는 진리가 자연을 통해 드러나기 전부터 이미 우리 안에 있기 때문이다. 그리고 심오한 천재는 자기 재능의 산물에 세상 만물의 유사성을 담아낼 것이다.

무언가를 만들어내는 능력은 매우 드물며 시인이 되는 소수의 사람에게 주어지지만, 신성한 영감을 받아들이고 그 흐름의 법칙을 탐구할 수 있는 능력은 누구에게나 있다. 지적 의무의 모든 원칙은 도덕적 의무의 원칙과 정확하게 같다.

학자는 성인과 마찬가지 수준의 엄격한 자기희생을 치러야 한다. 진리를 숭상하며 모든 것보다 우선으로 삼고, 지적 자산을 키우기 위해 패배와 고통을 받아들여야 한다.

모든 것을 내려놓고 받아들일 것

신은 모든 정신에 진리와 평안 중 하나를 선택할 기회를 준다. 당신을 기쁘게 하는 것을 선택하라. 둘 다 가질 수는 없다. 인간은 이 둘 사이에서 진자처럼 움직인다. 평안을 더 사랑하는 사람은 처음 알게 된 신조와 철학, 정당을 택하고, 아버지의 선택을 따를 것이다. 그는 휴식과 편안함, 명성을 얻는 대신 진리의 문을 닫는다.

진리를 더 사랑하는 사람은 모든 정착지를 벗어나 떠돌 것이다. 그는 독단을 피하며 자신의 존재가 왔다 갔다 하는, 두 벽과 같이 상반되는 진리를 이해할 것이다. 그는 불확실성과 불완전한 의견이 주는 불편함을 감수해야 함에도 불구하고, 다른 사람들과 다르게 진리를 구하는 자로서 자기 존재의 가장 중요한 원칙을 수호한다.

그는 진리를 보여줄 사람을 찾기 위해 푸르고 둥근 대지 위를 직접 걸어 다녀야 한다. 그러다 보면 듣는 것이 말하는 것보다 더 복되고 위대한 가치를 지닌다는 사실을 깨달을 것이다. 듣는 자는 행복하고 말하는 자는 불행하다. 진리를 듣고 있는 동안에는 아름다움에 둘러싸여,

나의 본성에 대한 한계를 의식하지 않게 된다. 나는 무수한 통찰을 보고 듣는다. 아주 깊은 곳의 물이 영혼을 드나든다. 그러나 말을 할 때의 나는 사물을 정의하고 제한하며 나 역시 작아진다.

소크라테스가 말하는 동안 뤼시스Lysis와 메넥세노스Menexenus는 침묵하는 것을 부끄러워하지 않는다.[64] 그들 역시 훌륭한 사람들이다. 소크라테스 또한 말을 하면서 그들에게 존경과 사랑을 표한다. 진실하고 자연스러운 사람은 그 안에 이미 웅변가가 전하고자 하는 동일한 진리를 담고 있기 때문이다.

그러나 웅변가는 그것을 다듬어 표현함으로써 그 자신이 원래 간직하고 있던 것보다 부족하다고 느낀다. 그리고 아름다운 침묵에 더욱 관심과 존경심을 갖게 된다. 고대의 격언은 이렇게 말한다. "침묵하자. 신들이 그러하듯." 침묵은 개성을 녹이는 용매가 되어 우리를 위대하고 보편적인 존재로 만들어준다.

모든 인간의 발전은 연속해서 등장하는 스승에 의해

---

[64] 플라톤이 쓴 소크라테스의 대화편 『뤼시스』와 『메넥세노스』에 등장하는 인물들이다.

이루어진다. 각 스승은 최고의 영향력을 가진 것처럼 보이지만, 결국 새롭게 등장한 스승에게 자리를 내준다. 인간은 모든 것을 개방적으로 받아들여야 한다. 예수께서 가로되, "아버지와 어머니, 집과 토지를 떠나 나를 따르라. 모든 것을 버리는 자가 더 많은 것을 얻으리라." 이러한 원칙은 도덕적인 차원에서만큼이나 지적인 차원에서도 참이다.

우리는 새로운 정신에 다가갈 때마다 과거와 현재의 모든 것을 내려놓아야 하는 것 같다. 새로운 교리는 처음에는 우리의 모든 의견과 취향, 삶의 방식을 뒤집는 것처럼 보인다. 스베덴보리, 칸트, 콜리지, 헤겔Hegel, 혹은 그의 해석자 쿠쟁Cousin은 이 나라의 많은 젊은이들에게 그러한 영향을 준 듯 보인다.

그들에게 감사하며 모든 것을 진심으로 받아들이라. 그들이 내린 축복을 얻을 때까지 그들의 사상을 붙잡고 씨름하며 철저히 연구하라. 얼마간의 시간이 흐르면, 당혹감은 사라지고 과잉된 영향력이 줄어들 것이다. 그것들은 더는 놀라운 유성이 아니라, 당신의 하늘에서 차분히 빛나는 또 하나의 별이 되어 일상을 비출 것이다.

자신에게 의미가 없는 것을 거부하라

본성이 자연스럽게 끌리는 것에는 온전히 헌신하되, 명성이나 권위가 따른다 해도 자신에게 의미가 없는 것은 거부해야 한다. 완전한 자기 신뢰는 지성에 속한다. 가는 물줄기가 바다와 균형을 이루듯 한 영혼은 모든 영혼과 균형을 이룬다. 지성은 사물, 책, 위대한 천재를 그 자체로 권리를 가진 존재로 대해야 한다. 아이스킬로스[65]가 명성에 걸맞은 인물이라면, 그의 역할은 천 년 동안 유럽 학자들을 가르친 것으로 끝나선 안 된다.

이제 그는 나에게도 진정한 기쁨을 선사함으로써 대가로서 자신을 증명해야 한다. 그렇게 할 수 없다면, 그의 모든 명성은 나에게 아무 의미가 없다. 나의 지적 완전성을 위해 천 명의 아이스킬로스를 희생시킬 수 있어야 한다. 특히 추상적인 진리, 즉 정신의 과학에서도 같은 입장을 취해야 한다. 베이컨, 스피노자, 흄Hulme, 셸링Schelling, 칸트뿐만 아니라 어떤 철학자라도 단지 당신도

---

[65] 고대 그리스의 극작가로 대표적 비극 작가이며 소포클레스Sophocles, 에우리피데스Euripides와 함께 3대 극작가로 꼽힌다.

가지고 있는 견해를 어설프게 제시하는 번역가일 뿐이다. 지나치게 조심스러운 자세로 그런 철학자의 모호한 개념을 분석하는 대신, 그가 당신의 의식을 제대로 전달하지 못했다고 말하라. 그가 성공하지 못했다면 이제 다른 철학자에게 맡겨보라. 플라톤이 할 수 없다면 스피노자는 가능할지도 모른다. 스피노자도 할 수 없다면 칸트에게 맡겨보자. 어떻게든 결국 진리를 깨닫게 된다면, 당신은 그것이 전혀 난해한 것이 아니라 단순하고 자연스러우며 보편적이라는 사실을 발견하게 될 것이다.

이제 이쯤에서 이야기를 마무리하자. 나는 진리와 사랑의 관계에 대한 논의로 더 확장하지 않을 것이다. 천상의 오랜 정치에 감히 간섭할 생각은 없다. 지식을 상징하는 천사 케루빔Cherubim과 사랑을 상징하는 천사 세라핌Seraphim 사이의 다툼은 그들이 알아서 해결할 문제이다.

그러나 이렇게 거칠게라도 지성의 법칙에 대해 이야기할 때, 그 숭고하고 고립된 지성의 예언자와 선지자, 순수한 이성의 대사제 트리스메기스투스Trismegistus[66], 여러

---

[66] 헬레니즘 시대에 그리스 신 헤르메스Hermes와 이집트 신 토트Thoth의 혼합으로 만들어진 신화적인 인물이다.

시대에 걸쳐 사고의 법칙을 설명하는 이들을 언급하지 않을 수는 없다. 아주 가끔씩 그들의 난해한 글을 읽다 보면, 이 세상을 거닐었던 몇 안 되는 이 위대한 영적 지도자들이 뿜어내는 고요하고 장엄한 분위기가 특별하게 느껴진다. 이들의 예배는 기독교의 신성함을 가볍고 대중인 것으로 보이게 하는데, 이는 설득은 영혼에 있고 필연은 지성에 있기 때문이다.

헤르메스, 헤라클레이토스, 엠페도클레스Empedocles, 플라톤, 플로티노스, 올림피오도로스Olympiodorus, 프로클로스Proclus, 시네시우스Synesius와 같은 위대한 인물들의 사고는 매우 방대하고 근원적이다. 그래서 모든 일반적인 수사학과 문학의 범주를 넘어 시, 음악, 천문학, 수학을 동시에 아우른다. 나는 세상에 씨가 뿌려지는 현장에 서 있다. 영혼은 햇살의 기하학으로 자연의 기초를 놓는다. 그들이 간직한 사상의 진실성과 웅장함은 만물을 아우르는 목록과 세부 사항들로 그 범위와 적용 가능성을 증명한다. 그러나 그들의 모습이 고상하면서도 때로는 익살스럽게 보이는 이유는, 마치 구름 위에 앉은 어린 제우스들처럼 시대를 초월하여 자기들끼리 수다를 떠는 순수하고 평온한 태도를 보이기 때문이다.

그들은 자신들의 말이 가장 이해하기 쉽고 자연스럽다고 확신한다. 그래서 땅에 있는 인간들이 그들의 가장 단순한 주장조차 이해하지 못한다는 놀라운 점을 전혀 개의치 않고 이론에 이론을 더해나간다. 대중이 이해하기 쉬운 표현을 쓰거나 설명을 덧붙이는 친절을 베풀지 않으며, 그렇다고 당황하는 청중의 아둔함에 대해 불평하거나 짜증을 내지도 않는다. 그들은 스스로 천상의 언어에 사로잡혀, 인간의 듣기 싫고 운율이 없는 언어로 자신의 입을 더럽히지 않는다. 이해하는 사람이 있든 없든 그들만의 언어로 이야기할 뿐이다.

옮긴이 **숩희**

자유롭지만 성실한 번역가. 좋은 책을 번역함으로써 좋은 세상을 만드는 데 작은 보탬이 될 수 있다고 믿는다. 대학에서 철학과 신문방송학을, 대학원에서 임상심리학을 전공했다. 글밥 아카데미 영어 출판번역 과정을 수료하고, 현재 바른번역의 회원 번역가로 활동 중이다.
옮긴 책으로는 『우리가 음식을 먹을 때 말하지 않는 것들』, 『대전환』, 『독살로 읽는 세계사』, 『물결빛 평온』, 『소울 러닝』 등이 있다.

에머슨의 자기 확신에 관하여

초판 1쇄 발행 2025년 2월 12일
초판 2쇄 발행 2025년 3월 14일

지은이 랄프 왈도 에머슨
옮긴이 숩희
펴낸이 김선욱

디자인 이연수
마케팅 김하늘
홍보 임유나

펴낸곳 (주)레디투다이브
출판등록 2024년 10월 18일 제 2024-000132호

ISBN 979-11-989991-2-2 (03100)

• 책값은 뒤표지에 있습니다.
• 파본은 구입하신 서점에서 교환해드립니다.
• 이 책은 저작권법에 의하여 보호를 받는 저작물이므로 무단 전재와 복제를 금합니다.

(주)레디투다이브는 독자 여러분의 책에 관한 아이디어와 원고 투고를 기다리고 있습니다. 책 출간을 원하시는 분은 이메일 master@readytodive.kr로 간단한 개요와 취지, 연락처 등을 보내주세요.

"모든 진리는
그대 안에 있음을
기억하라."